交通事故索赔实战策略

Compensation for Traffic Accident

PRACTICAL STRATEGY

第二版

庞哲学/编著

法律出版社 LAW PRESS · CHINA

图书在版编目（CIP）数据

交通事故索赔实战策略 / 庞哲学编著. -- 2 版.
北京 : 法律出版社, 2025. -- ISBN 978 - 7 - 5244 - 0368 - 5
Ⅰ. D922.14
中国国家版本馆 CIP 数据核字第 2025K5E955 号

交通事故索赔实战策略(第二版)
JIAOTONG SHIGU SUOPEI SHIZHAN CELÜE (DI-ER BAN)

庞哲学 编著

策划编辑 邢艳萍
责任编辑 石蒙蒙
装帧设计 鲍龙卉

出版发行 法律出版社
编辑统筹 法律应用出版分社
责任校对 朱海波
责任印制 刘晓伟
经　　销 新华书店

开本 A5
印张 11.375　**字数** 285 千
版本 2025 年 7 月第 2 版
印次 2025 年 7 月第 1 次印刷
印刷 三河市龙大印装有限公司

地址:北京市丰台区莲花池西里 7 号(100073)
网址:www.lawpress.com.cn
投稿邮箱:info@lawpress.com.cn
举报盗版邮箱:jbwq@lawpress.com.cn

销售电话:010 - 83938349
客服电话:010 - 83938350
咨询电话:010 - 63939796

书号:ISBN 978 - 7 - 5244 - 0368 - 5
定价:48.00 元
凡购买本社图书,如有印装错误,我社负责退换。电话:010 - 83938349

目·录

第三章 交通事故损害赔偿金

第四章 交通事故损害赔偿金计算标准

第一章

交通事故处理方式

交通事故是指车辆在道路上因过错或者意外造成的人身伤亡或者财产损失的事件。随着汽车、电动自行车保有量的迅速增加,交通事故已成为我国交通事业发展的重大隐患。公安部发布的统计数据显示,截至2024年6月底,全国机动车保有量达4.4亿辆,其中汽车3.45亿辆,新能源汽车2472万辆;机动车驾驶人5.32亿人,其中汽车驾驶人4.96亿人。[①] 随之而来的道路交通事故发生数为25.5万起,事故造成6万多人死亡,导致的直接经济损失高达11.8亿元。[②]

同时,随着新能源车的迅速发展及智能驾驶技术的升级运用,传统的机械功能正逐步向人工智能进化,我们日常的出行方式正因此发生着巨大的变化。人工智能前沿科技的应用引发了自动驾驶的安全监管、驾驶风险、责任认定、损失赔偿等一系列未知的道德伦理和法律问题。

---

① 《全国机动车达4.4亿辆　驾驶人达5.32亿人》,载中国政府网,https://www.gov.cn/lianbo/bumen/202407/content_6961935.htm。

② 戴轩:《去年我国共发生25.5万起道路交通事故,造成6万余人死亡》,载新浪网,https://news.sina.com.cn/o/2024-12-02/doc-incyasqh5267371.shtml。

因此，为了预防交通事故的发生以及减少交通事故带来的人身伤亡和财产损失，我们首先应防患于未然，通过加强对法律法规和新兴业态配套政策的学习，培养文明、规范的出行习惯；其次应熟知事故处理流程，了解、掌握交通事故处理和理赔事宜。从而，当交通事故发生后，我们能进行积极妥善地处理，将交通事故造成的损失降到最低。

为此，笔者将从事故现场的处理方式、事故后期的处理方式以及事故赔偿及救济途径三个方面详细介绍处理交通事故案件的流程。

一、事故现场的处理方式

交通事故发生后，合理的处理方式不仅可以起到保护受害者和降低财产损失的积极作用，而且会为案件调解、赔偿工作奠定重要的事实基础和提供必要的证据线索。笔者在处理交通事故案件的过程中时常发现，由于当事人缺乏应急处理知识，往往会出现各种各样的问题。问题主要表现为以下四种：一是事故现场双方处理不冷静，争吵、打闹甚至群殴，导致延误抢救伤者和财产的最佳时机，从而加剧了交通事故的损害后果；二是未保护原始现场或破坏事故现场，致使无法勘察事故原因，从而无法判断事故责任；三是未保留事故现场证据，导致无法核定财产损失，无法明确损害后果与事故之间的因果关系，导致后期无法进行顺利理赔；四是缺乏法律意识，为了逃避法律责任，怀着侥幸心理逃逸，反而为此承担更大的责任。

那么发生交通事故后应当如何处理？根据《道路交通事故处理程序规定》第 3 条，道路交通事故分为财产损失事故、伤人事故和死亡事故三种类型。为了便于分析，笔者将伤人事故和死亡事故统称为人身伤亡事故。因此，下文参照上述规定，以财产损失事故和人身伤亡事故两种情况来分别介绍。同时，对于自动驾驶车辆引发事故的处理问题一并进行介绍。

（一）财产损失事故的处理方式

财产损失事故是指机动车在道路上发生的，不涉及人员伤亡，仅造成财产损失的交通事故，如仅车漆、保险杠、车灯、引擎盖、门窗、后视镜等外部部件损坏的事故。

处理这类交通事故主要包括以下流程：

1.证据采集，撤离现场

依据《道路交通安全法》第70条第2款、第3款的规定：在道路上发生交通事故，未造成人身伤亡，当事人对事实及成因无争议的，可以即行撤离现场，恢复交通，自行协商处理损害赔偿事宜；不即行撤离现场的，应当迅速报告执勤的交通警察或者公安机关交通管理部门。在道路上发生交通事故，仅造成轻微财产损失，并且基本事实清楚的，当事人应当先撤离现场再进行协商处理。同时依据《道路交通事故处理程序规定》第19条的规定，机动车与机动车、机动车与非机动车发生财产损失事故，当事人应当在确保安全的原则下，采取现场拍照或者标划事故车辆现场位置等方式固定证据后，立即撤离现场，将车辆移至不妨碍交通的地点，再协商处理损害赔偿事宜，但有该规定第13条第1款情形的除外。非机动车与非机动车或者行人发生财产损失事故，当事人应当先撤离现场，再协商处理损害赔偿事宜。对应当自行撤离现场而未撤离的，交通警察应当责令当事人撤离现场；造成交通堵塞的，对驾驶人处以200元罚款。

第13条第1款规定的除外情形包括：驾驶人无有效机动车驾驶证或者驾驶的机动车与驾驶证载明的准驾车型不符的；驾驶人有饮酒、服用国家管制的精神药品或者麻醉药品嫌疑的；驾驶人有从事校车业务或者旅客运输，严重超过额定乘员载客，或者严重超过规定时速行驶嫌疑的；机动车无号牌或者使用伪造、变造的号牌的；当事人不能自行移动车辆的；一方当事人离开现场的；有证据证明事故是由一方故意造成的。

日常生活中发生的交通事故大多数属于财产损失类交通事故。这类交通事故显著的特点为不涉及人员伤亡且造成的财产损失较为轻微,常见为剐蹭、追尾等。但是,即使是造成轻微财产损失的交通事故,为了保障自己的权益,事故现场的证据采集也尤为重要。需要采集的证据包括四类:(1)事故客观情况,内容包括交通事故发生时间、地点、天气、路况等;(2)事故基本信息,包括当事人姓名、身份证号码、联系方式、准驾车型、车型、车身颜色、机动车牌号、车架号、承保人、保险凭证号、保额等;(3)事故发生成因,是指双方的行驶状态、车辆的摆放位置、碰撞过程、刹车痕迹、碰撞位置等;(4)事故损失情况,包括碰撞部位、财产破损、破损程度等。对于上述证据,宜进行书面记载,不具备记载条件的,应进行拍照留存。双方采集现场证据后应即行撤离现场,恢复交通,自行协商处理损害赔偿事宜。双方应及时达成协议并制作道路交通事故自行协商协议书,协议时应载明上述事实并明确赔偿方式和赔偿金额。当事人双方可根据车辆投保情况,持事故处理协议书等材料到保险公司办理损害赔偿事宜。

如果双方当事人对事故成因和责任认定没有争议,应采集现场证据后即行撤离现场,恢复交通。事发后如果一方当事人不按规定撤离现场或在现场纠缠,另一方可报警,警方对不肯撤离且造成交通拥堵的当事人,将严肃处理。如当事人不按规定撤离现场造成拥堵,交警将对驾驶人处以 200 元罚款。如果双方当事人对事故成因和责任认定存在争议,无法达成协议的,应当迅速向公安机关交通管理部门报案处理。

2. 保护现场,立即报警

发生财产损失事故且有下列情形之一的,当事人应当保护现场并立即报警:驾驶人无有效机动车驾驶证或者驾驶的机动车与驾驶证载明的准驾车型不符的；驾驶人有饮酒、服用国家管制的精神药品或者麻醉药品嫌疑的；驾驶人有从事校车业务或者旅客运输，严重超过额定乘员载客，或者严重超过规定时速行驶嫌疑的；机动车无号牌或者使用伪造、变造的号牌的；当事人不能自行移动车辆的；一方当事人离开现场的；有证据证明事故是由一方故意造成的。如果事故现场发生水淹、着火的，应积极采用急救、灭火等措施并及时拨打火警电话。根据国家质量监督检验检疫局发布的《车辆驾驶人员血液、呼气酒精含量阈值与检验》（GB 19522—2024）的规定，饮酒后驾车是指车辆驾驶人员血液中的酒精含量大于或者等于20mg/100ml，小于80mg/100ml的驾驶行为。醉酒后驾车是指车辆驾驶人员血液中的酒精含量大于或者等于80mg/100ml的驾驶行为。车辆驾驶人员呼气酒精含量按1∶2200换算成血液酒精含量，即呼气酒精含量值乘以2200等于血液酒精含量值。

此外，驾驶人必须在确保安全的原则下，立即组织车上人员疏散到路外安全地点，避免发生次生事故。正确的做法为车靠边、人撤离、放置警示牌、立即报警。驾驶人已因道路交通事故死亡或者受伤无法行动的，车上其他人员应当自行组织疏散。同时，当发生的事故存在机动车无检验合格标志或者无保险标志的或者碰撞建筑物、公共设施或者其他设施的情形之一的，如果车辆可以移动，当事人应当组织车上人员疏散到路外安全地点，在确保安全的原则下，采取现场拍照或者标划事故车辆现场位置等方式固定证据，将车辆移至不妨碍交通的地点后报警。

3. 保险报案，申请理赔

该部分内容，参照本节“人身伤亡事故的处理方式”中的相应部分。

参考案例

2022年5月1日傍晚6时左右，张某驾驶一辆小型新能源汽车，沿沈海高速由泉州往厦门方向行驶时追尾碰撞由某华驾驶的轿车，导致某华的轿车失控。该失控车辆将因轿车发生事故停驶而未及时撤离安全区域的某龙及其两个儿子某瑾和某峻撞伤。某峻经医院抢救无效死亡，涉案的两辆轿车也有不同程度的损坏。经交警部门分析认定，张某驾驶车辆在高速公路上行驶时未按照操作规范安全驾驶，是该次事故发生的一方面原因，某龙驾驶车辆在高速公路上发生交通事故后，未将车上人员迅速转移到右侧路肩上或者应急车道内，是该次事故发生的另一方面原因。据此认定，张某承担该事故主要责任，某龙承担该事故次要责任，某华等人均无责任。此案件经洛江区人民法院查明并认定，某龙驾驶车辆在高速公路上发生交通事故后，未将车上人员迅速转移到右侧路肩上或者应急车道等安全地带，而是在事故现场逗留。而张某在高速公路上行驶时未按照操作规范安全驾驶，追尾碰撞前方车辆，导致该案二次事故的发生，最终造成了某峻受伤经医院抢救无效死亡的悲剧。故张某、某龙的过错行为与某峻死亡的损害后果具有因果关系，因此均应承担相应的侵权民事赔偿责任。最终判决各项经济损失共计109万余元，由两辆事故车辆的承保公司分别在交强险的范围内分别先行赔偿，对于超出交强险限额的部分损失，由某龙承担30%、张某承担70%。

（二）人身伤亡事故的处理方式

人身伤亡事故是指造成人身受伤或死亡的交通事故。这类交通事故是造成财产损失的交通事故的相对概念，通常以发生人身伤亡为主要特征。

处理这类交通事故主要包括以下流程：

1. 抢救伤员,标明位置

依据《道路交通安全法》第 70 条第 1 款的规定:在道路上发生交通事故,车辆驾驶人应当立即停车,保护现场;造成人身伤亡的,车辆驾驶人应当立即抢救受伤人员,并迅速报告执勤的交通警察或者公安机关交通管理部门。因抢救受伤人员变动现场的,应当标明位置。乘车人、过往车辆驾驶人、过往行人应当予以协助。

发生交通事故,车辆驾驶人必须立即停车保护现场,查看人员和财产损失。如发现有人员受伤,立即拨打急救电话。在查看伤者病情后,如果需要采取包扎、止血、固定等紧急抢救措施,应积极地进行科学施救。同时,为了避免伤者再次遭遇交通意外,应根据病情及时将伤者转移至安全地点。遇到上述情形时,乘车人、过往车辆驾驶人、过往行人应当予以协助。为了抢救受伤人员变动现场的,应当标明原来的位置,以便公安机关后期查勘定责。如事故现场发生水淹、着火的,应积极采用急救、灭火等措施并及时拨打火警电话。

2. 保护现场,立即报警

依据《道路交通事故处理程序规定》第 13 条的规定,发生死亡事故、伤人事故的,当事人应当保护现场并立即报警。第 18 条规定,发生道路交通事故后当事人未报警的,在事故现场撤除后,当事人又报警请求公安机关交通管理部门处理的,公安机关交通管理部门应当按照该规定第 16 条规定的记录内容予以记录,并在 3 日内作出是否接受案件的决定。经核查道路交通事故事实存在的,公安机关交通管理部门应当受理,制作受案登记表;经核查无法证明道路交通事故事实存在,或者不属于公安机关交通管理部门管辖的,应当书面告知当事人,并说明理由。

事故现场是交通事故责任认定、保险理赔、争议解决等事宜所依据的最重要的证据。而原始现场指没有遭到任何改变或破坏的现场。

它不仅能为分析事故的原因和事故责任的认定提供原始的直接证据，也是认定侵权行为与损害后果有无因果关系的最重要的直接证据。为了体现保护事故现场的重要性，《道路交通事故处理程序规定》第61条规定，当事人有下列情形之一的，承担全部责任：(1)发生道路交通事故后逃逸的；(2)故意破坏、伪造现场、毁灭证据的。为逃避法律责任追究，当事人弃车逃逸以及潜逃藏匿的，如有证据证明其他当事人也有过错，可以适当减轻责任，但同时有证据证明逃逸当事人有第1款第2项情形的，不予减轻。

3. 保险报案，申请理赔

根据《保险法》第21条的规定，投保人、被保险人或者受益人知道保险事故发生后，应当及时通知保险人。故意或者因重大过失未及时通知，致使保险事故的性质、原因、损失程度等难以确定的，保险人对无法确定的部分，不承担赔偿或者给付保险金的责任，但保险人通过其他途径已经及时知道或者应当及时知道保险事故发生的除外。

通常情况下，保险公司在保险条款中会对出险报案的时间有明确的约定，因此，交通事故发生后，被保险人应按法律规定和合同约定及时向保险公司报案。对机动车第三者责任强制保险（以下简称交强险）而言，《机动车交通事故责任强制保险条例》对报案时间和报案主体作了较为宽松的规定，即被保险机动车发生道路交通事故，被保险人或者受害人通知保险公司的，保险公司应当立即给予答复，告知被保险人或者受害人具体的赔偿程序等有关事项。针对第三者责任商业保险（以下简称商业三者险）而言，目前保险条款的普遍约定为，被保险人须在保险事故发生后48小时内通知保险人，否则造成损失无法确定或扩大的部分，保险人不承担赔偿责任。但是如果可以提供有效的证明，包括交警出具的有效事故责任认定书或者是财产损失证明等，就可以继续向保险公司索赔。除此之外，被保险人应当尽到相应的协助义务,协助受害人要求保险公司理赔。

4. 逃逸的认定及后果

逃逸是指行为人在造成交通事故后逃离事故现场、逃避法律追究的行为。造成交通事故后逃逸,尚不构成犯罪的,由公安机关交通管理部门处200元以上2000元以下罚款,可以并处15日以下拘留。致人轻微伤或者财产损失的,记6分;致人轻伤以上或者死亡的记12分。构成犯罪的,将处以3年以上7年以下有期徒刑。如果因逃逸致人死亡,则处7年以上有期徒刑,由公安机关交通管理部门吊销机动车驾驶证,且终生不得重新取得机动车驾驶证。商业三者险依约拒赔。

评价行为人是否构成交通事故逃逸的认定标准主要涉及以下几个方面:首先,当事人明知已经发生交通事故。其次,当事人有逃避法律责任的主观故意。最后,当事人必须已经离开交通事故现场。上述情形同时具备,可认定为交通事故逃逸。

综上所述,交通事故逃逸的认定是一个综合性的判断过程,涉及时间认知、主观目的、行为后果等多个方面。在实际操作中,需要结合具体情况进行细致的分析和判断。以下8种情形可认定为交通肇事逃逸:明知发生交通事故,交通事故当事人驾车或弃车逃离事故现场的;交通事故当事人认为自己没有事故责任,驾车驶离事故现场的;交通事故当事人有酒后和无证驾车等嫌疑,报案后不履行现场听候处理义务,弃车离开事故现场后又返回的;交通事故当事人虽将伤者送到医院,但未报案且无故离开医院的;交通事故当事人虽将伤者送到医院,但给伤者或家属留下假姓名、假地址、假联系方式后离开医院的;交通事故当事人接受调查期间逃匿的;交通事故当事人离开现场且不承认曾发生交通事故,但有证据证明应知道发生交通事故的;经协商未能达成一致或未经协商给付赔偿费用明显不足,交通事故当事人未留下本人真实信息,有证据证明其强行离开现场的。

下列六种情况可不构成肇事逃逸:交通事故当事人对事故事实无争议,撤离现场自行协商解决,达成协议,并留下真实姓名、联系方式后,一方反悔并报案的;交通事故当事人为及时抢救事故伤者,标明车辆和伤者位置后驾车驶离现场并及时报案的;交通事故当事人将伤者送医院后,确因筹措伤者医疗费用需暂时离开医院,经伤者或伤者家属同意,留下本人真实信息,并在商定时间内返回的;交通事故当事人出于受伤需到医院救治等原因离开现场,未能及时报案的;交通事故当事人驾车驶离现场,有证据证明其不知道或不能发现事故发生的;有证据证明交通事故当事人因可能受到人身伤害而被迫离开交通事故现场并及时报案的。

参考案例

孙某驾驶重型货车,沿上海市嘉松中路由南向北行驶至青浦区某某镇某某村附近路口处时,因违反交通信号灯规定行驶,与由西向东横穿某某中路的骑自行车行驶的被害人张某相撞,造成被害人徐某当场死亡、张某受重伤的重大交通事故。经公安机关事故责任认定,孙某驾驶制动性能不符合要求,也未定期进行安全技术检验的机动车,违反交通信号灯规定行驶,且遇情况采取措施不当导致事故发生,是该起交通事故的全部过错方,负事故的全部责任。孙某肇事后,曾拨打电话报警,并将被害人张某扶至路边,后弃车离开现场。次日下午,孙某向公安机关投案自首。法院认为,孙某在从事交通运输过程中,因违反道路交通运输管理规定而造成一人死亡、一人重伤的重大交通事故,且负事故的全部责任,其行为已构成交通肇事罪。孙某在肇事后虽有立即停车、保护现场、报警的行为,但随后即弃车逃离现场,且没有及时向有关部门报告,应当认定其有交通肇事后逃逸的行为。鉴于孙某是自首,依法可予减轻处罚。法院依照《刑法》第 67 条第

1 款、第 133 条的规定，判决如下：被告人孙某犯交通肇事罪，判处有期徒刑 2 年。

认定肇事人“逃逸”不能仅看肇事人是否离开现场，关键在于肇事人是否同时具备“积极履行救助义务”和“立即投案”的行为特征。如果肇事人肇事后积极对被害人进行救助，如拦截车辆将被害人送往医院，并立即报案，在医院守候等待公安机关的审查处理，虽然其离开了肇事现场，但却是为了救助被害人，当然不属于交通肇事后“逃逸”。反之，如果肇事人积极履行救助义务后没有立即投案，如将被害人送往医院后逃跑；或者虽然肇事人立即投案但有能力履行却没有积极履行救助义务，均属于肇事后“为逃避法律追究”的“逃逸”行为。

（三）自动驾驶汽车发生交通事故的处理方式

随着社会的发展和科技的进步，汽车行业发生了由传统的燃油向氢能源、电能等新能源驱动的改变。同时，驾驶模式也向着智能、自动驾驶的方向正在发生巨大的改变。无论是车辆驱动方式还是驾驶模式的改变都会引发人们对车辆在行驶中发生事故时处理方式和方法的新的思考。

自动驾驶是一种通过激光雷达、摄像头、雷达等传感器获取周围环境的信息，并利用人工智能和大数据等技术最终作出决策，使机动车可以在没有人类干预的情况下自主行驶的技术。目前，我国自动驾驶产业已经形成了相对完整的产业链。随着人工智能、5G 移动通信等新一代数字技术与汽车产业深度融合，自动驾驶技术水平发生了快速迭代。根据国际自动机工程师学会（SAE International）（SAE 即 Society of Automotive Engineer 的简称）制定的自动驾驶分级标准，目前大部分的汽车，都处于 L1（辅助驾驶）和 L2（自动辅助驾驶）两个级别。L1 级别模式是指系统通过驾驶环境对方向盘和加速减速中的一项操作提供支持，其余由人类操作。驾驶主体是人类，自动系统起的是辅助作用。常见的汽车功能为自适应巡航、车道保持辅助、刹车等。L2 级别模式是指系统通过驾驶环境对方向盘和加速减速中的多项操作提供支持，其余由人类操作。驾驶主体是人类，需要对周边环境进行监控并适时进行驾驶接管。常见的汽车功能为 ACC 自适应巡航（Adaptive Cruise Control）、主动车道保持、自动泊车、路牌识别和自动变道等功能。

然而，自动驾驶技术的普及和应用也面临着诸多法律问题。因此，下文主要基于 L1、L2 级别模式进行相关法律问题的讨论。

1. 责任归属

在自动驾驶汽车发生交通事故时，责任主体不再限于“驾驶人”，此类交通事故责任的归属是一个复杂的法律问题。除考虑“驾驶人”的过错责任、汽车制造商的产品责任外，还应考虑软件开发者、运行者的相关责任。例如：处于自动驾驶运行状态的汽车突然出现刹车失灵、系统失控等问题，此时责任认定应考虑车辆制造商及软件开发者、运行者的相关责任而非驾驶员。但目前 L1、L2 级别自动驾驶模式下，驾驶主体仍是人，当车辆无法脱离驾驶人的操作时，驾驶人仍然为主要的责任承担主体，所以归责时应首先考虑驾驶人的责任，再考虑产品、软件等其他方面的责任。不过在 L1、L2 级别驾驶模式下，可以适当降低驾驶人对路况的观察注意义务标准，由自动辅助驾驶系统承担相应的产品责任。

同时，自动驾驶技术不仅包括单车智能，还包括车路协同、联网云控多种辅助技术，因此，对自动驾驶车辆的事故责任进行认定时，还应综合考虑其他辅助技术的责任。

2. 责任划分或归责原则

因为驾驶模式的改变，自动驾驶汽车交通事故的原因变得更加复杂多变。因此对事故责任的划分也是法律领域的一大挑战。完全自动驾驶汽车的使用使责任归责原则的适用变得更为复杂,即不再单独适用过错责任原则或无过错责任原则,而是互为前提的补充适用。此时,自动驾驶汽车应被理解为《民法典》中的“物”,其所有人、使用人、管理人负有维护、保养、管理、使用等义务,因此对于该“物”造成的侵权,前述主体应承担相应的侵权责任。

责任认定中信息数据记录的采集更加重要,如新能源汽车通常配备大量传感器和数据记录设备,这些数据在责任认定中可能起到关键作用。责任认定过程中需要更多专业第三方检测机构的技术支持,这些技术主要用于电池损坏程度的分析、软件运行状态评估、汽车产品质量的鉴定等方面。

自动驾驶汽车发生交通事故的,事故中的过错更难以区分。由于汽车受到程序的驱动,所以常规理解很难区分其中蕴含的故意和过失。

3. 保险和监管

自动驾驶技术的出现,使传统车险的适用性受到挑战。在自动驾驶汽车事故中,赔偿责任主体可能包括汽车制造商、车主或运营方等,需要根据各自在事故中的参与程度分配赔偿责任。

自动驾驶汽车的安全管理也是一个重要议题,主要涉及车辆的上牌登记、驾驶员(或监督员)的资质管理、事故处理以及交通执法等方面。因为自动驾驶汽车没有驾驶员,《道路交通安全法》中针对驾驶人员的处罚,如警告、罚款、暂扣、吊销机动车驾驶证或拘留等将不再适用。如何对自动驾驶汽车的所有人、管理人进行监管需要进一步解决。

4. 隐私权的保护

自动驾驶技术依赖于大量的数据收集和处理,这就涉及用户隐私保护的问题。如何确保用户的个人信息不被滥用或泄露,是自动驾驶技术面临的主要法律风险。法律需明确规定收集的数据范围、目的和方式,确保数据收集的合法性,同时保障数据主体的知情权、同意权和删除权。

除以上法律问题外,自动驾驶高度依赖复杂的电子控制系统来实现各种功能,一旦这些系统出现故障,可能会导致车辆失控、制动失效、转向异常等严重问题。此外,软件的漏洞和错误可能会被黑客利用,进行恶意攻击,从而侵犯驾驶者的隐私或危及车辆的安全。

为了解决这些问题,各国政府和相关机构正在积极制定和修订相关法律法规。例如,德国已经两次修订《道路交通法》,并出台了配套的《自动驾驶法》,成为世界上首个为L3和L4级别自动驾驶汽车立法的国家。美国则通过联邦政策与州立法双向结合的方式,形成了自动驾驶规制体系。在中国,也有多个地方率先进行了智能网联汽车地方立法的有益探索,如深圳经济特区发布了《深圳经济特区智能网联汽车管理条例》,为自动驾驶汽车的管理提供了全链条规范。

未来,随着自动驾驶技术的不断发展和完善,以及相关法律法规的逐步建立和完善,自动驾驶汽车有望在全球范围内实现商业化落地,并为人们带来更加便捷、安全的出行体验。然而,这一过程仍然需要政府、企业和社会各界的共同努力和协作,以确保自动驾驶技术合法、安全、有效地应用于实际生活中。

近几年,自动驾驶汽车在道路上发生故障或者发生交通事故较多,常见的原因有驾驶人在自动驾驶模式下睡觉或饮酒、自动驾驶车辆脱离驾驶人监管、驾驶人误操作等。自动驾驶汽车发生交通事故后,车内有驾驶人的,驾驶人应当立即停车,保护现场;造成人身伤亡的,驾驶人应当立即抢救受伤人员,并迅速报警。车内无驾驶人的,(远程)安全员应当立即报警,车辆所有人、管理人应当保护现场、抢救受伤人员。

对于仅造成轻微财产损失的事故,当事人对事实及成因无争议的,可以自行协商处理。

参考案例

2024年11月6日,一辆小轿车行驶至沪渝高速湖北仙桃段,因在车辆行驶过程中驾驶人感到"瞌睡",便开启车辆"自动驾驶"模式,但当驾驶人听到系统警示跟车过近时,却来不及刹车,追尾前方面包车,致面包车失控冲撞右侧护栏后再次与小轿车相撞。事故造成两车受损,无人员受伤。交警认定小轿车司机承担事故全部责任。

二、事故后期的处理方式

(一)公安机关交通管理部门处理

依据《道路交通事故处理程序规定》的相关规定,交通事故按照如下流程处理:

1. 管辖与调查

道路交通事故由事故发生地的县级公安机关交通管理部门管辖。未设立县级公安机关交通管理部门的,由设区的市公安机关交通管理部门管辖。道路交通事故发生在两个以上管辖区域的,由事故起始点所在地公安机关交通管理部门管辖。对管辖权有争议的,由共同的上一级公安机关交通管理部门指定管辖。指定管辖前,最先发现或者最先接到报警的公安机关交通管理部门应当先行处理。上级公安机关交通管理部门在必要的时候,可以处理下级公安机关交通管理部门管辖的道路交通事故,或者指定下级公安机关交通管理部门限时将案件移送其他下级公安机关交通管理部门处理。案件管辖权发生转移的,处理时限从案件接收之日起计算。

公安机关交通管理部门接到道路交通事故报警或者出警指令后,应当按照规定立即派交通警察赶赴现场。除简易程序外,公安机关交通管理部门对道路交通事故进行调查时,交通警察不得少于2人。交通警察应当对事故现场开展下列调查工作:(1)勘查事故现场,查明事故车辆、当事人、道路及其空间关系和事故发生时的天气情况。(2)固定、提取或者保全现场证据材料。(3)询问当事人、证人并制作询问笔录;现场不具备制作询问笔录条件的,可以通过录音、录像记录询问过程。(4)其他调查工作。交通警察勘查道路交通事故现场,应当按照有关法规和标准的规定,拍摄现场照片,绘制现场图,及时提取、采集与案件有关的痕迹、物证等,制作现场勘查笔录。现场勘查过程中发现当事人涉嫌利用交通工具实施其他犯罪的,应当妥善保护犯罪现场和证据,控制犯罪嫌疑人,并立即报告公安机关主管部门。发生一次死亡3人以上事故的,应当进行现场摄像,必要时可以聘请具有专门知识的人参加现场勘验、检查。现场图、现场勘查笔录应当由参加勘查的交通警察、当事人和见证人签名。当事人、见证人拒绝签名或者无法签名以及无见证人的,应当记录在案。痕迹、物证等证据可能出于时间、地点、气象等原因而改变、毁损、灭失的,交通警察应当及时固定、提取或者保全。对涉嫌饮酒或者服用国家管制的精神药品、麻醉药品驾驶车辆的人员,公安机关交通管理部门应当按照《道路交通安全违法行为处理程序规定》及时抽血或者提取尿样等检材,送交有检验鉴定资质的机构进行检验。车辆驾驶人员当场死亡的,应当及时抽血检验。不具备抽血条件的,应当由医疗机构或者鉴定机构出具证明。因收集证据的需要,公安机关交通管理部门可以扣留事故车辆,并开具行政强制措施凭证。扣留的车辆应当妥善保管。公安机关交通管理部门不得扣留事故车辆所载货物。对所载货物在核实重量、体积及货物损失后，通知机动车驾驶人或者货物所有人自行处理。无法通知当事人或者当事人不自行处理的，按照《公安机关办理行政案件程序规定》的有关规定办理。严禁公安机关交通管理部门指定停车场停放扣留的事故车辆。

2. 简易程序

(1)公安机关交通管理部门可以适用简易程序处理以下道路交通事故，但有交通肇事、危险驾驶犯罪嫌疑的除外：①财产损失事故；②受伤当事人伤势轻微，各方当事人一致同意适用简易程序处理的伤人事故。适用简易程序的，可以由1名交通警察处理。

(2)交通警察适用简易程序处理道路交通事故时，应当在固定现场证据后，责令当事人撤离现场，恢复交通。拒不撤离现场的，予以强制撤离。当事人无法及时移动车辆影响通行和交通安全的，交通警察应当将车辆移至不妨碍交通的地点。撤离现场后，交通警察应当根据现场固定的证据和当事人、证人陈述等，认定并记录道路交通事故发生的时间、地点、天气、当事人姓名、驾驶证号或者身份证号、联系方式、机动车种类和号牌号码、保险公司、保险凭证号、道路交通事故形态、碰撞部位等，并根据《道路交通事故处理程序规定》第60条确定当事人的责任，当场制作道路交通事故认定书。不具备当场制作条件的，交通警察应当在3日内制作道路交通事故认定书。道路交通事故认定书应当由当事人签名，并现场送达当事人。当事人拒绝签名或者接收的，交通警察应当在道路交通事故认定书上注明情况。

(3)当交通事故案件出现当事人伤势较为严重或涉嫌犯罪等不能适用简易程序处理的情形时，当事人可以申请公安机关交通管理部门撤销或由公安机关交通管理部门自行撤销通过简易程序作出的原事故责任认定书，通过普通程序进行责任认定。

3. 普通程序

（1）公安机关交通管理部门应当根据当事人的以下行为对发生道路交通事故所起的作用以及当事人过错的严重程度，确定当事人的责任：①一方当事人的过错导致道路交通事故的，该方承担全部责任；②因两方或者两方以上当事人的过错发生道路交通事故的，各方根据其行为对事故发生的作用以及过错的严重程度，分别承担主要责任、同等责任和次要责任；③各方均无导致道路交通事故的过错，属于交通意外事故的，各方均无责任。

（2）公安机关交通管理部门应当自现场调查之日起 10 日内制作道路交通事故认定书。交通肇事逃逸案件在查获交通肇事车辆和驾驶人后 10 日内制作道路交通事故认定书。对需要进行检验、鉴定的，应当在检验报告、鉴定意见确定之日起 5 日内制作道路交通事故认定书。有条件的地方公安机关交通管理部门可以试行在互联网公布道路交通事故认定书，但对涉及的国家秘密、商业秘密或者个人隐私，应当保密。

发生死亡事故以及复杂、疑难的伤人事故后，公安机关交通管理部门应当在制作道路交通事故认定书或者道路交通事故证明前，召集各方当事人到场，公开调查取得的证据。证人要求保密或者涉及国家秘密、商业秘密以及个人隐私的，按照有关法律法规的规定执行。当事人不到场的，公安机关交通管理部门应当予以记录。道路交通事故基本事实无法查清、成因无法判定的，公安机关交通管理部门应当出具道路交通事故证明，载明道路交通事故发生的时间、地点、当事人情况及调查得到的事实，分别送达当事人，并告知申请复核、调解和提起民事诉讼的权利、期限。道路交通事故认定书应当由交通警察签名或者盖章，加盖公安机关交通管理部门道路交通事故处理专用章。

（3）道路交通事故认定书应当在制作后 3 日内分别送达当事人，

并告知申请复核、调解和提起民事诉讼的权利、期限。伤人事故符合下列条件，各方当事人一致书面申请快速处理的，经县级以上公安机关交通管理部门负责人批准，可以根据已经取得的证据，自当事人申请之日起 5 日内制作道路交通事故认定书：①当事人不涉嫌交通肇事、危险驾驶犯罪的；②道路交通事故基本事实及成因清楚，当事人无异议的。

4. 复核

(1) 当事人对道路交通事故认定或者出具道路交通事故证明有异议的，可以自道路交通事故认定书或者道路交通事故证明送达之日起 3 日内提出书面复核申请。当事人逾期提交复核申请的，不予受理，并书面通知申请人。复核申请应当载明复核请求及其理由和主要证据。同一事故的复核以一次为限。

上一级公安机关交通管理部门自受理复核申请之日起 30 日内，对下列内容进行审查，并作出复核结论：①道路交通事故认定的事实是否清楚、证据是否确实充分、适用法律是否正确、责任划分是否公正；②道路交通事故调查及认定程序是否合法；③出具道路交通事故证明是否符合规定。

(2) 复核原则上采取书面审查的形式，但当事人提出要求或者公安机关交通管理部门认为有必要时，可以召集各方当事人到场，听取各方意见。办理复核案件的交通警察不得少于 2 人。

(3) 复核审查期间，申请人提出撤销复核申请的，公安机关交通管理部门应当终止复核，并书面通知各方当事人。受理复核申请后，任何一方当事人就该事故向人民法院提起诉讼并经人民法院受理的，公安机关交通管理部门应当将受理当事人复核申请的有关情况告知相关人民法院。受理复核申请后，人民检察院对交通肇事犯罪嫌疑人作出批准逮捕决定的，公安机关交通管理部门应当将受理当事人复核申请的有关情况告知相关人民检察院。上一级公安机关交通管理部门认为原道路交通事故认定事实清楚、证据确实充分、适用法律正确、责任划分公正、程序合法的,应当作出维持原道路交通事故认定的复核结论。上一级公安机关交通管理部门认为调查及认定程序存在瑕疵,但不影响道路交通事故认定的,在责令原办案单位补正或者作出合理解释后,可以作出维持原道路交通事故认定的复核结论。

上一级公安机关交通管理部门认为原道路交通事故认定有下列情形之一的,应当作出责令原办案单位重新调查、认定的复核结论:①事实不清的;②主要证据不足的;③适用法律错误的;④责任划分不公正的;⑤调查及认定违反法定程序可能影响道路交通事故认定的。

5. 处罚执行

公安机关交通管理部门应当按照《道路交通安全违法行为处理程序规定》,对当事人的道路交通安全违法行为依法作出处罚。对发生道路交通事故构成犯罪,依法应当吊销驾驶人机动车驾驶证的,应当在人民法院作出有罪判决后,由设区的市公安机关交通管理部门依法吊销机动车驾驶证。同时具有逃逸情形的,公安机关交通管理部门应当同时依法作出终生不得重新取得机动车驾驶证的决定。专业运输单位6个月内两次发生一次死亡3人以上事故,且单位或者车辆驾驶人对事故承担全部责任或者主要责任的,专业运输单位所在地的公安机关交通管理部门应当报经设区的市公安机关交通管理部门批准后,作出责令限期消除安全隐患的决定,禁止未消除安全隐患的机动车上道路行驶,并通报道路交通事故发生地及运输单位所在地的人民政府有关行政管理部门。

6. 损害赔偿调解

(1)申请人民调解委员会调解。当事人申请人民调解委员会调解,达成调解协议后,双方当事人认为有必要的,可以根据《人民调解法》共同向人民法院申请司法确认。当事人申请人民调解委员会调解,调解未达成协议的,当事人可以直接向人民法院提起民事诉讼,或者自人民调解委员会作出终止调解之日起3日内,一致书面申请公安机关交通管理部门进行调解。当事人申请公安机关交通管理部门调解的,应当在收到道路交通事故认定书、道路交通事故证明或者上一级公安机关交通管理部门维持原道路交通事故认定的复核结论之日起10日内一致书面申请。当事人申请公安机关交通管理部门调解,调解未达成协议的,当事人可以依法向人民法院提起民事诉讼,或者申请人民调解委员会进行调解。

(2)申请公安机关交通管理部门调解。公安机关交通管理部门受理调解申请后,应当按照下列规定日期开始调解:①造成人员死亡的,从规定的办理丧葬事宜时间结束之日起;②造成人员受伤的,从治疗终结之日起;③因伤致残的,从定残之日起;④造成财产损失的,从确定损失之日起。公安机关交通管理部门受理调解申请时已超过前款规定的时间,调解自受理调解申请之日起开始。

有下列情形之一的,公安机关交通管理部门应当终止调解,并记录在案:①调解期间有一方当事人向人民法院提起民事诉讼的;②一方当事人无正当理由不参加调解的;③一方当事人调解过程中退出调解的。

(二)伤残鉴定

最高人民法院、最高人民检察院、公安部、国家安全部和司法部联合发布的《人体损伤致残程度分级》,规定了人体损伤致残程度分级的原则、方法、内容和等级划分,是开展法医临床司法鉴定,确定民事赔偿责任的重要标准。

1. 伤残鉴定程序

伤残鉴定的程序主要有当事人自行委托、交管部门委托、法院委托三种方式。办理交通事故人身伤残鉴定的程序一般如下：

(1)现场办理鉴定的，被鉴定人需持加盖办案单位公章的委托书，并签署伤残鉴定申请书(伤残鉴定申请书中需明确鉴定的事项和内容)；无法现场办理鉴定的，需另行办理申请外勤鉴定手续。

(2)被鉴定人应提交身份证明、事故认定书等能核对被鉴定人身份信息、事故原因的材料。其他当事人要求在场的，需提交身份证明。

(3)提交首诊记录、住院病历、手术记录、诊断证明、复查记录等病历材料。需要对用药合理性进行鉴定的，需额外提交处方签、用药清单、医嘱及医药费费用发票。

(4)提交CT、X线、MRI片等医学影像片及检查报告单，以及其他检查项目报告单。

(5)被鉴定人需要接受鉴定人员的查体并拍照留存。被鉴定人也应当如实回答鉴定人员的询问，不得夸大和谎报病情。

2. 伤残鉴定依据

依据人体组织器官结构破坏、功能障碍及其对医疗、护理的依赖程度，适当考虑由于残疾引起的社会交往和心理因素影响，综合判定致残程度等级。同一部位和性质的残疾，不应采用《人体损伤致残程度分级》两条以上条款或者同一条款两次以上进行鉴定。当损伤与原有伤、病共存时，应分析损伤与残疾后果之间的因果关系。根据损伤在残疾后果中的作用力大小确定因果关系的不同形式，可依次分别表述为完全作用、主要作用、同等作用、次要作用、轻微作用、没有作用。除损伤“没有作用”外，均应按照实际残情鉴定致残程度等级，同时说明损伤与残疾后果之间的因果关系；判定损伤“没有作用”的，不应进行致残程度鉴定。

3. 伤残鉴定书内容

鉴定人鉴定结束后，应制作鉴定书并签名。鉴定书包括一般情况、案情介绍、病历摘抄、检验结果记录、分析意见和结论等内容。

4. 重新进行鉴定

重新鉴定的情况包括：首先，当事人自行委托伤残鉴定。根据《最高人民法院关于民事诉讼证据的若干规定》第41条的规定，对于一方当事人就专门性问题自行委托有关机构或者人员出具的意见，另一方当事人有证据或者理由足以反驳并申请鉴定的，人民法院应予准许。其次，当事人申请人民法院委托伤残鉴定。根据《最高人民法院关于民事诉讼证据的若干规定》第40条的规定，当事人申请重新鉴定，存在下列情形之一的，人民法院应当准许：(1)鉴定人不具备相应资格的；(2)鉴定程序严重违法的；(3)鉴定意见明显依据不足的；(4)鉴定意见不能作为证据使用的其他情形。存在鉴定人不具备相应资格、鉴定程序严重违法、鉴定意见明显依据不足情形的，鉴定人已经收取的鉴定费用应当退还。当事人要求退还的，人民法院应当在3日内作出裁定，责令鉴定人退还；拒不退还的，由人民法院依法执行。对鉴定意见的瑕疵，可以通过补正、补充鉴定或者补充质证、重新质证等方法解决的，人民法院不予准许重新鉴定的申请。重新鉴定的，原鉴定意见不得作为认定案件事实的根据。

5. 鉴定意见质证

对鉴定意见质证包括两种情况。首先是申请鉴定人出庭。根据《最高人民法院关于民事诉讼证据的若干规定》第80条的规定，鉴定人应当就鉴定事项如实答复当事人的异议和审判人员的询问。当庭答复确有困难的，经人民法院准许，可以在庭审结束后书面答复。人民法院应当及时将书面答复送交当事人，并听取当事人的意见。必要时，可以再次组织质证。其次是申请专门知识人员出庭。根据《最高人民法院关于民事诉讼证据的若干规定》第83条、第84条的规定，当事人依照《民事诉讼法》第82条和《最高人民法院关于适用〈中华人民共和国民事诉讼法〉的解释》第122条的规定，申请有专门知识的人出庭的，申请书中应当载明有专门知识的人的基本情况和申请的目的。人民法院准许当事人申请的，应当通知双方当事人。审判人员可以对有专门知识的人进行询问。经法庭准许，当事人可以对有专门知识的人进行询问，当事人各自申请的有专门知识的人可以就案件中的有关问题进行对质。有专门知识的人不得参与对鉴定意见质证或者就专业问题发表意见之外的法庭审理活动。

三、事故赔偿及救济途径

（一）自行协商

自行协商是事故当事人就事故责任和赔偿事宜协商一致的私力救济行为。自行协商作为争议解决的简捷高效的手段，应鼓励和提倡。自行协商的前提是事故事实清楚及责任认同，为了降低法律风险，自行协商的范围应为未造成人身伤亡的轻微的交通事故，但如果当事人可以对人身伤亡和财产损失进行明确的预估和把握，双方当事人也可以自行协商处理。在协商过程中，当事人对损害赔偿无法达成协议的，可以请求公安机关交通管理部门进行调解，也可以就争议到人民法院提起民事诉讼。同时，随着技术手段的提高，当事人可以通过互联网在线自行协商处理；当事人对事实及成因有争议的，可以通过互联网共同申请公安机关交通管理部门在线确定当事人的责任。

自行协商与其他救济方式相比，具有更加便捷、高效、快速等特点。但是自行协商的缺点也是很明显的，即当事人自行协商达成的协议并不具有强制执行力。如果当事人拒绝履行自行协商达成的协议的，履约一方可以通过诉讼途径来解决。管辖法院受理后，需要核实协议内容是否为双方的真实意思表示，该内容是否违反法律规定，是否有损害第三人权益的情形;同时对协议的制定是否存在欺诈、重大误解、显失公平等情节进行全面审查。

此外,因事故车辆投保,保险公司作为保险人应在保险范围内进行理赔,这为事故损失的赔付提供了资金保障。因此,为了促成协商,自行协商应由事故双方和保险公司三方共同进行。

(二)保险理赔

自《机动车交通事故责任强制保险条例》施行以来,我国与交通事故第三者责任相关的保险主要有交强险与商业三者险。交强险是被保险机动车发生道路交通事故造成受害人(不包括本车人员和被保险人)人身伤亡、财产损失,保险公司在责任限额内予以赔偿的强制性责任保险。交强险的特点在于:非营利性,强制投保、承保;无法定事由不得擅自解除保险合同;无责10%赔付,有责全额赔付;等等。商业三者险作为交强险的补充,是指经保险合同约定,被保险人或其允许的驾驶人员在使用保险车辆过程中发生交通事故,致使第三者遭受人身伤亡或财产损失的,由被保险人在限额内承担赔偿责任。相较交强险,商业三者险的特点在于:具有营利性,自愿投保,无强制性;可自由协商变更、解除合同;以被保险机动车承担赔偿责任为前提进行赔付;可重复投保;等等。

一般来说,发生保险事故经报案后还需要以下几个步骤来获得保险赔偿。

1. 索赔

发生交通事故后,当事人应妥善保护现场,立即通知公安机关交通管理部门并及时向保险公司报案。以交强险的索赔流程为例,接到保险报案后,保险公司应当立即给予答复,告知被保险人或者受害人具体的赔偿程序等有关事项。被保险机动车发生道路交通事故的,由被保险人向保险公司申请赔偿保险金。保险公司应当自收到赔偿申请之日起1日内，书面告知被保险人需要向保险公司提供的与赔偿有关的证明和资料。同时依据《机动车交通事故责任强制保险条款》第18条的规定，被保险机动车发生交通事故的，由被保险人向保险人申请赔偿保险金。被保险人索赔时，应当向保险人提供以下材料：(1)交强险的保险单；(2)被保险人出具的索赔申请书；(3)被保险人和受害人的有效身份证明、被保险机动车行驶证和驾驶人的驾驶证；(4)公安机关交通管理部门出具的事故证明，或者人民法院等机构出具的有关法律文书及其他证明；(5)被保险人根据有关法律法规规定选择自行协商方式处理交通事故的，应当提供依照《道路交通事故处理程序规定》规定的记录交通事故情况的协议书；(6)受害人财产损失程度证明、人身伤残程度证明、相关医疗证明以及有关损失清单和费用单据；(7)其他与确认保险事故的性质、原因、损失程度等有关的证明和资料。商业险的索赔流程和所需材料参照交强险，具体要求以保险条款为准。

2. 核定

保险公司接到报案后，保险公司查勘员到现场勘察或到交通部门了解出险情况，同时对受损车辆进行查勘定损。事故造成人员伤亡的，保险公司医核人员会对受伤人员的就诊治疗等情况进行查勘跟踪。根据《机动车交通事故责任强制保险条例》第29条的规定，保险公司应当自收到被保险人提供的证明和资料之日起5日内，对是否属于保险责任作出核定，并将结果通知被保险人；对不属于保险责任的，应当书面说明理由；对属于保险责任的，在与被保险人达成赔偿保险金的协议后10日内，赔偿保险金。

3. 赔付

根据《最高人民法院关于审理道路交通事故损害赔偿案件适用法律若干问题的解释》第13条、《民法典》第1213条的规定：同时投保机动车交强险和商业三者险的机动车发生交通事故造成损害,当事人同时起诉侵权人和保险公司的,属于该机动车一方责任的,先由承保机动车强制保险的保险人在强制保险责任限额范围内予以赔偿;不足部分,由承保机动车商业保险的保险人按照保险合同的约定予以赔偿;仍然不足或者没有投保机动车商业保险的,由侵权人赔偿;被侵权人或者其近亲属请求赔偿精神损害的,由承保交强险的保险公司优先赔偿。

对属于交强险保险责任的,保险人在与被保险人达成赔偿保险金的协议后10日内,赔偿保险金。属于商业三者险保险责任的,保险金的赔付期限依据保险合同约定。通常情况下,保险人对被保险人提交的保险单、事故证明及各种费用单据无异议的,应当在10日内一次赔偿结案。被保险人与保险公司对赔偿有争议的,可以依法申请仲裁或者向人民法院提起诉讼。保险公司对受害人进行赔偿时,根据《机动车交通事故责任强制保险条例》第31条的规定,保险公司可以向被保险人赔偿保险金,也可以直接向受害人赔偿保险金。但是,因抢救受伤人员需要保险公司支付或者垫付抢救费用的,保险公司在接到公安机关交通管理部门通知后,经核对应当及时向医疗机构支付或者垫付抢救费用。因抢救受伤人员需要救助基金管理机构垫付抢救费用的,救助基金管理机构在接到公安机关交通管理部门通知后,经核对应当及时向医疗机构垫付抢救费用。

4. 免责事由

首先,承保交强险的保险公司免责情形主要有以下几种:(1)被保险机动车发生的事故不属于道路交通事故。(2)被保险机动车车上人员的伤亡和财产损失。交强险属于第三者险,本车人员和被保险人不是“第三者”,自然不属于赔偿范围。(3)受害人故意造成交通事故的情况。(4)无证驾驶、醉酒驾驶、被保险机动车被盗抢期间肇事、被保险人故意制造道路交通事故的情况下发生的财产损失。

其次，参照中国平安财产保险股份有限公司的商业三者险相关条款，责任免除情形包括以下四种：第一，下列原因导致的意外事故，保险人不负责赔偿：(1)地震及其次生灾害；(2)战争、军事冲突、恐怖活动、暴乱、扣押、罚没、查封、政府征用；(3)核反应、核污染、核辐射；(4)受害人与被保险人或驾驶人恶意串通；(5)被保险人、驾驶人或受害人故意导致事故发生。第二，发生意外事故时，保险车辆有以下情形之一的，保险人不负赔偿责任：(1)除非另有约定，发生保险事故时无公安机关交通管理部门核发的合法有效的行驶证、号牌，或临时号牌或临时移动证；(2)未在规定检验期限内进行机动车安全技术检验或检验未通过；(3)保险车辆在竞赛、检测、修理、养护，被扣押、征用、没收，全车被盗窃、抢劫、抢夺期间；(4)牵引其他未投保交强险的车辆或被该类车辆牵引；(5)保险车辆转让他人，被保险人、受让人未履行通知义务的，转让导致保险车辆危险程度显著增加而发生保险事故。第三，发生意外事故时，驾驶人有以下情形之一的，保险人不负赔偿责任：(1)未依法取得驾驶证、持未按规定审验的驾驶证、驾驶与驾驶证载明的准驾车型不符的机动车的；(2)驾驶人在驾驶证丢失、损毁、超过有效期或被依法扣留、暂扣期间或记分达到 12 分，仍驾驶机动车的；(3)学习驾驶时无教练员随车指导的；(4)实习期内驾驶载有爆炸物品、易燃易爆化学物品、剧毒或者放射性等危险物品的机动车的，或驾驶机动车牵引挂车的；(5)饮酒或服用国家管制的精神药品或麻醉药品的；(6)未经被保险人同意或允许而驾车的；(7)利用保险车辆从事犯罪活动；(8)事故发生后，被保险人或驾驶人在未依法采取措施的情况下驾驶保险车辆或者遗弃保险车辆逃离事故现场，或故意破坏、伪造现场、毁灭证据的；(9)依照法律法规或公安机关交通管理部门有关规定不允许驾驶保险车辆的其他情况下驾车。第四，下列损失和费用,保险人不负责赔偿:(1)被保险人或驾驶人以及他们的家庭成员的人身伤亡及其所有或保管的财产的损失;(2)车上人员的人身伤亡或本车上的财产损失;(3)保险车辆发生事故致使第三者停业、停驶、停电、停水、停气、停产、通信或网络中断、数据丢失、电压变化造成的损失以及其他各种间接损失;(4)车载货物掉落、泄漏、腐蚀造成的任何损失和费用;(5)因污染引起的损失和费用;(6)第三者财产因市场价格变动造成的贬值、修理后因价值降低造成的损失;(7)停车费、保管费、扣车费及各种罚款;(8)保险事故引起的任何有关精神损害赔偿;(9)根据保险单约定的免赔率计算的被保险人应当自行承担的部分。

最后,保险条款属于格式条款。所谓格式条款,是保险人为了重复使用而预先拟定,并在订立合同时未与投保人协商且投保人没有修改自由的条款。法律为了保护投保人的利益,要求保险人采取合理的方式提请对方注意免除或者限制其责任的条款并对该条款予以说明。保险人不合理地免除或者减轻其责任、加重对方责任、限制对方主要权利的,该条款无效。保险人对免责条款提示义务的履行应以能否足以引起投保人的注意为原则。对于提示义务的履行,需结合投保单和相关保险凭证上是否有明显标识进行判断。从保险单中的"重要提示"栏以及"投保人声明"栏的文字内容看,免责条款若没有显著标志和明确说明,如字体加粗、加大、不同颜色等,应视为免责条款无效。

(三)公安机关交通管理部门调解

公安机关交通管理部门调解,是指处理交通事故的公安机关办案人员在查明交通事故的原因、认定交通事故责任、确定交通事故造成的损失情况后,召集事故相关当事人就赔偿损害进行调解。

1. 调解的发起

《道路交通事故处理程序规定》第 20 条第 2 款规定,当事人报警的,交通警察、警务辅助人员可以指导当事人自行协商处理。当事人要求交通警察到场处理的,应当指派交通警察到现场调查处理。第 25 条规定,当事人共同请求调解的,交通警察应当当场进行调解,并在道路交通事故认定书上记录调解结果,由当事人签名,送达当事人。

同时《道路交通事故处理程序规定》第 84 条、第 85 条、第 86 条规定,当事人可以采取申请公安机关交通管理部门调解的方式解决道路交通事故损害赔偿争议。当事人申请人民调解委员会调解,调解未达成协议的,当事人可以直接向人民法院提起民事诉讼,或者自人民调解委员会作出终止调解之日起 3 日内,一致书面申请公安机关交通管理部门进行调解。当事人申请公安机关交通管理部门调解的,应当在收到道路交通事故认定书、道路交通事故证明或者上一级公安机关交通管理部门维持原道路交通事故认定的复核结论之日起 10 日内一致书面申请。

2. 调解的开始日期

公安机关交通管理部门受理调解申请后,应当按照下列规定日期开始调解:(1)造成人员死亡的,从规定的办理丧葬事宜时间结束之日起;(2)造成人员受伤的,从治疗终结之日起;(3)因伤致残的,从定残之日起;(4)造成财产损失的,从确定损失之日起。公安机关交通管理部门受理调解申请时已超过前款规定的时间,调解自受理调解申请之日起开始。

3. 调解的限制情形

发生交通事故后,有下列几种情况不适用调解,包括:当事人对交通事故认定有异议的;当事人拒绝在事故认定书上签名的;当事人不同意由交通警察调解的。

4. 调解的一般程序

公安机关交通管理部门受理了当事人的调解申请后,应当按照法定程序对交通事故进行调解。

首先,调解通知的送达。公安机关交通管理部门应当与当事人约定调解的时间、地点,并于调解时间 3 日前通知当事人。口头通知的,应当记入调解记录。调解参加人因故不能按期参加调解的,应当在预定调解时间 1 日前通知承办的交通警察,请求变更调解时间。

其次,调解参加人员的身份要求。损害赔偿的调解参加人包括:(1)道路交通事故当事人及其代理人;(2)道路交通事故车辆所有人或者管理人;(3)承保机动车保险的保险公司人员;(4)公安机关交通管理部门认为有必要参加的其他人员。委托代理人应当出具由委托人签名或者盖章的授权委托书。授权委托书应当载明委托事项和权限。参加损害赔偿调解的人员每方不得超过 3 人。

再次,调解的法定期限。公安机关交通管理部门应当自调解开始之日起 10 日内制作道路交通事故损害赔偿调解书或者道路交通事故损害赔偿调解终结书。

复次,调解公正、自愿。公安机关交通管理部门应当按照合法、公正、自愿、及时的原则进行道路交通事故损害赔偿调解。道路交通事故损害赔偿调解应当公开进行,但当事人申请不予公开的除外。为了保证调解的公正性,根据有关法律规定,公安机关交通管理部门应当指派 2 名警察主持调解。

最后,调解程序的规定。调解还要遵循下列程序性规定:(1)告知各方当事人权利、义务;(2)听取各方当事人的请求及理由;(3)根据道路交通事故认定书认定的事实以及《道路交通安全法》第 76 条的规定,确定当事人承担的损害赔偿责任;(4)计算损害赔偿的数额,确定各方当事人承担的比例,人身损害赔偿的标准按照《民法典》《最高人民法院关于审理人身损害赔偿案件适用法律若干问题的解释》《最高人民法院关于审理道路交通事故损害赔偿案件适用法律若干问题的解释》等有关规定执行,财产损失的修复费用、折价赔偿费用按照实际价值或者评估机构的评估结论计算；(5)确定赔偿履行方式及期限。

5.交通事故损害赔偿调解协议的效力

调解协议效力的确认需要结合具体情况进行分析。如果协议签订时，不存在欺诈、胁迫或者乘人之危等情形，或者不存在协议确定的赔偿金额明显区别于法定赔偿金额而显失公平的情形，该调解协议书具有合同效力。一方不配合履行调解协议书的约定义务的，另一方可在请求确认协议书的效力后申请强制执行。

参考案例

2022年9月10日18时25分许，成某甲驾驶悬挂[电动×××××]号车牌的四轮电动车由东向西行驶至南通市通州区金新街道钟秀路某某北门前地段时，该车前部与由东向西行进的成某乙的自行车后部发生了碰撞，造成成某乙受伤及车辆损坏的道路交通事故。交警部门认定，当事人成某甲承担事故的全部责任；当事人成某乙不承担事故的责任。事故发生后，成某乙被送往医院救治，行右锁骨骨折切开复位钢板内固定术，出院诊断：(1)创伤性脑出血；(2)头部损伤；(3)局灶性大脑挫裂伤；(4)颞骨骨折；(5)颅底骨折；(6)顶骨骨折；(7)头痛；(8)脑部损伤；(9)肋骨骨折；(10)锁骨骨折；(11)肺结节病。成某乙住院31天。2023年4月28日，南通某某鉴证技术有限公司司法鉴定所出具通众成司鉴所[2023]临鉴字第403号司法鉴定意见书，评定如下：(1)成某乙因交通事故致多发伤，其右侧第2~7、10肋骨骨折构成十级伤残。(2)成某乙伤后需要误工期180日、护理期60日、营养期90日。成某乙为此支付鉴定费2100元。

一审审理中，成某甲请求对成某乙的用药合理性进行鉴定，一审法院经摇号委托南通市某某人民医院司法鉴定所出具通一院司鉴所[2023]临鉴字第1415号司法鉴定意见书，评定如下：成某乙此次住院费用系针对交通事故外伤的检查、治疗、用药费用，未发现与交通事故外伤无关联的医药费用。成某甲为此支付鉴定费1610元。

一审法院另查明,成某甲和成某乙于2022年10月10日签订协议1份,载明:“今收到成某甲赔偿成某乙交通事故赔偿金共计:捌万壹仟圆整。其中已经支付了肆万叁仟元,剩余叁万捌仟圆整,其中10月底支付壹万捌仟,剩余贰万元今年年底结清,如果双方不履行,将依法诉讼解决,双方签字生效,今后互不追究,赔偿由成某乙老公吴某兵代收。”该协议下方有吴某兵、成某甲签名。现成某甲已全部付清约定赔偿款81,000元。

成某乙因案涉交通事故所致损失评定如下:(1)医疗费57,379.15元;(2)住院伙食补助费1240元;(3)营养费3600元;(4)护理费8562元;(5)误工费10,792元;(6)残疾赔偿金120,356元;(7)精神损害抚慰金酌情支持5000元;(8)交通费酌情支持700元;(9)物损不予支持。成某乙支付的鉴定费用2100元列入诉讼费用,成某甲支付的鉴定费用1610元由其自行负担。成某乙因案涉交通事故所致总损失为207,629.15元。

一审法院认为,行为人因过错侵害他人民事权益造成损害的,应当承担侵权责任。该案中,成某甲驾驶四轮电动车与骑自行车的成某乙相撞,致成某乙受伤。交警部门认定成某甲承担事故全责,成某甲理应对成某乙因事故所致损失承担全部赔偿责任。成某甲辩称,其在事故发生后已与成某乙达成和解协议且已按协议约定金额赔付完毕,不应再承担赔偿责任。一审法院认为,成某乙作为普通公民,欠缺对自身因事故所致损伤程度的专业判断力,因此对其因事故所造成的损失作出错误的估算,其与成某甲签订的协议对成某乙的合法权益造成巨大损害,显失公平。故成某乙可请求人民法院撤销该协议,成某甲已赔偿成某乙81,000元,尚须赔偿126,629.15元。为此,一审法院依照《民法典》第147条、第1165条、第1179条、第1183条、第1208条、第1213条,《最高人民法院关于审理人身损害赔偿案件适用法律若干问题的解释》第6条、第7条、第8条、第9条、第10条、第11条、第12条、第23条的规定,判决:(1)撤销成某乙与成某甲签订的关于案涉交通事故赔偿内容的协议;(2)成某甲于判决生效后10

日内再行赔偿成某乙因本起事故所致损失126,629.15元；(3)驳回成某乙其他诉讼请求。案件受理费1232元，由成某乙负担176元，由成某甲负担1056元。鉴定费用2100元，由成某乙负担300元，由成某甲负担1800元（成某乙预缴的案件受理费1056元，自法律文书生效之日起15日内到一审法院办理胜诉退费；成某甲自法律文书生效之日起10日内按照一审法院提供的诉讼费用催缴通知书确定的银行账号缴纳受理费1056元，逾期将依法强制执行。成某甲应负担的鉴定费1800元，由成某甲于判决生效后10日内直接给付成某乙）。如果未按判决指定的期间履行给付金钱义务，应当依照《民事诉讼法》第260条①的规定，加倍支付迟延履行期间的债务利息。

二审中，各方当事人均未提交新证据。经审查，一审查明的事实属实，法院对此予以确认。

二审法院认为，关于案涉协议是否属于可撤销的民事法律行为。《民法典》第147条规定，基于重大误解实施的民事法律行为，行为人有权请求人民法院或者仲裁机构予以撤销。《民法典》第151条规定，一方利用对方处于危困状态、缺乏判断能力等情形，致使民事法律行为成立时显失公平的，受损害方有权请求人民法院或者仲裁机构予以撤销。在签订案涉协议时，成某乙对自身因交通事故是否构成伤残等情形并不知晓，在案涉协议中对81,000元赔偿款的组成也无关于“残疾赔偿金”的记载，在其对自身全部损失并无明确认识的情况下与成某甲签订了协议，损害了成某乙依法获得赔偿的权利。案涉协议的签订，是以不合理的方式减轻、免除了一方的责任，且赔偿数额与成某乙实际损失差距明显，若该一次性赔偿条款成立，对成某乙明显有失公平；此外，成某乙构成伤残系案涉交通事故的最终损害结果，其可获赔偿也应基于事故导致其伤情的事实，故赔偿范围应涵盖残疾赔偿金、精神损害抚慰金等损失。现成某乙向人民法院申请撤销，

① 2023年修正后为第264条。

在法律规定的时限内,符合法律规定,一审法院判令协议撤销于法有据。

关于赔偿的金额。根据原审查明情况,成某乙因案涉交通事故总损失为207,629.15元,扣除成某甲已经赔付的81,000元,原审判令成某甲再行赔付成某乙126,629.15元并无不当。

综上所述,成某甲的上诉请求不能成立,应予驳回;一审判决认定事实清楚,适用法律正确,应予维持。依照《民事诉讼法》第177条第1款第1项的规定,判决如下:驳回上诉,维持原判。

(四)法律援助

法律援助是指由政府设立的法律援助机构组织法律援助的律师,为经济困难或特殊案件的人无偿提供法律服务的一项法律保障制度。司法局设有专门的法律援助机构进行法律援助,并明确规定了提供法律援助的条件。例如,《河北省法律援助条例》第22条规定,除《法律援助法》第31条规定事项外,因经济困难没有委托代理人的当事人有下列事项之一的,可以向法律援助机构申请法律援助:(1)主张享受义务教育权利;(2)因公共卫生事件、安全生产事故、产品质量事故造成人身损害或者财产损失,请求赔偿;(3)因农村土地承包经营权及其流转产生的民事权益,请求确认或者赔偿;(4)因农作物受到损害产生的民事权益,请求赔偿;(5)因继承权受到侵害,请求确认或者赔偿;(6)婚姻关系中一方重婚或者与他人同居,另一方要求离婚或者主张相关权益;(7)国家和本省规定的其他事项。

同时法律援助服务采取下列形式:(1)法律咨询、代拟法律文书;(2)刑事辩护与代理;(3)民事案件、行政案件、国家赔偿案件的诉讼代理及非诉讼代理;(4)值班律师法律帮助;(5)劳动争议调解与仲裁代理;(6)法律、法规、规章规定的其他形式。

（五）人民调解委员会调解或诉讼

根据《道路交通安全法》第74条的规定，对交通事故损害赔偿的争议，当事人可以请求公安机关交通管理部门调解，也可以直接向人民法院提起民事诉讼。经公安机关交通管理部门调解，当事人未达成协议或者调解书生效后不履行的，当事人可以向人民法院提起民事诉讼。同时根据《道路交通事故处理程序规定》第84条的规定，当事人可以采取以下方式解决道路交通事故损害赔偿争议：(1)申请人民调解委员会调解；(2)申请公安机关交通管理部门调解；(3)向人民法院提起民事诉讼。

法院的审判程序如下：

1.受理：法院对于符合起诉条件的，必须受理。符合起诉条件的，应当在7日内立案，并通知当事人；不符合起诉条件的，应当在7日内作出裁定书，不予受理。人民法院对决定受理的案件，应当在受理案件通知书和应诉通知书中向当事人告知有关的诉讼权利义务，或者口头告知。

2.通知应诉：人民法院审理民事案件，应当在开庭3日前通知当事人和其他诉讼参与人。公开审理的，应当公告当事人姓名、案由和开庭的时间、地点。

3.开庭审理：原告、被告双方到庭，依次进行法庭调查、质证、法庭辩论、陈述最后意见、法庭调解。

4.委托鉴定：如果在诉讼中需要对受伤人员的伤残情况进行鉴定，由受伤人员向法院递交鉴定申请书，申请法院委托相关的机构进行鉴定，然后法院向相关司法鉴定机构送交委托鉴定函和需要的相关资料，等待司法鉴定机构出具意见。

5.判决：法院在调查案件事实的基础上对各项证据进行认定，适用相关法律，作出裁判文书。人民法院适用简易程序审理案件，应当在立案之日起3个月内审结。人民法院适用普通程序审理的案件,应当在立案之日起6个月内审结。有特殊情况需要延长的,由本院院长批准,可以延长6个月;还需要延长的,报请上级人民法院批准。

6. 裁判文书的送达、上诉:判决书送达双方当事人之后,当事人不服地方人民法院第一审判决的,有权在判决书送达之日起15日内向上一级人民法院提起上诉。当事人不服地方人民法院第一审裁定的,有权在裁定书送达之日起10日内向上一级人民法院提起上诉。

7. 二审:第二审人民法院对上诉案件,应当组成合议庭,开庭审理。经过阅卷、调查和询问当事人,对没有提出新的事实、证据或者理由,合议庭认为不需要开庭审理的,可以不开庭审理。二审裁定的结果可能是维持原判、依法改判或者是发回重审;二审判决是终审判决,判决送达后生效;当事人对二审裁定不服的,二审判决后当事人可以申请再审。人民法院审理对判决的上诉案件,应当在第二审立案之日起3个月内审结。有特殊情况需要延长的,由本院院长批准。

第二章

交通事故处理技巧

参考案例

2020年10月1日下午3时10分许，在河北省沧州市某县发生六车碰撞的交通事故。在此次事故的第三次撞击中，李某驾驶自有车牌号为[京×××××]的小型轿车被王某驾驶车牌号为[津×××××]的小型轿车追尾。该次事故经河北省公安厅高速公路交通警察总队沧州支队某大队处理，认定在该次事故的第三次撞击中王某承担全部责任，李某没有责任。因事发于国庆假期，事故处理后，双方自行离开未留存损失照片，也未确认损失。李某驾车驶往目的地苏州后，联系当地4S店对车辆进行定损查勘。王某以李某的车辆有过多次碰撞，无法确认损伤相关性及对定损机构资质和定损金额存疑等为由，不同意维修方案。无奈，李某驶回北京后再次对车辆进行定损查勘，王某仍以同样理由拒不配合理赔。双方僵持两个月后，李某自行修车，产生修理费5185元，并将王某诉至法院。经过调取交通大队的事故卷宗，结合事故现场照片，分析事故成因，最终法院认定了修理费的合法性，依修车正规发票支持了李某的请求。

上述案例在现实生活中极为常见。当事人常常出于疏忽大意、赶时间或其他原因,未对现场证据进行保存或保存不完整,致使双方对财产损失的范围、人身伤害程度认识不一致,最终导致无法协商赔偿。为此针对这种情形,本章逐一介绍事故现场、治疗期间、伤残鉴定、保险理赔、诉讼等阶段的处理技巧,并配以相应参考案例进行说明。

一、事故现场的处理技巧

(一)明确案件性质

事故地点、车辆属性是认定事故性质以及保险理赔的重要依据。一起案件只有被认定为机动车交通事故后,才可以根据《道路交通安全法》等相关法律进行责任判定和索赔;如果不属于交通事故,则必须根据相关的其他法律来维护自己的权利。那么如何判断一起案件的类型是否为交通事故?

根据《道路交通安全法》第119条的规定,“交通事故”是指车辆在道路上因过错或者意外造成的人身伤亡或者财产损失的事件。为了进一步明确交通事故的范围,还需要对车辆、道路等进行逐一明确的界定。

1. 交通事故必须是由车辆造成的事故

根据《道路交通安全法》第119条的规定,“车辆”包括机动车和非机动车。所谓“机动车”,是指以动力装置驱动或者牵引,上道路行驶的供人员乘用或者用于运输物品以及进行工程专项作业的轮式车辆。常见机动车包括客运、货运、工程专项车辆,特殊机动车包括电动摩托车和电动轻便摩托车。

所谓“非机动车”,是指以人力或者畜力驱动,上道路行驶的交通工具,以及虽有动力装置驱动但设计最高时速、空车质量、外形尺寸符合有关国家标准的残疾人机动轮椅车、电动自行车等交通工具。例如,《电动自行车安全技术规范》(GB 17761—2018)对电动车作出新的规定,规定内容为电动自行车须具有脚踏骑行能力、最高设计车速不得超过25km/h、电机功率不超过400W、蓄电池标准电压不超过48V。

2. 交通事故必须发生在道路上

根据《道路交通安全法》第119条的规定,所谓“道路”,是指公路、城市道路和虽在单位管辖范围但允许社会机动车通行的地方,包括广场、公共停车场等用于公众通行的场所。与道路成为一体的桥梁、隧道、轮渡设施以及作业道路用的电梯等统统包括在“道路”中,作为道路附属设施。故矿区、厂区、林区、农场等单位自建的不通行社会车辆的专用道路,机关和学校单位大院内不允许社会车辆通行的通道不属于《道路交通安全法》中所称的“道路”,在这些范围内发生的事故引发的损害赔偿案件,可以参照适用“道路”的相关规定。因此,事故发生地是否为“道路”是判断是否构成交通肇事罪的重要要件之一。

3. 交通事故必须发生在车辆使用过程中

交通事故发生时车辆的使用状态可能是启动、行驶、转弯,也有可能是减速、后退、停止。车辆的运行速度、方向和目的等因素不影响交通事故的性质认定。

参考案例

2023年11月某日晚,唐某驾驶二轮摩托车行驶在江西省赣州市某条道路上时,撞上了杨某停放在路边的变形拖拉机摔倒在地。此时恰巧黄某驾驶货车经过,将摔倒在地的唐某碾压致死。全南县公安局交通局某某大队出具道路交通事故认定书,以黄某驾驶机动车未注意观察路面动态,未采取有效措施碾压倒地二轮车及人员,唐某驾驶机动车未采取有效措施,碰撞停放的车辆,驾驶机动车上道路行驶时使用其他车辆号牌,杨某驾驶机动车未按规定停放车辆，车身未按规定粘贴反光标识，驾驶机动车未按规定定期进行安全技术检验等情节，认定黄某承担事故的主要责任，唐某、杨某分别承担此次事故的次要责任。

4.交通事故的责任人主观上可能有过错，也可能是意外事件

从侵权行为法的角度来讲，过错是加害人承担民事责任的基础，包括故意和过失两种心理状态。故意是指加害人预见到损害后果的发生并希望或者放任该结果的发生的心理状态。过失是指加害人主观上应当预见到损害结果的发生，因粗心大意未能预见，或者虽然已经预见到损害结果的发生，但过于自信未采取恰当措施，导致交通事故发生。意外是指当事人都没有过错，即在当时的客观情况下，不能预见到损害结果的发生，但确实有损害结果。在道路交通事故中，侵害人的过错在主观方面通常表现为过失。当然，对于交通事故的损害后果的发生，侵权人只能是过失。在意志方面，侵害人对损害后果的发生既非希望也非放任，而是排斥、反对。在认识因素方面，侵权人对后果的发生应该是可以预见，但由于疏忽大意或过于轻信其能够避免，最终导致事故发生。

上述主观心理状态分析同样适用人工智能驾驶引发的事故。随着自动驾驶技术的发展，自动驾驶快递车、自动驾驶环卫车、自动驾驶出租车及辅助驾驶电动车等相继涌现，交通事故的责任承担方式也随之发生变化。2020 年 9 月，北京市率先规划建设全国首个高级别自动驾驶示范区，围绕“车路云网图”五大要素，开展车路云一体化系统关键技术验证。从车辆到企业再到城市，从试点到准入再到允许，《深圳经济特区智能网联汽车管理条例》《杭州市促进智能网联车辆测试与应用规定（草案）》《北京市自动驾驶汽车条例（征求意见稿）》等自动驾驶的法律法规相继发布。从《北京市自动驾驶汽车条例（征求意见

稿)》第27条可以看出,自动驾驶汽车上道路行驶期间发生交通违法行为的,交通事故的责任人主观心态也必须是过错或者意外。此处的交通事故责任人包括自动驾驶汽车的车辆所有人、管理人。

5. 交通事故必须要有损害后果的发生,且损害后果与侵权人的侵权行为具有直接的因果关系

交通事故的损害后果是指事故在客观上必须造成了人身伤亡和财产损失。该后果的产生必须与侵权人的侵权行为具有因果关系,并且侵权人对此具有过错。这里的侵权行为不限于驾驶过程中的直接碰撞或接触行为,也包括引发风险的非接触行为。对于碰撞或接触的情形,比较容易判断是否存在因果关系,而对于非接触行为,必须在证据充分的基础上严格把握。

参考案例

2023年8月17日9时许,被告人王某某驾驶[云D8×××]号重型半挂牵引车牵引[云D7×××挂]号重型集装箱半挂车向沾益城区方向行驶,行驶至曲靖市沾益区沾麻线某路段处,在弯道超越同向行驶的两轮畜力车过程中因鸣喇叭并踩刹车使马匹受惊,致两轮畜力车从某桥南侧坠入河道,造成被害人马某轻伤一级、李某抢救无效死亡的道路交通事故。

经曲靖市公安局某某分局交通警察大队认定:被告人王某某承担事故的主要责任,马某承担此事故的次要责任。事故发生后,被告人王某某电话报警,到案后如实供述犯罪事实。被告人王某某与被害人家属达成赔偿协议,先行垫付了61,585元办理丧葬事宜,支付殡仪馆费用8680元,自愿赔偿家属18,820元。王某某取得了被害人家属的谅解,被害人家属当庭书面建议法院对王某某免予刑事处罚。

法院审理后认为:被告人王某某违反交通运输管理法规,因而发生重大事故,致一人死亡、另一人轻伤,并负事故主要责任,其行为已构成交通

肇事罪。公诉机关指控的事实清楚，罪名准确，予以支持。被告人王某某具备自首情节，依法从轻处罚；被告人王某某自愿认罪认罚，依法从宽处理；被告人王某某在保险范围外主动自愿赔偿被害人家属部分经济损失，且其他应由其承担的经济损失通过保险公司也能得到全部赔偿，附带民事诉讼原告人对被告人王某某的行为予以谅解并申请法院对其免予刑事处罚；综合被告人王某某犯罪的事实、性质、情节、对社会的危害程度以及其认罪态度、悔罪表现等情况，被告人王某某犯罪情节轻微，依法对其免予刑事处罚。公诉机关的量刑建议适当，予以采纳。被告人王某某的辩护人提出被告人王某某具备自首情节、是初犯、认罪态度好、积极赔偿、取得被害人的谅解的辩护意见与查明的事实相符，予以采纳，判决被告人王某某犯交通肇事罪，免予刑事处罚。

6. 道路以外通行时发生的事故，参照道路交通事故处理和赔偿

根据《道路交通事故处理程序规定》第 110 条的规定，车辆在道路以外通行时发生的事故，公安机关交通管理部门接到报案的，参照该规定处理。涉嫌犯罪的，及时移送有关部门。依据《机动车交通事故责任强制保险条例》第 43 条的规定，机动车在道路以外的地方通行时发生事故，造成人身伤亡、财产损失的赔偿，比照适用该条例。依据《最高人民法院关于审理道路交通事故损害赔偿案件适用法律若干问题的解释》第 25 条的规定，机动车在道路以外的地方通行时引发的损害赔偿案件，可以参照适用该解释的规定。因此，上述法律法规明确了保险的理赔范围，既包括道路交通事故，也包括具有通行特征的非道路交通事故。

（二）明确事发原因

事发原因包括行驶路线、刹车制动、路面情况、灯光使用情况、超速、超员、超载等具体原因。因当事人具有选择性心理，所以全面收集

事发原因的客观证据显得尤为重要。要解决这一问题，除收集刹车痕迹、碰撞痕迹等常见的证据外，当事人还可以通过加装行车记录仪、收集目击者的证人证言以及查看附近是否有银行或网吧等安装的摄像设备来收集证据。

由于交通事故涉及不同主体，因此，根据交通事故中的车辆类型，将交通事故赔偿责任分摊分为机动车与机动车之间发生交通事故和机动车与非机动车、行人之间发生交通事故两类。

1. 机动车与机动车之间发生交通事故的损害赔偿适用过错责任原则

《道路交通安全法》第 76 条第 1 款第 1 项规定：机动车之间发生交通事故的，由有过错的一方承担赔偿责任；双方都有过错的，按照各自过错的比例分担责任。机动车与机动车之间发生交通事故时，因为双方均属于机动车，力量上的差距不悬殊，所以在机动车与机动车之间发生交通事故时，适用的损害赔偿归责原则是过错责任原则。过错责任是法律责任的一种，又称“过失责任”，与“无过错责任”相对应，即行为人在主观上对自己的行为及其所造成的损害有过错（故意或过失）时所应承担的法律责任。行为人只对其主观上有过错的不履行义务的违法行为承担民事责任；若主观上并无过错，即使行为已致人损害且具有违法性，也不负民事责任。

2. 机动车与非机动车、行人之间发生交通事故的损害赔偿适用无过错责任原则

《道路交通安全法》第 76 条第 1 款第 2 项规定：机动车与非机动车驾驶人、行人之间发生交通事故，非机动车驾驶人、行人没有过错的，由机动车一方承担赔偿责任；有证据证明非机动车驾驶人、行人有过错的，根据过错程度适当减轻机动车一方的赔偿责任；机动车一方没有过错的，承担不超过 10% 的赔偿责任。《道路交通安全法》第 76

条第2款规定,交通事故的损失是由非机动车驾驶人、行人故意造成的,机动车一方不承担赔偿责任。按照该条规定,我国机动车与非机动车、行人之间发生交通事故的损害赔偿适用无过错责任原则,损害赔偿责任的成立不以车辆所有人或驾驶人一方有过错为要件,所有人或驾驶人一方也不能通过证明自己无过错而获得免责。但适用无过错责任原则并不排除过失相抵原则的适用。

3. 交通事故认定书认定的事故责任,并不等于民事赔偿责任

公安机关交通管理部门责任认定的目的是对交通事故的因果关系进行分析,它可以作为民事赔偿责任认定的证据之一,并非民事赔偿责任认定的全部依据。因此应避免将公安机关交通管理部门的责任认定简单等同于民事责任的分担。公安机关交通管理部门划分责任时,主要有以下五种:全部责任、主要责任、同等责任、次要责任、无责任。通常情况下对应的赔偿责任的比例为100%、70%、50%、30%、0。根据优者危险负担原则,在个别省份的地方性法规中,针对机动车与非机动车或行人发生的事故划定了一个大致的赔偿范围,常见的有100%、70%~90%、50%~70%、40%~50%、10%。

(三)查明案件具体信息

1. 查明驾驶人的身份信息、体貌特征,对于预防逃逸、顶包现象具有重要的价值。如现场发现驾驶人有饮酒的可能性,应及时报警处理。同时,发现交通事故车辆逃逸时,应立即记录车牌号码、车型、车辆颜色等所有车辆特征,并记录驶离方向,报警处理。

2. 明确车辆的损害部位和程度,应进行拍照留存,以便为以后的车辆维修、理赔保留证据。留存证据时,应尽可能全面地对损害部位进行拍照,并排除与该次事故无关的损坏部位。如现场遗有肇事车辆脱落物的,应予妥善保管。

3. 发生道路交通事故后,当事人应当了解伤亡情况,并科学施救、

及时报警，以免延误最佳治疗时机。作为受害人，应及时到当地交通管理部门调取驾驶员基本信息、车主基本信息和保险公司的基本信息，为以后的调解和诉讼准备材料。

二、治疗期间的处理技巧

（一）主诉需真实客观

主诉是医学和心理学中的用语，是病人（来访者）自述的症状或（和）体征、性质以及持续时间等内容。主诉是住院病历中第一项内容，好的主诉需精练准确、实事求是。主诉是交通事故中非常重要的证据，它是连接交通事故案件事实、造成的伤害和治疗情况的纽带。因主诉可能是送诊者代述，所以很可能出现对发生原因、时间、症状等细节描述不准确的情况。常见的情况有姓名错误、日期错误、将撞伤描述为摔伤、遗漏病情等。因此，主诉必须客观、准确，对病情的描述必须完整。如发现错误，应及时与医生沟通，以免带来不必要的麻烦。

（二）医疗费应合理

医疗费以医疗机构出具的医药费、住院费等收款凭证，结合病历和诊断证明等相关材料确定。如伤者在住院时自己支付了医药费，应保管好医药费凭证。因他人部分垫付医药费，全额医药费凭证被垫付方拿走的，双方一定要签署收条等有效证据。

医疗机构应当根据受损害的状况和治疗需要就近选择。在实务中，医疗费中与交通事故无关的治疗项目及用药所产生的各项费用不能获得赔偿。上述情形包括：擅自购买与损伤无关的药品的；不合理使用进口器械和服用进口药物的；治疗自身疾病或其他疾病的；故意延长住院时间，增加治疗费用的；未经允许，转院治疗的，但诊疗医院不具备相应的治疗资质和条件或其他正当理由的除外。

（三）支付、垫付

《道路交通安全法》第 75 条规定了保险公司和道路交通事故社会救助基金管理机构垫付抢救费用两种途径。肇事机动车投保交强险的，由保险公司在责任限额范围内支付抢救费用；抢救费用超过责任限额，未投保交强险或者肇事后逃逸的，由道路交通事故社会救助基金先行垫付部分或全部抢救费。《道路交通事故处理程序规定》第 42 条详细规定了垫付的具体要求。投保交强险的车辆发生道路交通事故，因抢救受伤人员需要保险公司支付抢救费用的，公安机关交通管理部门应当书面通知保险公司。抢救受伤人员需要道路交通事故社会救助基金垫付费用的，公安机关交通管理部门应当书面通知道路交通事故社会救助基金管理机构。道路交通事故造成人员死亡需要救助基金垫付丧葬费用的，公安机关交通管理部门应当在送达尸体处理通知书的同时，告知受害人亲属向道路交通事故社会救助基金管理机构提出书面垫付申请。

申请支付和垫付时，需要提供事故认定书、医疗机构出具的医药费、住院费等收款凭证，以及病历和诊断证明、抢救医院专门银行账户等相关证据。保险公司自收到交通管理部门出具的书面垫付通知及上述证据后，向抢救受害人的医院出具《承诺垫付抢救费用担保函》，或将垫付款项划转至抢救医院在银行开立的专门账户，不进行现金垫付。通常情况下，保险公司在申请垫付手续齐全后 48 小时内完成垫付事宜。

（四）先予执行

先予执行，是指人民法院在受理案件后作出终审判决之前，根据一方当事人的申请，裁定对方当事人向申请一方当事人给付一定数额的金钱或其他财物，或者实施或停止某种行为，并立即付诸执行的一种程序。先予执行的着眼点是满足权利人的迫切需要。根据《民事诉讼法》第109条，先予执行适用的案件范围包括追索医疗费用的案件。采取先予执行强制措施的对象包括侵权人、承保交强险和商业三者险的保险公司。受害人可以直接向法院申请对保险公司采取先予执行强制措施。

人民法院裁定先予执行的，应当符合下列条件：(1)当事人之间权利义务关系明确，不先予执行将严重影响申请人的生活或者生产经营的；(2)被申请人有履行能力。人民法院可以责令申请人提供担保，申请人不提供担保的，驳回申请。申请人败诉的，应当赔偿被申请人因先予执行遭受的财产损失。当事人对保全或者先予执行的裁定不服的，可以申请复议一次。复议期间不停止裁定的执行。

参考案例

2024年1月31日，余某驾驶[陕G5××××]号小型普通客车，从陕西省西安市咸阳国际机场驶往安康市恒口示范区某某村4组，于当日2时2分许，沿安康市汉滨区316国道行驶至1884千米处，将经此处人行横道由北向南通行的行人田某某撞倒。安康市公安局某分局交通警察大队道路交通事故认定书认定，余某应负此事故的全部责任，田某某不负此事故责任。事故发生后，田某某在西安市某某医院持续住院治疗，经诊断为：(1)左足开放性多发性足骨折(足舟骨、骰骨、第1～4趾骨、中外楔骨、第1～4跖骨)；(2)右侧胫腓骨下端骨折；(3)左侧开放性踝关节骨折；(4)左侧腓骨骨折；(5)双侧多发肋骨骨折(左2～11、右2、9～11)；(6)胸椎骨折(T9)；(7)左下肢血管损伤(胫前动静脉、胫后动静脉、腓动静脉、大隐静脉、第1～5趾背动静脉损伤)；(8)左下肢开放性皮肤挫伤伴脱套；(9)右侧液气胸；(10)左侧胸腔积液；(11)肺挫伤；(12)创伤性蛛网膜下腔出血；

(13)骨盆骨折;(14)闭合性腹部损伤;(15)腹膜后血肿等。已产生医疗费365,788.26元(含保险公司垫付18,000元)。现田某某仍住院治疗,已无力垫付后续费用,其身体健康及家庭生活受到严重影响。余某所驾驶的[陕G5××××]号小型普通客车在保险公司投保了交强险和300万元商业三者险,事故发生在保险期间内。本着治病救人的原则,并结合本案实际,申请人的先予执行申请得到安康铁路运输法院的支持。

三、伤残鉴定过程中的技巧

(一)伤残鉴定的时机

根据《人体损伤致残程度分级》第4.2条的规定,应在原发性损伤及其与之确有关联的并发症治疗终结或者临床治疗效果稳定后进行鉴定。值得注意的是,治疗终结指的是临床医学一般原则所承认的临床效果稳定而非康复,因为有些伤病需要依靠治疗终结后的康复活动逐渐恢复。如果双方当事人对治疗终结的意见不一致,那么是否治疗终结应由伤残鉴定机构来确定。通常情况下,对因损伤造成影响容貌、听力障碍、视力障碍和对组织器官损伤、骨折致功能障碍的,在伤后3~6个月达到伤情稳定。而对因损伤造成神经功能障碍、颅脑损伤后遗留智能损害等,一般应在伤后6个月后达到伤情稳定。

(二)伤残鉴定机构的选择

伤残鉴定程序的发起主要分为自行委托鉴定和申请法院委托鉴定。自行委托鉴定又细分为当事人自行委托鉴定、双方共同委托以及共同申请公安机关交通管理部门委托鉴定三种。在诉讼实践中,申请法院委托鉴定的公信力最高,申请公安机关交通管理部门委托鉴定的效力次之。而当事人自行委托鉴定的公信力最低,更容易被对方提出重新鉴定。伤残鉴定机构应选择经过备案并经司法机关认可的机构。

（三）伤残鉴定级别

根据《人体损伤致残程度分级》的规定，受伤人员有两处以上伤残符合致残程度等级的，鉴定意见中应该分别写明各处的致残程度等级。同一部位和性质的残疾，不应采用本标准条款两条以上或者同一条款两次以上进行鉴定。我国目前将人体损伤致残程度划分为10个等级，从一级（人体致残率100%）到十级（人体致残率10%），每级致残率相差10%，赔偿指数相差10%。所谓伤残赔偿指数，是指伤残者应当得到伤残赔偿的比例，这一指数在残疾赔偿金和被扶养人生活费等的计算中起着重要作用。

（四）伤残鉴定项目

进行伤残鉴定时，伤残鉴定项目包括因果关系鉴定、伤残等级鉴定、误工期鉴定、护理依赖程度鉴定、护理期鉴定、营养期鉴定、后续医疗费鉴定、医疗费用合理性鉴定、残疾辅助用具更换周期和费用鉴定等。

四、保险理赔的技巧

（一）交强险理赔过程中的技巧

1. 在交通事故中，如果机动车一方投保了交强险，那么人员伤亡和财产损失会优先在交强险的限额内赔偿。根据《机动车交通事故责任强制保险条款》第8条，在中华人民共和国境内（不含港、澳、台地区），被保险人在使用被保险机动车过程中发生交通事故，致使受害人遭受人身伤亡或者财产损失，依法应当由被保险人承担的损害赔偿责任，保险人按照交强险合同的约定对每次事故在下列赔偿限额内负责赔偿:(1)死亡伤残赔偿限额为180,000元。(2)医疗费用赔偿限额为18,000元。(3)财产损失赔偿限额为2000元。(4)被保险人无责任时,无责任死亡伤残赔偿限额为18,000元;无责任医疗费用赔偿限额为1800元;无责任财产损失赔偿限额为100元。死亡伤残赔偿限额和无责任死亡伤残赔偿限额项下负责赔偿丧葬费、死亡补偿费、受害人亲属办理丧葬事宜支出的交通费用、残疾赔偿金、残疾辅助器具费、护理费、康复费、交通费、被扶养人生活费、住宿费、误工费,被保险人依照法院判决或者调解承担的精神损害抚慰金。医疗费用赔偿限额和无责任医疗费用赔偿限额项下负责赔偿医药费、诊疗费、住院费、住院伙食补助费,必要的、合理的后续治疗费、整容费、营养费。

2. 当第三者定损金额低于或等于分项赔偿限额时,赔款为交强险项下赔偿金额。当第三者定损金额高于分项赔偿限额时,赔款为交强险项下赔偿金额与交强险项外赔偿金额之和。交强险项外赔偿金额的理算公式为:

交强险项外赔偿=[(医疗费用定损金额-医疗费用赔偿限额)+(死亡伤残费用定损金额-死亡伤残费用赔偿限额)+(财产损失定损金额-财产损失赔偿限额)]×责任比例

下面就以实际案例的形式,简单介绍哪些情形能够赔偿以及具体如何赔偿。

(1)行人被机动车撞伤,机动车方、行人方均有责。

例:A车撞行人,A车主责,行人次责。行人医疗费用28,000元,死亡伤残费用60,000元,另造成财产损失1000元。因死亡伤残费用和财产损失未超交强险限额,故该两项损失由交强险在限额内全额承担。对于行人医疗费用,在交强险项下赔偿18,000元。剩余的10,000元,根据责任比例(拟70%)机动车方在商业三者险限额内赔偿7000元。

(2)行人被机动车撞伤,机动车方无责、行人方全责。

例:A 车撞行人,A 车无责,行人全责。行人医疗费用 1000 元,死亡伤残费用 10,000 元,另造成财产损失 2000 元。根据《道路交通安全法》第 76 条的规定,机动车一方没有过错的,承担不超过 10% 的赔偿责任。因此,赔偿金额按责任比例(拟 10%)计算。

因医疗费用、死亡伤残费用未超交强险无责限额,故该两项损失在交强险无责限额内全额承担。对于行人财产损失,在交强险项下赔偿 100 元。剩余的 1900 元,由机动车方赔偿 190 元。

(3)行人被机动车撞伤,机动车方、行人方均有责,机动车未投保交强险、商业三者险。

例:A 车撞行人,A 车主责,行人次责。行人医疗费用 28,000 元,死亡伤残费用 60,000 元,另造成财产损失 1000 元。上述损失由机动车一方(投保义务人、侵权人)在交强险责任限额范围内予以赔偿。因死亡伤残费用和财产损失未超交强险限额,故该两项损失由机动车一方(投保义务人、侵权人)在交强险限额内全额承担。对于行人医疗费用,由机动车一方(投保义务人、侵权人)按照交强险限额赔偿 18,000 元。剩余的 10,000 元,根据责任比例(拟 70%)由赔偿义务人赔偿 7000 元。

(4)两辆机动车互碰,两车均有责。

例:A、B 两车互碰,各负同等责任。A 车损失 3500 元,超交强险财产损失赔偿限额。B 车损失 1500 元,未超交强险财产损失赔偿限额。两车交强险赔付结果为:A 车保险公司在交强险项下赔偿 B 车损失 1500 元;B 车保险公司在交强险项下赔偿 A 车损失 2000 元。对 A 车剩余的 1500 元损失,按商业险条款规定,根据责任比例(拟 50%)在商业车险项下赔偿 750 元。

(5)多辆机动车互碰,部分有责(含全责)、部分无责。所有无责方视为一个整体,在各自交强险无责任财产损失赔偿限额内,对有责方损失按平均分摊的方式承担损害赔偿责任;有责方对各方车辆损失在交强险财产损失赔偿限额内承担损害赔偿责任,无责方之间不互相赔偿。无责方车辆对有责方车辆损失应承担的赔偿金额,由各有责方在本方交强险无责任财产损失赔偿限额内代赔。

例:A、B、C、D 四车互碰造成各方车损,A 车主责(损失 1000 元),B 车次责(损失 600 元),C 车无责(损失 800 元)、D 车无责(损失 500 元)。赔付结果为:C 车、D 车交强险共应赔付 200 元,对 A 车、B 车各赔偿(100 + 100) ÷ 2 = 100 元,由 A 车、B 车保险公司在本方交强险无责任财产损失赔偿限额内代赔。A 车交强险赔偿金额 = B 车车损核定承担金额 + C 车车损核定承担金额 + D 车车损核定承担金额 = (600 - 100) + 800 ÷ 2 + 500 ÷ 2 = 1150 元,B 车交强险赔偿金额 = A 车车损核定承担金额 + C 车车损核定承担金额 + D 车车损核定承担金额 = (1000 - 100) + 800 ÷ 2 + 500 ÷ 2 = 1550 元。

(6)两辆或多辆机动车互碰,涉及车外财产损失。有责方在其适用的交强险财产损失赔偿限额内,对各方车辆损失和车外财产损失承担相应的损害赔偿责任。所有无责方视为一个整体,在各自交强险无责任财产损失赔偿限额内,对有责方损失按平均分摊的方式承担损害赔偿责任。无责方之间不互相赔偿,无责方也不对车外财产损失进行赔偿。无责方车辆对有责方车辆损失应承担的赔偿金额,由各有责方在本方交强险无责任财产损失赔偿限额内代赔。

例:A、B、C 三车互碰造成三方车损,A 车主责(损失 600 元),B 车无责(损失 500 元),C 车次责(损失 300 元),车外财产损失 400 元。则 A 车、B 车、C 车的交强险赔付计算结果为:先计算出无责方对有责方的赔款,B 车交强险限额内应赔付 A 车、C 车各 100 ÷ 2 = 50 元。由 A 车、C 车在各自交强险无责任财产损失赔偿限额内代赔。有责方再对车外财产、各方车损进行分摊：A车交强险赔款＝（500＋400）÷2＋（300－50）＝700元，C车交强险赔款＝（500＋400）÷2＋（600－50）＝1000元。计算有责方交强险和代赔款之和：A车交强险赔款＋代赔款＝700＋50＝750元，C车交强险赔款＋代赔款＝1000＋50＝1050元。

（7）两辆或多辆机动车互碰，涉及车外财产损失。部分车未投保交强险，由已承保交强险的保险公司在责任限额范围内予以赔偿的，人民法院应予支持。保险公司就超出其应承担的部分向未投保交强险的投保义务人或者侵权人行使追偿权。

例：A、B、C三车互碰造成三方车损，A车主责，B车次责，C车次责，车外财产损失3000元。A车交强险赔款＝3000÷3＝1000元，B交强险赔款＝3000÷3＝1000元，C车交强险赔款＝3000÷3＝1000元。C车未投保交强险，由A、B车在责任限额范围内赔偿，即A车实际交强险赔款＝1000＋500＝1500元，B车实际交强险赔款＝1000＋500＝1500元。赔偿后，A、B车可分别就500元赔偿金向投保义务人或者侵权人行使追偿权。

3.有下列情形之一的，保险公司在机动车交强险责任限额范围内垫付抢救费用，并有权向致害人追偿：（1）驾驶人未取得驾驶资格或者醉酒的；（2）被保险机动车被盗抢期间肇事的；（3）被保险人故意制造道路交通事故的。有前述情形之一，发生道路交通事故的，造成受害人的财产损失，保险公司不承担赔偿责任。抢救费用，是指机动车发生道路交通事故导致人员受伤时，医疗机构参照国务院卫生主管部门组织制定的有关临床诊疗指南，对生命体征不平稳和虽然生命体征平稳但如果不采取处理措施会产生生命危险，或者导致残疾、器官功能障碍，或者导致病程明显延长的受伤人员，采取必要的处理措施所发生的医疗费用。当事人请求保险公司在交强险责任限额范围内予以赔偿,人民法院应予支持。保险公司在赔偿范围内向侵权人主张追偿权的,人民法院应予支持。追偿权的诉讼时效期间自保险公司实际赔偿之日起计算。

参考案例

2020 年 7 月 30 日早上,张某驾驶牌号为[浙×××××]的小型轿车从温州市龙湾区永中街道雍景园驶向天柱寺方向。9 时 40 分许,车辆沿环山东路自北向南行驶至郑宅村路口右转弯时,撞向同向在其右侧非机动车道内直行通过路口的由杜某某驾驶的电动自行车(车上乘坐肖某某),造成杜某某、肖某某受伤及两车受损的道路交通事故。温州市公安局交通管理局某大队作出第 330303120200000040 号《道路交通事故认定书》,指出事故形成原因如下:张某醉酒驾驶机动车在道路上行驶,且在右转弯时未按规定让同向在其右侧非机动车道内直行的电动自行车先行,是造成事故的主要原因。杜某某驾驶电动自行车上路行驶,未能按规定载人,是造成事故的次要原因。肖某某无责任。据此认定被告张某承担事故主要责任,被告杜某某承担事故次要责任,原告肖某某无责任。

肖某某受伤后,分别于 2020 年 7 月 30 日至 8 月 14 日、8 月 14 日至 9 月 1 日,2022 年 8 月 31 日至 9 月 16 日在温州医科大学附属某医院住院 15 天、18 天、16 天,诊断为左股骨髁间、髁上骨折,髌骨骨折,颜面部清创缝合术后、前额部头皮血肿,右上颌窦黏膜下小囊肿,右额窦炎,腰椎退变,肝左叶萎缩,胆囊底部增厚,左肾结石,左髋臼骨质囊变。后原告多次到温州医科大学附属某医院门诊就诊。原告共计支出医疗费 149,498.37 元(其中包括住院伙食费 2853 元)。

2023 年 11 月 25 日,温州某司法鉴定所应法院委托,作出温东海所[2023]临鉴字第 2238 号《司法鉴定意见书》一份,载明:(1)肖某某于 2020 年 7 月 30 日因交通事故受伤致面部裂伤、左股骨下端粉碎性骨折累及关节面、左髌骨骨折等，临床行左股骨骨折内固定术等治疗，因左股骨骨折术后不愈合，临床再次行骨移植内固定手术治疗，遗留左膝关节活动功能丧失达50%以上（未达75%）等后遗症，已构成人体损伤致残程度九级伤残。(2)评定其误工期为819日、护理期为120日、营养期为90日（以上期限自受伤之日起计算，均包括三次住院期间）。(3)关于后续治疗费鉴定，原告目前左股骨钢板、螺钉内固定材料在位，根据门诊医疗证明书记载（内固定钢板不需要取出），其不存在后续拆除左股骨内固定材料的情形；现遗留左膝关节活动功能丧失达50%以上（未达75%）等后遗症，可适当进行左膝关节功能康复锻炼，以预防关节活动功能的进一步下降及肌肉的萎缩，因此尚无其他必须治疗的情形，不予支持其存在后续治疗费。肖某某支出鉴定费2600元。

法院认为，根据《最高人民法院关于审理道路交通事故损害赔偿案件适用法律若干问题的解释》第15条的规定：原告请求被告平安保险公司在交强险责任限额内赔偿有关人身损害造成的损失，法院予以支持；被告平安保险公司请求在赔偿肖某某损失后一并向被告张某追偿，为避免诉累，法院也予以支持。肖某某请求被告平安保险公司在商业三者险范围内赔偿，但被告张某醉酒驾驶导致肖某某人身损害，而饮酒驾驶属于商业三者险免责事由且被告平安保险公司在投保时已经告知被告张某上述免责事由，故被告平安保险公司主张商业三者险免责，于法有据，予以支持；肖某某该项请求，不予支持。最终法院判决，被告平安保险公司于判决生效之日起10日内赔偿肖某某120,000元；被告平安保险公司承担责任之后，有权向被告张某追偿。

（二）商业险理赔过程中的技巧

1. 机动车的商业险分为主险和附加险。主险一般包含车辆损失险、商业三者险、盗抢险、车上人员责任险，附加险包括车身划痕损失险、玻璃单独破碎险、自燃损失险、涉水险、指定专修特约险等。不同种类商业险主险均有其所对应的保险范围。车辆损失险对应的是投保车辆的车辆损失,商业三者险对应的是投保车辆造成的第三者人身和财产损失,盗抢险对应的是投保车辆,车上人员险对应的投保车辆上的司机和乘客的人身利益。因此,在保险理赔过程中,应该针对不同主体的赔偿选择相对应的保险险种。

2. 对于发生在保险合同有效期内的交通事故案件,被保险人有权向保险公司申请理赔。保险公司每次赔付金额以保险合同约定的保险限额为限。通常保险条款规定的每次事故赔偿限额分为 5 万元、10 万元、15 万元、20 万元、30 万元、50 万元、100 万元和 100 万元以上且最高不超过 5000 万元八档。不同于交强险,商业三者险在赔偿限额内对第三者人身和财产损失进行统一赔付,不再细分医疗费用赔偿限额、死亡伤残赔偿限额及财产损失限额。

3. 当(第三者定损金额 - 交强险的分项赔偿限额) × 事故责任比例等于或高于每次事故赔偿限额时,商业险理算公式为:

赔款 = 每次事故赔偿限额 × (1 - 事故责任免赔率) × (1 - 绝对免赔率之和)

当(第三者定损金额 - 交强险的分项赔偿限额) × 事故责任比例低于每次事故赔偿限额时,商业险理算公式为:

赔款 = (依合同约定核定的第三者损失金额 - 机动车交通事故责任强制保险的分项赔偿限额) × 事故责任比例 × (1 - 事故责任免赔率) × (1 - 绝对免赔率之和)

4. 商业险的赔付是以被保险人承担责任为前提。保险车辆方无事故责任的,保险人不承担赔偿责任。保险人自行承诺或支付赔偿金额,保险人有权重新核定。保险人依据被保险机动车一方在事故中所负的事故责任比例,承担相应的赔偿责任。被保险人或被保险机动车一方根据有关法律法规规定选择自行协商或由公安机关交通管理部门处理事故，未确定事故责任比例的，一般按照下列规定确定事故责任比例：(1)被保险机动车一方负主要事故责任的，事故责任比例为70%；(2)被保险机动车一方负同等事故责任的，事故责任比例为50%；(3)被保险机动车一方负次要事故责任的，事故责任比例为30%。

5. 重复投保。重复保险是指投保人对同一保险标的、同一保险利益、同一保险事故分别与两个以上保险人订立保险合同，且保险金额总和超过保险价值的一种保险。根据《保险法》第56条的规定，重复保险的投保人应当将重复保险的有关情况通知各保险人。重复保险的各保险人赔偿保险金的总和不得超过保险价值。除合同另有约定外，各保险人按照其保险金额与保险金额总和的比例承担赔偿保险金的责任。重复保险的投保人可以就保险金额总和超过保险价值的部分，请求各保险人按比例返还保险费。因此，根据保险损失补偿原则和上述规定，即便投保人重复投保的，也不会超保险价值赔偿。

（三）众筹类保险理赔过程中的技巧

除经国务院保险监督管理机构批准的正规保险公司外，实践中还存在一些众筹类保险公司。此类公司并不具备保险人资质。投保人与此类公司签订的具有保险性质的合同因违反法律法规强制性规定，属于无效合同。结合投保人的信赖利益，上述众筹类保险公司应当参照机动车辆统筹条款的约定承担相应的赔偿责任。

参考案例

王某祥有一辆营运车，车牌号为[鲁NK××××]。中创某某交通运输有限公司是该营运车保险众筹公司。2020 年 12 月 3 日，中创某某交通运输有限公司向临邑某某物流运输有限公司出具《机动车辆安全互助统筹单》，统筹种类含机动车第三者责任统筹且不计免赔，统筹金额为 100 万元，统筹期限自 2020 年 12 月 11 日零时起至 2021 年 12 月 10 日 24 时止。2021 年 6 月 5 日 6 时 10 分许，王某祥在天津市西青区 × × 路与 × × 路交叉口以南，与赵某某驾驶的[津 AD × × × ×]小客车发生追尾，造成双方车损、无人受伤的交通事故，该事故经交管部门调查认定：王某祥负全部责任，赵某某无责任。赵某某起诉到天津市西青区法院，(2021)津 0111 民初 9480 号民事判决书认定：王某祥与临邑某某物流运输有限公司为挂靠关系，共同承担赵某某的损失。因为统筹公司非正式保险公司，可以另行起诉。临邑某某物流运输有限公司赔偿后，将中创某某交通运输有限公司起诉至法院。

法院审理后认为，该案中被告中创某某交通运输有限公司向原告临邑某某物流运输有限公司出具的《机动车辆安全互助统筹单》为保险性质业务，但被告中创某某交通运输有限公司并不具备保险人资质。《保险法》第 7 条规定：在中华人民共和国境内的法人和其他组织需要办理境内保险的，应当向中华人民共和国境内的保险公司投保；第 67 条第 1 款规定：设立保险公司应当经国务院保险监督管理机构批准。也就是说，国家对保险业务实行特许制度，未经准许，任何单位和个人不得经营。该规定属于涉及金融安全、市场秩序的效力性强制规定，故涉案合同因违反法律法规强制性规定，属于无效合同。被告中创某某交通运输有限公司明知自身在缔结保险性质业务合同时无相应资质仍向原告出具机动车统筹单，具有过错，应当赔偿原告由此所受到的信赖利益损失。被告中创某某交通运输有限公司已收取原告支付的统筹费，涉案车辆在统筹期限内发生交通事故，原告因履行事故赔偿责任而支付了他人赔偿费用，被告中创某某交通运输有限公司应当参照机动车辆统筹条款的约定对原告损失承担相应的赔偿责任。天津市西青区法院出具的(2021)津 0111 民初 9480 号民事判决书，判决王某祥和临邑某某物流运输有限公司赔偿赵某某经济损失36,664元,法院认为临邑某某物流运输有限公司应承担50%的赔偿责任即18,332元,即被告中创某某交通运输有限公司应赔偿原告损失18,332元。

五、诉讼过程中的技巧

（一）诉讼主体的确定

根据我国《民事诉讼法》第122条的规定,起诉必须符合下列条件:(1)原告是与案件有直接利害关系的公民、法人和其他组织;(2)有明确的被告;(3)有具体的诉讼请求和事实、理由;(4)属于人民法院受理民事诉讼的范围和受诉人民法院管辖。具体来说,当事人提起诉讼时,首先要确定原告、被告的主体身份。根据《最高人民法院关于审理人身损害赔偿案件适用法律若干问题的解释》第1条的规定,赔偿权利人是指因侵权行为或者其他致害原因直接遭受人身损害的受害人以及死亡受害人的近亲属。赔偿义务人是指因自己或者他人的侵权行为以及其他致害原因依法应当承担民事责任的自然人、法人或者非法人组织。

至于在个案中如何确定原告、被告,本书以投保车辆造成第三人的人身损害和财产损失的情形为例进行详细分析介绍。

1. 交通事故中赔偿权利主体的确定

首先,在机动车交通事故责任纠纷,身体权、健康权、生命权纠纷及承运合同纠纷三个案由下,最常见的赔偿权利人就是直接受害人,即健康权、生命权、身体权受到侵害的受害人。被害人没有死亡的,其作为原告参与诉讼,也可以委托代理人参与诉讼。其中,被害人是无民事行为能力或限制民事行为能力人的,需由其监护人作为法定代理人代为参与诉讼。对胎儿而言,在其还没有出生之前,损害赔偿请求权是一种潜在的权利。因此,这种损害赔偿请求权应待其出生后依法行使。只有胎儿出生时为活体的,初生儿才具有民事权利能力。因其不具备民事行为能力,在行使损害赔偿请求权时,应当由其监护人作为法定代理人代为行使。被害人死亡的,赔偿权利人就是间接受害人。根据《最高人民法院关于审理人身损害赔偿案件适用法律若干问题的解释》第1条的规定,间接受害人是指死亡受害人的近亲属。近亲属的范围包括配偶、父母、子女、兄弟姐妹、祖父母、外祖父母、孙子女、外孙子女。

其次,在保险代位求偿权的案由下,保险公司可以作为原告请求赔偿义务人进行赔偿。保险代位求偿权又称保险代位权,是指保险人享有的,代位行使被保险人对对造成保险标的损害负有赔偿责任的第三方之索赔求偿权的权利。《保险法》第60条第1款规定,因第三人对保险标的的损害而造成保险事故的,保险人自向被保险人赔偿保险金之日起,在赔偿金额范围内代位行使被保险人对第三者请求赔偿的权利。代位求偿权实质上是保险人对第三人债权的法定受让。该受让行为发生于保险赔偿中,且不以被保险人的让与意思表示和债务人的同意为成立要件。

再次,当同一事故导致多人伤亡或死亡,受害人有多名近亲属时,会出现有多名原告的情况。为了方便案件的整体审理和提高司法效率,需将多名原告作为共同原告进行合并审理。对于同一事故导致多人伤亡的情况,根据《最高人民法院关于审理道路交通事故损害赔偿案件适用法律若干问题的解释》第19条,同一交通事故的多个被侵权人同时起诉的,人民法院应当按照各被侵权人的损失比例确定交强险的赔偿数额。因此为了方便审理和交强险理算,多名被侵权人可以作为共同原告分别列明自己的诉求,向法院申请合并审理。对于死亡受害人有多名近亲属的情况,基于身份关系,各个共同诉讼人必须合一确定,并且各个共同诉讼人必须一同起诉或应诉,当事人才能适格。实际诉讼中,如果法院在起诉时发现必须共同进行诉讼的当事人没有参加诉讼,法院应当通知其参加。法院也可以根据当事人的申请进行追加。当事人可以向法院申请追加必要的共同诉讼人,如果申请理由成立,法院将书面通知被追加的当事人参加诉讼。在某些情况下,可以不追加原告。例如,如果应当追加的原告已明确表示放弃实体权利,可以不予以追加。

参考案例

2023 年 4 月 29 日 9 时 00 分许,被告庞某某驾驶[冀 FQ××××]/[冀××××挂]重型半挂货车由西向东行驶,行至京环线 185 千米处易县西陵高速口路段时,与张某驾驶的[冀 AAN×××]号小型轿车相撞,造成张某受伤,小型轿车后排乘坐人李某当场死亡。此事故经易县公安交通警察大队处理,认定庞某某、张某负事故的同等责任。李某父母已去世,遗有妻子陈某和独生女李某某。

此案件张某和李某的损失可以向法院申请合并审理。李某的损失由妻子陈某和独生女李某某作为共同诉讼人主张。

2. 交通事故中赔偿义务主体的确定

参考案例

2023 年 10 月 14 日 6 时 05 分,原告刘某某驾驶[吉 AD×××××]号小型客车沿珲乌高速吉林方向在第三车道行驶至 472 千米处时,遇韩某某驾驶的[吉 AK××××]号重型货车,该货车所载货物包装材料掉落在行车道内,刘某某采取措施不及,车辆前部与路面包装材料相撞,造成车辆损坏的道路交通事故。吉林省公安厅交通警察总队长春高速公路支队某大队出具道路交通事故认定书，认定韩某某承担事故的全部责任，刘某某无责任。事故发生后，因被告方不配合维修理赔事宜，故原告前往长春某汽车销售服务有限公司进行维修，某保险长春支公司已支付维修费2100元，剩余维修费5641元由原告支付完毕。长春某汽车销售服务有限公司出具的进出厂证明载明"[吉AD×××××]号车辆于2023年10月31日8时00分进厂维修，于2023年11月2日17时00分维修完毕出厂"。

另查，原告驾驶的[吉AD×××××]号车辆登记所有人为长春市某汽车服务有限公司，使用性质为预约出租客运。原告与该公司签订汽车租赁合同，约定由原告承租使用，事故发生时双方合同尚在履行期内。该公司向法院出具赔偿权利转让书，载明"承租人于2023年10月14日驾驶[吉AD×××××]号车辆与韩某某驾驶车辆相撞发生交通事故。承租人驾驶的车辆登记在出租人名下，但实际使用人是承租人，因此，承租人同意将向保险公司及肇事车主主张理赔的权利转让给承租人，由承租人自行提起诉讼解决，出租人不再另行主张任何权利"。被告韩某某驾驶的[吉AK××××]号车辆所有权人为长春市某物流有限公司，该车辆在某保险长春支公司投保了交强险，在某统筹公司参统了机动车第三者责任统筹，统筹金额100万元。

关于赔偿主体问题，《民法典》第1213条规定："机动车发生交通事故造成损害，属于该机动车一方责任的，先由承保机动车强制保险的保险人在强制保险责任限额范围内予以赔偿；不足部分，由承保机动车商业保险的保险人按照保险合同的约定予以赔偿；仍然不足或者没有投保机动车商业保险的，由侵权人赔偿。"该案中，某统筹公司抗辩称间接损失其不承担。法院认为，某统筹公司并非保险机构，参统人与统筹人属合同关系，统筹人应按照合同约定进行赔偿。某统筹公司提交的《交通安全统筹电子单》中，在"重要提示"处标注有："1. 本统筹合同由统筹条款、参统提示、统筹单、统筹批单和特别约定组成。2. 收到本统筹单、统筹项目对应的统筹条款后，请立刻核对，如有不符或疏漏，请及时通知统筹人办理变更或补充手续。3. 请仔细阅读统筹项目对应的统筹条款，特别是责任免除和责任处理……”故统筹条款是交通安全统筹合同的组成部分，双方应受合同条款约束。统筹条款中约定：机动车第三者责任统筹是指“统筹期间内，被统筹人或其允许的驾驶人在使用被统筹机动车过程中发生交通意外事故，致使第三者遭受人身伤亡或财产直接损毁，依法应当对第三者承担的损害赔偿责任，且不属于免除统筹人责任的范围，统筹人依照本统筹合同的约定，对超过机动车交通事故责任强制统筹各分项赔偿限额的部分负责赔偿”。第24条约定：“下列人身伤亡、财产损失和费用，统筹人不负责赔偿：被保险机动车发生意外事故，致使任何单位或个人停业、停驶、停电、停水、停气、停产、通讯或网络中断、电压变化、数据丢失造成的损失以及其他各种间接损失……”该案中，原告主张的维修费属于直接损失，应由某统筹公司赔偿原告5641元。原告主张的营运损失属于间接损失，不属于安全统筹赔偿范围，故营运损失应由侵权人承担。被告韩某某及长春市某物流有限公司虽未出庭答辩，但经了解，韩某某在事故发生时属于长春市某物流有限公司的雇员，且结合日常经验法则，韩某某驾驶的车辆为重型货车，其驾驶车辆应属履行职务行为，故该案中韩某某的责任应由长春市某物流有限公司承担。

从上面的实例中，我们可以看出，虽然韩某某是该次事故的责任者，但其并非该次事故的赔偿义务人。实践中事故责任人与赔偿义务人不一致的情况较为常见，因此，确定赔偿义务人是正确处理交通事故损害赔偿案件的基础。只有确定了赔偿义务人，受害人的损失才能得以维护。

（1）一般情形下的赔偿义务主体

①机动车驾驶人。机动车驾驶人作为交通事故的直接侵权责任人，应该对其过错承担相应的侵权责任。侵权责任主要包括行政或刑

事处罚。行政处罚主要包括扣分、罚款、行政拘留、吊销执照等措施，刑事处罚主要包括管制、拘役、有期徒刑等措施。赔偿责任是指对交通事故造成的人身损害和财产损失负相应的赔偿义务。侵权责任与赔偿责任是两个不同的法律概念。因此，侵权责任人与赔偿义务人可以相同，也可以不同。例如，机动车驾驶人为未成年人的，由监护人承担赔偿责任，机动车所有人承担相应的过错责任。针对众多侵权责任人与赔偿义务人分离的情形，下文会针对不同情形进行详细论述。

②机动车所有人。机动车所有人如承担赔偿责任必须具备法律规定的过错情形。

首先，机动车所有人、管理人与使用人不一致总体上存在机动车所有人、管理人知晓和不知晓使用人两种情形。其中，机动车所有人、管理人知晓使用人，常见的有出借、履行职务、挂靠等情形；机动车所有人、管理人不知晓使用人，常见的有盗窃、抢劫或者抢夺等情形。

其次，在出借情形中，因出借行为是出借人和借用人的双方合意行为，那么，出借人应对车辆的使用状况、借用人的驾驶资格及驾驶能力具有审查义务。这里的审查义务具有一定的范围和限度，即应以是否引起事故损害为限。“引起事故损害”主要是指事故发生的主要原因，常见的有车辆制动不合格，转向失灵及使用人无驾驶资格或毒驾、酒驾等情况。

《民法典》第 1209 条明确规定：因租赁、借用等情形机动车所有人、管理人与使用人不是同一人时，发生交通事故造成损害，属于该机动车一方责任的，由机动车使用人承担赔偿责任；机动车所有人、管理人对损害的发生有过错的，承担相应的赔偿责任。

该条明确规定当租赁、借用等情形下机动车所有人、管理人与使用人不是同一人时，优先适用机动车实际使用人承担责任原则，同时也规定了所有人和管理人承担过错责任的情形。为了更好地理解和实施该条规定,《最高人民法院关于审理道路交通事故损害赔偿案件适用法律若干问题的解释》第 1 条便通过列举的方式规定了机动车所有人或者管理人对机动车发生交通事故造成损害有过错的情形。具体表述为,机动车所有人或者管理人有下列情形之一,人民法院应当认定其对损害的发生有过错,并适用《民法典》第 1209 条的规定确定其相应的赔偿责任:(1)知道或者应当知道机动车存在缺陷,且该缺陷是交通事故发生原因之一的;(2)知道或者应当知道驾驶人无驾驶资格或者未取得相应驾驶资格的;(3)知道或者应当知道驾驶人因饮酒、服用国家管制的精神药品或者麻醉药品,或者患有妨碍安全驾驶机动车的疾病等依法不能驾驶机动车的;(4)其他应当认定机动车所有人或者管理人有过错的。

此外,对于盗窃、抢劫或者抢夺的机动车发生交通事故造成损害的情形,机动车所有人或者管理人在不知情的情况下丧失了对该机动车的支配,其既没有实施侵权行为,又没有主观上的过错。因此,这种情形下显然不应让机动车所有人或者管理人承担赔偿责任。

③保险公司。此处的保险公司指的是经国务院保险监督管理机构批准的正规保险公司。对于不具备保险人资质的众筹类保险公司,虽因投保人与此类公司签订的具有保险性质的合同违反法律法规强制性规定,但结合投保人的信赖利益,上述众筹类保险公司也应当参照机动车辆统筹条款的约定承担相应的赔偿责任。

如果投保人同时投保了交强险和商业三者险,在发生交通事故后,应将机动车承保的交强险保险公司和商业三者险保险公司一并列为被告。赔偿责任应当按照承保交强险的保险公司、承保商业三者险的保险公司、侵权人的顺序进行承担。未依法投保交强险的机动车发生交通事故造成损害,投保义务人在交强险责任限额范围内予以赔偿;投保义务人和侵权人不是同一人,由投保义务人和侵权人在交强险责任限额范围内承担相应的责任。

同一交通事故的多个被侵权人同时起诉的，应当按照各被侵权人的损失比例确定交强险的赔偿数额。被侵权人或者其近亲属请求赔偿精神损害的，优先在承保交强险的保险公司责任限额范围内赔偿。多辆机动车发生交通事故造成第三人损害，损失超出各机动车交强险责任限额之和的，由各保险公司在各自责任限额范围内承担赔偿责任；损失未超出各机动车交强险责任限额之和的，由各保险公司按照其责任限额与责任限额之和的比例承担赔偿责任。

分别投保交强险的牵引车和挂车连接使用时发生交通事故造成第三人损害，由各保险公司在各自的责任限额范围内平均赔偿。在商业三者险项下，主车和挂车连接使用时视为一体。发生保险事故时，挂车引起的赔偿责任视同主车引起的赔偿责任。保险人对挂车赔偿责任与主车赔偿责任所负赔偿金额之和，以主车赔偿限额为限。主车、挂车在不同保险公司投保的，保险人按照保险单上载明的商业三者险赔偿限额比例分摊赔款。

(2)特殊情形下的赔偿义务主体

驾驶人、车辆所有人及车辆承保的交强险和商业三者险是一般情况下的赔付主体，其他的特殊情形的责任承担主体如何认定，以下将通过细分不同的情形、参照具体的案例来具体分析。

①工作人员驾驶机动车造成交通事故，由用人单位承担赔偿责任。工作人员因故意或者重大过失致人损害的，用人单位承担侵权责任后，可以行使追偿权。根据《民法典》第1191条第1款的规定，用人单位的工作人员因执行工作任务造成他人损害的，由用人单位承担侵权责任。用人单位承担侵权责任后，可以向有故意或者重大过失的工作人员追偿。这一条款明确规定了职务行为造成损害时，由用人单位承担侵权责任，这是职务行为由单位承担责任的主要法律依据。

由用人单位承担替代赔偿责任，应具备两个条件：其一，员工与用人单位存在用工关系。例如，双方存在劳动合同，抑或虽无劳动合同，但员工事实上为用人单位提供了劳动并享受报酬，并接受用人单位的选任、监督、管理。其二，员工正在从事职务活动。从事职务活动的判断应以员工行为的客观表现是否与常规工作时间、工作地点、工作内容等一致为标准。雇员无权、越权实施的行为由其自行承担法律责任。

重大过失是一般人应当预见，作为有相应工作能力的人员却没有预见或预见到但轻信不会发生而造成事故或损失的一种主观心态。司法实践中需结合事故的发生情况、损害后果以及雇员的主观意识、抢救措施等来综合认定。其三，根据《民法典》第 1191 条第 2 款：劳务派遣期间，被派遣的工作人员因执行工作任务造成他人损害的，由接受劳务派遣的用工单位承担侵权责任；劳务派遣单位有过错的，承担相应的责任。这一条款进一步明确了在劳务派遣情况下，职务行为造成的损害由用工单位承担责任，劳务派遣单位在有过错的情况下也需要承担相应责任。

②提供劳务人员驾驶机动车造成交通事故，由接受劳务一方承担赔偿责任。区别于劳动关系的论述，《民法典》第 1192 条对个人劳务关系进行了规定。首先，个人之间形成劳务关系，提供劳务一方因劳务造成他人损害的，由接受劳务一方承担侵权责任。接受劳务一方承担侵权责任后，可以向有故意或者重大过失的提供劳务一方追偿。其次，提供劳务一方受到损害的，按过错原则处理，即提供劳务一方因劳务受到损害的，根据双方各自的过错承担相应的责任。最后，接受劳务一方的补充赔偿责任，即在提供劳务过程中，因第三人的行为造成提供劳务一方损害的，提供劳务一方有权请求第三人承担侵权责任，也有权请求接受劳务一方给予补偿。接受劳务一方补偿后，可以向第

三人追偿。

③盗窃、抢劫或者抢夺的机动车发生交通事故造成损害的，由盗窃人、抢劫人或者抢夺人承担赔偿责任。根据《民法典》第1215条的规定，盗窃、抢劫或者抢夺的机动车发生交通事故造成损害的，由盗窃人、抢劫人或者抢夺人承担赔偿责任。保险公司在机动车强制保险责任限额范围内垫付抢救费用的，有权向交通事故责任人追偿。机动车被盗抢后，其所有人或者管理人在不知情的情况下丧失了对该机动车的支配，其既没有实施侵权行为，又没有主观上的过错。因此，这种情形下显然不应让机动车所有人或者管理人承担赔偿责任。

为了保护被害人的权益，使被害人尽快得到救治，《民法典》第1215条和《机动车交通事故责任强制保险条例》第22条规定，由肇事车投保的保险公司在机动车强制保险责任限额范围内垫付抢救费用。同时，赋予了保险公司对致害人的追偿权。

参考案例

2020年11月1日9时许，石某某（未取得机动车驾驶证）驾驶［辽B5××××］号小型轿车沿岫水路由北向南行驶80千米时，驶入前进方向左侧，与对向于某某驾驶的［辽HS××××］号轻型栏板货车（载乘何某某）相撞，造成石某某当场死亡，于某某、何某某受伤，两车损坏的道路交通事故。经大石桥市某某交通管理大队现场认定：石某某负事故全部责任，于某某、何某某无责任，案涉车辆为石某某抢劫车辆。石某某应当对于某某、何某某的损失承担责任。但因石某某死亡且无法确定遗产范围，故法院判定由石某某驾驶的车辆投保的交强险的保险公司在交强险限额内向于某某、何某某承担责任。

④挂靠车辆造成交通事故的，由挂靠人和被挂靠人承担连带责

任。根据《民法典》第1211条的规定，以挂靠形式从事道路运输经营活动的机动车，发生交通事故造成损害，属于该机动车一方责任的，由挂靠人和被挂靠人承担连带责任。所谓挂靠，是指车辆为个人出资购买，但为了服从当地对车辆管理的要求或运输经营的需要，而将车辆挂靠于某个具有运输资质的公司名下。前者以后者的名义进行经营活动，而后者向前者收取一定挂靠费用，两者均为运营利益的归属者。常见的有出租车挂靠出租汽车公司，货运车辆挂靠货运公司进行运营等。在这种情况下，一旦车辆发生交通事故，由挂靠人承担损害赔偿责任，出租汽车公司或货运公司承担连带责任。在实践中，为了自身利益，被挂靠人往往与挂靠人协议约定免除此种连带责任。虽然协议的内部效力不能对抗第三人，但是被挂靠人可以通过此种方式获得追偿权利。

参考案例

2023年6月1日11时13分许，被告王某增驾驶超载的[鲁B6××××]号轻型仓栅式货车沿城阳区兴阳路由东向西行驶到绣城路路口处，与右前方顺行的蓝某燕驾驶的[青岛09××××]号电动二轮车相撞，致两车受损、蓝某燕受伤。蓝某燕经抢救无效于当日死亡。2023年7月，青岛市公安局某分局交通警察大队作出第370214120230000291号道路交通事故认定书，认定被告王某增承担事故的主要责任，蓝某燕承担事故的次要责任。事发时，[鲁B6××××]号轻型仓栅式货车登记所有人为被告青岛某某物流有限公司，驾驶人是被告王某增。

经法院认定，案涉[鲁B6××××]号轻型仓栅式货车在某某联合财产保险股份有限公司临沂市罗庄区某某公司投保交强险、在被告永安某某青岛分公司投保商业三者险100万元。故法院认为蓝某燕死亡造成的合法损失，应依法先由某某联合财产保险股份有限公司临沂市罗庄区某某公司在交强险责任限额范围内予以赔偿;不足部分,由被告永安某某青岛分公司根据保险合同和被保险车辆方所应承担的责任比例(70%),在商业三者险限额内予以赔偿;仍有不足部分,应由被告王某增按比例赔偿。

⑤多次转让的车辆造成交通事故的,由最后一次转让并交付的受让人承担赔偿责任。根据《民法典》第 1210 条的规定,当事人之间已经以买卖等方式转让并交付机动车但未办理所有权转移登记,发生交通事故后属于该机动车一方责任的,由受让人承担赔偿责任。《最高人民法院关于审理道路交通事故损害赔偿案件适用法律若干问题的解释》第 2 条进一步明确,被多次转让但未办理登记的机动车发生交通事故造成损害,属于该机动车一方责任,当事人请求由最后一次转让并交付的受让人承担赔偿责任的,人民法院应予支持。机动车作为动产,所有权的变动以交付为标准。机动车转移登记不是所有权转移的生效要件,只是行政部门对于车辆的管理手段,具有对抗效力。因此,如果车辆已实际交付,物权即已转移,原车主便丧失车辆的所有权,受让人占有、使用车辆,并享有该车辆的运营利益。故在此期间发生的交通事故,应当由实际支配车辆运行并取得运行利益的受让人承担赔偿责任。值得注意的是,没有办理过户手续便不能对抗第三人,出卖方需要举证证明车辆已经出卖和交付的事实,无法查明案件事实时,由出卖方承担不利的法律后果。

⑥套牌机动车发生交通事故的,由套牌机动车的所有人或者管理人承担赔偿责任。被套牌机动车所有人或者管理人同意套牌的,应当与套牌机动车的所有人或者管理人承担连带责任。根据《最高人民法院关于审理道路交通事故损害赔偿案件适用法律若干问题的解释》第 3 条的规定:套牌机动车发生交通事故造成损害,属于该机动车一方责任,当事人请求由套牌机动车的所有人或者管理人承担赔偿责任的,

人民法院应予支持；被套牌机动车所有人或者管理人同意套牌的，应当与套牌机动车的所有人或者管理人承担连带责任。也就是说，原则上应由套牌机动车的所有人或管理人承担赔偿责任。如果被套牌机动车的所有人或者管理人同意甚至帮助套牌的，也应该对事故承担连带责任。

套牌机动车是指使用伪造、变造的机动车号牌，使用其他车辆的机动车号牌或者使用欺骗、贿赂手段取得机动车号牌的机动车。机动车被套牌的事件时有发生，套牌行为是严重的违法行为，构成犯罪的，依法追究刑事责任。根据《道路交通安全法》第 96 条第 1 款的规定：伪造、变造或者使用伪造、变造的机动车登记证书、号牌、行驶证、驾驶证的，由公安机关交通管理部门予以收缴，扣留该机动车，处 15 日以下拘留，并处 2000 元以上 5000 元以下罚款；构成犯罪的，依法追究刑事责任。

参考案例

2022 年 9 月 25 日下午，罗某驾驶轻便二轮摩托车从平阳县水头镇鸣溪村驶往水头镇麻园方向，17 时 23 分许，行经鸣溪村银溪路 2 号前路段时，车头与同向前方行人林某某发生碰撞，造成林某某、罗某均受伤的道路交通事故。经平阳县公安局交通警察大队出具道路交通事故认定书认定，罗某负事故全部责任，林某某无责。经查，罗某驾驶的涉案轻便二轮摩托车系套牌车辆，登记车主为被告罗某某，未投保保险。法院认为，交警部门作出的交通事故认定书认定事实清楚、责任明确，罗某承担事故全部责任，故林某某因本次事故造成的经济损失，由罗某赔偿。

⑦出借车辆造成交通事故的，由机动车使用人承担赔偿责任；机动车所有人对损害的发生有过错的，承担相应的赔偿责任。借用车辆肇事引发的道路交通事故损害赔偿案件在实践中较为常见。对此类

案件，车辆出借人只有在出借行为中存在过错时，才会承担赔偿责任。《民法典》第 1209 条明确了：因租赁、借用等情形机动车所有人与使用人不是同一人时，发生交通事故后属于该机动车一方责任的，由机动车使用人承担赔偿责任；机动车所有人对损害的发生有过错的，承担相应的赔偿责任。同时，《最高人民法院关于审理道路交通事故损害赔偿案件适用法律若干问题的解释》第 1 条中已经明确归纳了四种过错情形：知道或者应当知道机动车存在缺陷，且该缺陷是交通事故发生原因之一的；知道或者应当知道驾驶人无驾驶资格或者未取得相应驾驶资格的；知道或者应当知道驾驶人因饮酒、服用国家管制的精神药品或者麻醉药品，或者患有妨碍安全驾驶机动车的疾病等依法不能驾驶机动车的；其他应当认定机动车所有人或者管理人有过错的。

除此之外，机动车出借人将机动车交由未取得机动车驾驶证或者机动车驾驶证被吊销、暂扣的人驾驶的，还会被公安机关交通管理部门处以 200 元以上 2000 元以下的罚款。

⑧学员学车造成交通事故的，由培训单位承担赔偿责任。根据《最高人民法院关于审理道路交通事故损害赔偿案件适用法律若干问题的解释》第 5 条的规定，接受机动车驾驶培训的人员，在培训活动中驾驶机动车发生交通事故造成损害，属于该机动车一方责任，当事人请求驾驶培训单位承担赔偿责任的，人民法院应予支持。由于学员并不具备独立驾驶机动车的能力和资格，因此，学员驾驶行为所产生的后果应当由教练来承担。由于教练和驾校之间是雇佣关系，教授驾驶技术的行为是职务行为，因此，学员造成的交通事故，除非是故意，应当由驾校承担。

参考案例

2021 年 12 月 28 日 7 时 16 分，蒋某某指导学员阿某某驾驶车牌号为

[豫Q××××]的中型货车，沿332省道行驶至某某驾校练车时，与行人张某某发生刮碰，致张某某受伤。蒋某某负事故的全部责任，张某某无责任。[豫Q××××]号货车登记在某某驾校名下，肇事车辆系蒋某某全款购买。蒋某某和某某驾校实为挂靠关系，但事发时挂靠车辆未用于运输经营，根据《最高人民法院关于审理道路交通事故损害赔偿案件适用法律若干问题的解释》第5条的规定，依据交通事故认定书认定的事实，蒋某某指导学员驾车对张某某造成损害，某某驾校应承担赔偿责任。但因蒋某某和某某驾校存在挂靠关系，故蒋某某和某某驾校承担连带责任。

⑨旅客在交通事故中受伤的，可以追究合同违约责任或侵权责任。根据我国《民法典》及其他相关规定，旅客乘坐出租车、公交车、网约车等营运车辆的，承运人有义务在约定的期间或者合理期间内将其安全地运到约定目的地。承运合同关系的成立以相关票据凭证为依据。上述情形既包括全票也包括按照规定优惠、免票的情形。在合同履行过程中，发生交通事故导致旅客人身伤害的，旅客有权要求承运人以违约为由承担赔偿责任，但伤亡是旅客自身健康原因造成的或者承运人证明伤亡是旅客故意、重大过失造成的除外。如果乘车人在乘车过程中财产受到损失，而承运人对该财产的损失没有过错的，承运人不承担责任。

此类案件，存在合同和侵权两种法律关系的竞合。旅客可依客运合同关系要求承运人承担违约责任，同时也可依侵权损害的法律规定要求侵权人承担赔偿责任，但上述两种权利只能择一行使。如果依据客运合同要求承运人赔偿的，一般情况下是不能主张精神损害赔偿的。如果依据侵权责任请求损害赔偿的，可能会出现执行能力不足的情况。根据以上分析，旅客应当综合案件情况在客运合同关系或侵权关系中选择。

参考案例

2022年7月，江某乘坐某平台网约车行驶至北京市东城区北三环东路时，追尾正常行驶的小轿车并发生碰撞，致江某胫骨平台骨折、面部多处软组织损伤。经交通部门认定，该网约车的驾驶人陈某负事故的全部责任。法院经审理后认为，江某与某网约车平台构成客运合同关系，依照《民法典》中有关客运合同之规定，承运人在履行客运合同过程中负有安全运送旅客至目的地的义务，凡未尽到此责者，且无法定减轻或免除赔偿责任事由的，都应对旅客在途中受到的伤亡损害承担责任。故该案中江某的损失由某网约车平台全部承担。

⑩交通事故造成工伤时，在请求致害方承担交通事故责任的同时，也可享受工伤待遇。交通事故损害赔偿与工伤保险竞合的情况发生在上下班途中劳动者因机动车事故受到伤害时。根据我国《工伤保险条例》第14条第1项和第6项的规定，在工作时间和工作场所内，因工作原因受到事故伤害以及在上下班途中，受到非本人主要责任的交通事故或者城市轨道交通、客运轮渡、火车事故伤害的，应当认定为工伤。根据《最高人民法院关于审理工伤保险行政案件若干问题的规定》第8条的规定，职工因第三人的原因受到伤害，社会保险行政部门以职工或者其近亲属已经对第三人提起民事诉讼或者获得民事赔偿为由，作出不予受理工伤认定申请或者不予认定工伤决定的，人民法院不予支持。职工因第三人的原因受到伤害，社会保险行政部门已经作出工伤认定，职工或者其近亲属未对第三人提起民事诉讼或者尚未获得民事赔偿，起诉要求社会保险经办机构支付工伤保险待遇的，人民法院应予支持。职工因第三人的原因导致工伤，社会保险经办机构以职工或者其近亲属已经对第三人提起民事诉讼为由，拒绝支付工伤保险待遇的，人民法院不予支持，但第三人已经支付的医疗费用除外。

综合以上分析，职工受到交通事故损害且同时符合工伤的情形时，该职工或者其近亲属既可以基于侵权请求权请求相应的人身损害赔偿，也可以同时享受工伤待遇。社会保险行政部门认定的“上下班途中”主要包括四种情形：在合理时间内往返于工作地与住所地、经常居住地、单位宿舍的合理路线的上下班途中；在合理时间内往返于工作地与配偶、父母、子女居住地的合理路线的上下班途中；从事属于日常工作生活所需要的活动，且在合理时间和合理路线的上下班途中；在合理时间内其他合理路线的上下班途中。用人单位承担的工伤保险责任相对应项目中应扣除第三人支付的下列五项费用：医疗费，残疾辅助器具费，工伤职工在停工留薪期间发生的护理费、交通费、住院伙食补助费。

参考案例

2022 年 3 月 21 日 7 时 53 分左右，钟某某驾驶的小型汽车沿南岸路从南往北方向行驶，行至惠城区南岸路某医院门口路段时，与骑二轮电动车下班回家的张某某相撞，致张某某成为植物人。经惠州市公安局交通警察支队某大队出具的道路交通事故认定书认定：钟某某负此次事故同等责任。事后经查，张某某系东莞某环卫公司的员工，单位依法为其缴纳社会保险。后张某某近亲属向人民法院提起民事赔偿，同时向惠城区人力资源和社会保障局申请工伤认定。惠城区人力资源和社会保障局于 2022 年 12 月 22 日作出认定工伤决定书。

⑪借名买车的机动车发生交通事故，由实际车辆所有人承担赔偿责任。随着汽车保有量的增长，出行压力和环保问题也越来越严峻。北京市、上海市、广东省等地方出台一系列汽车限购政策。为了解决出行问题，不具有车辆购置资格的一方向有购置资格一方购买购车指

标，即借名买车。虽然借名买车行为不受法律保护，但购买人实际对车辆占有、使用并享有了运行利益，因此车辆在使用过程中导致的风险理应由实际控制人承担。因借名买车导致登记车主与实际车主不一致，登记车主需举证证明借名买车等事实，以此对抗受害人的诉求主张。

⑫转让拼装车辆或者报废车辆发生交通事故的，由所有的转让人和受让人承担连带责任。非法拼装车辆和已达到报废标准的机动车具有极大的安全隐患，因此应禁止上路行驶和非法转让。转让非法拼装车辆或已达到报废标准的机动车的，转让人和受让人皆具有较大的主观恶性。因此，《民法典》第1214条对这种情况作了严格的规定，以买卖等方式转让拼装或者已达到报废标准的机动车，发生交通事故造成损害的，由转让人和受让人承担连带责任。《最高人民法院关于审理道路交通事故损害赔偿案件适用法律若干问题的解释》第4条又补充规定，拼装车、已达到报废标准的机动车或者依法禁止行驶的其他机动车被多次转让，并发生交通事故造成损害，当事人请求由所有的转让人和受让人承担连带责任的，人民法院应予支持。

在此，需要明确汽车的使用年限以及报废标准。首先，报废汽车是指达到国家报废标准或者虽然未达到国家报废标准但严重损坏，经检验不符合国家机动车运行安全技术条件，或者不符合国家机动车排放标准的车辆。其次，《机动车强制报废标准规定》规定，根据机动车使用和安全技术、排放检验状况，国家对达到报废标准的机动车实施强制报废的标准如下：达到规定使用年限的；经修理和调整仍不符合机动车安全技术国家标准对在用车有关要求的；经修理和调整或者采用控制技术后，向大气排放污染物或者噪声仍不符合国家标准对在用车有关要求的；在检验有效期届满后连续3个机动车检验周期内未取得机动车检验合格标志的。最后，各类车辆的使用年限为：小、微型出租客运汽车使用8年；中型出租客运汽车使用10年；大型出租客运汽车使用12年；公交客运汽车使用13年；专用校车使用15年；大、中型非营运载客汽车（大型轿车除外）使用20年；正三轮摩托车使用12年，其他摩托车使用13年等。小、微型非营运载客汽车、大型非营运轿车、轮式专用机械车无使用年限限制。国家同时对达到一定行驶里程的机动车引导报废。

参考案例

2023年3月23日，冉某驾驶[新×××××]号小型轿车，沿省道201线昌吉市路段由东向西行驶至省道201线5千米处超车时，与张某驾驶的轻型自卸货车发生交通事故，致张某受伤，两车受损。昌吉市公安局交警大队作出交通事故认定书，认定：冉某负全部责任，张某无责。经张某和冉某双方协商，冉某向张某出具欠条一份，其中载明：我冉某驾驶[新×××××]号小型汽车和张某驾驶的轻型自卸货车发生交通事故，经昌吉市公安交警大队认定，冉某对事故负全部责任。双方协商由冉某赔偿张某75,000元，因为车辆已报废由冉某全额赔付75,000元。报废车辆归张某所有，价值10,000元，剩下65,000元，于2023年5月16日给张某28,000元，剩下37,000元于2023年11月还清，如还不上按银行贷款利息计算，超过一个月按照法律程序走。欠款人：冉某；证明人：哈某某；收款人：张某。后冉某向张某支付28,000元后，剩余37,000元一直未付。张某诉至法院后，一审法院认定上述事实真实，对张某的诉求予以支持。

⑬试乘过程中发生交通事故造成试乘人损害的，由提供试乘服务者承担赔偿责任，试乘人有过错的，应当减轻提供试乘服务者的赔偿责任。根据《最高人民法院关于审理道路交通事故损害赔偿案件适用法律若干问题的解释》第6条的规定，机动车试乘过程中发生交通事故造成试乘人损害，当事人请求提供试乘服务者承担赔偿责任的，人

民法院应予支持。试乘人有过错的,应当减轻提供试乘服务者的赔偿责任。应明确的是,本条规定的情形仅为试乘,而不包括试驾。试驾人造成损害的,宜由试驾者与提供试驾服务者共同承担连带责任,试驾者与提供试驾服务者之间应按过错大小确定责任。提供试乘、试驾服务者的过错主要从审查驾照、车辆特性说明提示、试驾路线、车辆安全性等几个方面进行判断。

汽车销售公司与试乘试驾人签订的《试乘试驾同意书》系该汽车销售公司拟定的格式合同,若该格式合同中的免责条款具有免除该公司责任、加重试驾者义务的情形,则免责条款应认定为无效。

⑭因道路维护缺陷、设计施工缺陷发生的交通事故,由道路管理者或建设施工单位承担相应赔偿责任。因道路管理维护缺陷导致的交通事故较为常见,如道路施工造成的路面不平或沟壑,井盖被盗形成的空井,隔离带破损或灯杆折损。《最高人民法院关于审理道路交通事故损害赔偿案件适用法律若干问题的解释》第7条第1款规定,因道路管理维护缺陷导致机动车发生交通事故造成损害,当事人请求道路管理者承担相应赔偿责任的,人民法院应予支持,但道路管理者能够证明已按照法律、法规、规章、国家标准、行业标准或者地方标准尽到安全防护、警示等管理维护义务的除外。对此,道路管理者欲减轻或免除赔偿责任,必须证明已按照法律、法规、规章、国家标准、行业标准或者地方标准尽到安全防护、警示等管理维护义务,如设立防护网、隔离带、围栏、警告牌等明显的警告装置。

在道路上堆放、倾倒或者遗撒导致交通事故的物品的行为人应承担赔偿责任;如果道路管理者未能及时清理或设立防护警示标志的,也应当承担相应的赔偿责任。同时,饲养动物在逃逸期间造成他人损害的,由动物原饲养人或者管理人承担侵权责任。

对于因道路设计、施工缺陷发生交通事故的,如出现道路不平、塌陷，桥梁断裂等情形，《最高人民法院关于审理道路交通事故损害赔偿案件适用法律若干问题的解释》第8条规定，未按照法律、法规、规章或者国家标准、行业标准、地方标准的强制性规定设计、施工，致使道路存在缺陷并造成交通事故，当事人请求建设单位与施工单位承担相应赔偿责任的，人民法院应予支持。此种情况导致的交通事故应要求建设单位与施工单位共同承担赔偿责任。

参考案例

2021年9月18日7时20分，茅某驾驶[××××××]号小型普通客车行驶至尼勒克县省道S12线时，为躲避行车道上的黑色牛，与超车道上对某的牛发生碰撞导致紧急停车，马某甲驾驶的[××××××]号小型轿车（承载韩某）与茅某驾驶的[××××××]号小型普通客车（承载黄某甲、黄某乙、黄某丙、罗某）相撞，造成多人受伤、车辆损坏的道路交通事故。2021年11月23日、2022年1月15日，尼勒克县道路交通警察管理大队分别作出道路交通事故认定书，认定茅某承担与对某的牛碰撞的次要责任，对某承担主要责任；马某甲承担与茅某车辆相撞的全部责任。本案事故的发生系多因一果，马某甲未与茅某驾驶的车辆保持足以采取紧急制动措施的安全距离，且负追尾事故的全部责任。马某甲驾驶的[××××××]号小型轿车在某乙公司投保了商业险，故某乙公司应在商业险范围内承担相应赔偿责任。对某系案涉牛的主人，应承担相应的赔偿责任。服务区内存在缺口，一处栅栏处于打开状态，结合高速公路附近路段围栏均不存在缺口，牛群由此进入高速公路具有高度盖然性，某丁公司作为某服务区的管理者未能保证服务区处于封闭状态，致使牛群进入高速公路，应承担相应的赔偿责任。高速公路属于高度危险场所，高速公路管理部门依据国家法律规定有权向过往车辆收取通行费，并负有保障高速公路安全畅通的义务，而缴费车辆则享有使用高速公路并安全通行的权利。某丙公司虽然提供了公路日常巡查记录表及新疆交通投资有限责任公司公路养护巡查制度(试行),但不能以此证明其已按照法律、法规、规章的规定,或者按照国家标准、行业标准、地方标准的要求尽到安全防护、警示等管理维护义务,也不能排除其对管辖的高速公路在履行安全防护及履行安全保障义务中存在瑕疵,应当承担相应的赔偿责任。茅某超速行驶,承担撞牛事故的次要责任,综合全案事故成因,其应当承担相应的赔偿责任。结合案件具体情况,法院酌定,某乙公司在商业险范围内承担对原告罗某赔偿不足部分的60%,某丁公司承担15%,对某承担15%,某丙公司承担5%,茅某承担5%。

(二)管辖法院的选择

法院管辖包括级别管辖和地域管辖。

1. 从级别管辖来说,根据《民事诉讼法》的规定,基层人民法院管辖第一审民事案件,由上级法院管辖的第一审民事案件除外;中级人民法院管辖包括重大涉外案件、在本辖区有重大影响的案件、最高人民法院确定由中级人民法院管辖的案件在内的第一审民事案件;高级人民法院管辖本辖区有重大影响的第一审民事案件;最高人民法院管辖在全国有重大影响的案件和认为应当由最高人民法院审理的案件。所以,交通事故损害赔偿案件通常由基层人民法院管辖。

2. 从地域管辖来说,交通事故损害赔偿案件是典型的侵权案件,所以,根据《民事诉讼法》第29条的规定,因侵权行为提起的诉讼,由侵权行为地或被告住所地人民法院管辖。侵权行为地,包括侵权行为实施地、侵权结果发生地。交通事故导致人身损害,最习惯的诉讼方式是向交通事故发生地的人民法院起诉。

3. 交通事故损害赔偿诉讼的级别管辖不能由当事人自行选择,但地域管辖是可以选择的。由于交通事故损害赔偿中部分赔偿项目是以受诉法院所在地的标准进行计算的，因此，交通事故诉讼案件的管辖法院的选择较为重要。《最高人民法院关于审理人身损害赔偿案件适用法律若干问题的解释》中规定以下赔偿费用按照受诉法院所在地的标准计算：

(1)残疾赔偿金根据受害人丧失劳动能力程度或者伤残等级，按照受诉法院所在地上一年度城镇居民人均可支配收入标准，自定残之日起按20年计算。

(2)被扶养人生活费根据扶养人丧失劳动能力程度，按照受诉法院所在地上一年度城镇居民人均消费支出标准计算。

(3)丧葬费按照受诉法院所在地上一年度职工月平均工资标准，以6个月总额计算。

(4)死亡赔偿金按照受诉法院所在地上一年度城镇居民人均可支配收入标准，按20年计算。

（三）诉讼案由选择

案由，是人民法院对诉讼案件所涉及的法律关系的性质进行概括后形成的案件名称。案由不仅反映案件所涉及法律关系的性质，而且对案件的诉讼请求和法律适用产生直接影响。

对交通事故而言，因事故车辆性质不同而适用不同的案由。具体来说，车辆类型为机动车的案件，适用的案由为机动车交通事故责任纠纷；车辆类型为非机动车的案件，适用的案由为非机动车交通事故责任纠纷。这两种案件在赔偿运算方面存在不同的规则。机动车交通事故责任纠纷首先适用交强险理赔原则，超过交强险限额的部分按责任比例分摊。非机动车交通事故责任纠纷不适用交强险理赔原则，直接适用责任比例分摊原则。

同时，对于机动车交通事故责任纠纷与承运合同纠纷竞合案件，当事人应结合案件的具体情况择一案由进行诉讼。

（四）明确诉讼请求

诉讼请求中赔偿的项目要明确、具体，切不可漫天要价。同时也要符合我国的相关法律、法规的规定。需要继续治疗的，在提起民事诉讼时，如果将要发生的费用是明确的，可以一并加入诉讼请求中，如果费用尚未发生也不确定，可以请求法院保留诉权。

（五）诉讼时效

交通事故致身体受伤、残疾或死亡的，其民事诉讼的时效为3年。《民法典》第188条规定：向人民法院请求保护民事权利的诉讼时效期间为3年。法律另有规定的，依照其规定。诉讼时效期间自权利人知道或者应当知道权利受到损害以及义务人之日起计算。法律另有规定的，依照其规定。但是，自权利受到损害之日起超过20年的，人民法院不予保护，有特殊情况的，人民法院可以根据权利人的申请决定延长。

同时，《民法典》第194条规定：在诉讼时效期间的最后6个月内，因下列障碍，不能行使请求权的，诉讼时效中止：(1)不可抗力；(2)无民事行为能力人或者限制民事行为能力人没有法定代理人，或者法定代理人死亡、丧失民事行为能力、丧失代理权；(3)继承开始后未确定继承人或者遗产管理人；(4)权利人被义务人或者其他人控制；(5)其他导致权利人不能行使请求权的障碍。自中止时效的原因消除之日起满6个月，诉讼时效期间届满。第195条规定：有下列情形之一的，诉讼时效中断，从中断、有关程序终结时起，诉讼时效期间重新计算：(1)权利人向义务人提出履行请求；(2)义务人同意履行义务；(3)权利人提起诉讼或者申请仲裁；(4)与提起诉讼或者申请仲裁具有同等效力的其他情形。也就是说，距离交通事故发生即将满3年时，如果当事人所在地发生不可抗力、当事人的人身被控制无法正常行使诉权致使诉讼时效中止的，待上述诉讼时效中止的原因消失后，诉讼时效继续计算。如果交通事故发生后3年内,双方达成协议,或者仅是一方当事人向对方提出赔偿要求,或者权利人曾提起过诉讼或者仲裁的,诉讼时效便重新计算。但要注意从权利被侵害之日起超过20年的,人民法院一般不予保护,但人民法院可以根据特殊情况,依权利人的申请决定延长。

（六）起诉材料

1. 起诉状

起诉状应写明当事人双方的情况、诉讼请求以及事实和理由。并按对方当事人人数提交相应份数的副本。

2. 诉讼主体材料

(1)原告为自然人的,应提交身份证明资料,如身份证、户口簿。

(2)当事人为法人或其他组织的,应提交营业执照、企业工商信息、社团法人登记证等主体登记资料。

(3)当事人在诉争的法律事实发生后曾有名称变更的,应提交变更登记资料。

(4)当事人为道路交通事故损害赔偿纠纷中死者家属的,应提交死者第一顺序继承人的证明及继承人基本情况的证明。

(5)提交肇事车辆的所有人、实际支配人、驾驶人的证明及相关关系的证明、保险信息。

(6)案件涉及在治疗医院欠费的情况的,可以将垫付医疗费的医院列为第三人。

3. 代理人身份信息

(1)当事人为法人或其他组织的应提交法定代表人(负责人)身份证明书及与代理人的劳动关系证明。

(2)当事人委托他人代为诉讼的,应提交由委托人签名或盖章的授权委托书,委托书应写明委托事项、权限、期限及联系电话,并提交代理人身份证明复印件。代理人为执业律师的，应提交执业证复印件及律师事务所函。

无民事行为能力或者限制民事行为能力的公民进行诉讼的，必须由其监护人作为法定代理人代为诉讼。法定代理人之间互相推诿代理人责任的，由人民法院指定其中1人代为诉讼。应当注意的是，法定代理人也可以委托1～2人作为诉讼代理人。

(3)为香港特别行政区、澳门特别行政区、台湾地区或其他地区、国家的当事人委托国内执业律师代为诉讼的，应按照司法部的规定办理公证委托手续。

4. 交通事故发生证明及证明诉讼请求的相应证据

(1)交通事故诉讼应提交公安交通管理部门出具的交通事故责任认定书、交通事故赔偿调解书等证明材料。如无上述材料，需提交能够证明事故发生的录音录像、证人证言等其他证据。

(2)证明诉讼请求的证据有病历、诊断证明书、转院证明书、医疗费发票、营养费发票、误工工资证明、护理人员的聘用协议及工资证明、伤残鉴定意见书、残疾用具发票及价格证明、伤者的户籍证明及被扶养人的基本情况证明、交通费发票、住宿费发票、财务损失评估报告、维修发票等。

（七）刑事附带民事诉讼

基于侵权人驾驶机动车造成的损害后果这一客观事实，发生交通事故后行为人可能构成的罪名集中在危险驾驶罪、交通肇事罪、过失致人死亡罪，其中交通肇事罪最为常见。以该罪为例，一旦交通肇事者被追究刑事责任，在刑事案件审理过程中，受害人或其家属可以要求民事赔偿，也就是刑事附带民事诉讼。受害人或家属也可以放弃刑事附带民事赔偿，单独提起民事赔偿。首先，刑事附带民事诉讼由被害人在刑事诉讼过程中提起。被害人死亡或者丧失行为能力的，被害人的法定代理人、近亲属有权提起刑事附带民事诉讼。其次，刑事附带民事诉讼中依法负有赔偿责任的人包括：(1)刑事被告人以及未被追究刑事责任的其他共同侵害人；(2)刑事被告人的监护人；(3)死刑罪犯的遗产继承人；(4)共同犯罪案件中，案件审结前死亡的被告人的遗产继承人；(5)对被害人的物质损失依法应当承担赔偿责任的其他单位和个人。刑事附带民事诉讼被告人的亲友自愿代为赔偿的，应当准许。再次，对刑事附带民事诉讼作出判决，应当根据犯罪行为造成的物质损失，结合案件具体情况，确定被告人应当赔偿的数额。物质损失是指犯罪行为造成被害人人身损害的，应当赔偿医疗费、护理费、交通费等为治疗和康复支付的合理费用，以及因误工减少的收入。造成被害人残疾的，还应当赔偿残疾生活辅助具费等费用；造成被害人死亡的，还应当赔偿丧葬费等费用。最后，提出刑事附带民事诉讼可以免交诉讼费。

刑事附带民事诉讼审理的赔偿范围仅限于物质损失，不包含精神损害抚慰金。同时，物质损失中也未提及死亡赔偿金和残疾赔偿金。但是《最高人民法院研究室关于交通肇事刑事案件附带民事赔偿范围问题的答复》(法研〔2014〕30号)明确将死亡赔偿金和残疾赔偿金纳入了判决赔偿的范围。答复原文如下：

湖北省高级人民法院：

你院鄂高法〔2013〕280号《关于交通肇事刑事案件附带民事赔偿范围的请示》收悉，经研究，答复如下：

根据刑事诉讼法第九十九条、第一百零一条和《最高人民法院关于适用〈中华人民共和国刑事诉讼法〉的解释》第一百五十五条的规定，交通肇事刑事案件的附带民事诉讼当事人未能就民事赔偿问题达成调解、和解协议的，无论附带民事诉讼被告人是否投保机动车第三者强制责任保险,均可将死亡赔偿金、残疾赔偿金纳入判决赔偿的范围。

此复。

六、文书范例

(一)起诉状

民事起诉状

(诉前鉴定参考格式)

原告李某某,女,汉族,19××年××月××日出生,身份证号码:××,住址:北京市朝阳区××号楼××单元××号,联系电话:××

委托代理人:庞某某,男,北京某某律师事务所,律师,联系电话:××

被告刘某,男,汉族,19××年××月××日出生,身份证号码:××,住址:北京市通州区××村××号楼××单元××号,联系电话:××

被告中国某某财产保险股份有限公司某中心支公司,统一社会信用代码:××,经营场所:××

负责人:××,职务:经理,电话:××

案由:机动车交通事故责任纠纷

诉讼请求:

1. 请求法院判令被告赔偿原告医疗费28,845.14元、住院伙食补助费11,000元、营养费9000元、康复费7042元、护理费29,380元、误工费30,000元、伤残赔偿金272,965.1元(含被扶养人生活费104,919.1元)、精神损害抚慰金10,000元、鉴定费4550元、残疾辅助器具费2886.74元、交通费2000元、财产损失1000元,以上共计408,668.98元。

上述损失由被告中国某某财产保险股份有限公司某中心支公司

在交强险和商业三者险限额内优先赔付，不足的部分由被告承担。

2. 诉讼费用由被告承担。

事实和理由：

2023 年 1 月 15 日 8 时 47 分许，被告刘某驾驶[皖××××]号小型普通客车由南向南方向调头，行至北京市通州区通惠北路与永顺南街交叉口时，将步行的原告撞倒并碾压，造成原告严重受伤的交通事故。此事故经北京市公安局公安交通管理局通州交通支队某大队处理，认定被告刘某负事故的全部责任。

经核实，被告刘某系车辆[皖××××]号的所有人，中国某某财产保险股份有限公司某中心支公司系该车辆的交强险、商业三者险的承保公司。

事故发生后，原告被紧急送往北京某医院进行抢救，住院时间为 2023 年 1 月 15 日至 2 月 6 日。经诊断事故造成原告骨盆骨折、左顶部头皮血肿、盆腔积液、多发软组织损伤等。因病情严重，原告在通州区某医院自 2 月 7 日至 3 月 6 日、3 月 7 日至 4 月 5 日、4 月 6 日至 5 月 5 日住院。综上，原告四次住院共 110 天。

为明确原告的伤残等级，原告于 2023 年 8 月 7 日委托北京某某司法鉴定所进行鉴定，鉴定意见为伤残十级、误工期 180 日，护理期 90 日、营养期 90 日。

故现依据《民法典》和《道路交通安全法》相关规定诉至贵院，请求查明事实，依法判决。

此致

北京市某某区人民法院

具状人：

年　月　日

附：本诉状副本　份

民事起诉状

（诉中鉴定参考格式）

原告张某某，女，汉族，19××年××月××日出生，身份证号码：××，住址：广东深惠州市惠城区××号××室，联系电话：××

被告钟某某，男，汉族，19××年××月××日出生，身份证号码：××，现住址：广东省兴宁市××村，联系电话：××

被告叶某某，女，汉族，19××年××月××日出生，身份证号码：××，现住址：广东省紫金县××村委会××小组××号，联系电话：××

被告中国某某财产保险股份有限公司某中心支公司，统一社会信用代码：××，营业场所：广东省惠州市××大厦××号楼××单元××层

负责人：××，职务：经理，电话：××

案由：机动车交通事故责任纠纷

诉讼请求：

1. 请求法院判令被告赔偿原告医疗费73,804.37元（误工费、残疾赔偿金、精神损害抚慰金等，待鉴定后一并主张）；

上述损失由被告中国某某财产保险股份有限公司某中心支公司在交强险和商业三者险限额内优先赔付，不足的部分由被告钟某某、叶某某承担。

2. 诉讼费用由被告承担。

事实和理由：

2022年3月21日7时53分许，被告某某驾驶［粤××××］号小型轿车沿××路从南往北行驶，行至惠城区××路××门口路段时超速且未减速，与驾驶无号牌二轮电动车通过人行横道的原告相撞，造

成原告严重受伤的交通事故。此事故经惠州市公安局交通警察支队某大队处理,认定原被告互负同等责任。

经核实,被告叶某某为车辆[粤××××]的登记车主,被告中国某某财产保险股份有限公司某中心支公司系交强险、商业三者险的承保公司。

事故发生后,原告被紧急送往惠州某人民医院、惠州市某中医医院、南方医科大学某医院进行救治。事故造成原告多发伤、右侧颞顶部硬膜外血肿、脑疝、右侧颞顶骨骨折、鼻中隔骨折并双侧鼻腔积血、右侧锁骨骨折、右侧肩胛骨骨折、多发肋骨骨折、右侧气胸、创伤性肺炎、脑梗死等。因病情严重,原告在惠州某人民医院的医疗费用保险公司已经部分垫付。

因原告伤情较重,需要进行伤残鉴定。为明确伤残等级,原告特向贵院申请鉴定。因此误工费、残疾赔偿金、精神损害抚慰金等,待鉴定后一并主张。

故现依据《民法典》和《道路交通安全法》相关规定诉至贵院,请求查明事实,依法判决。

此致

某某区人民法院

具状人:

年　　月　　日

附:本诉状副本　份

(二)鉴定申请书

鉴定申请书

(参考格式)

申请人:涂某某,男,汉族,19××年××月××日出生,联系住

址:××市××区××中路××号,联系电话:××

申请事项:

对申请人进行伤残等级鉴定并列明赔偿指数。

对申请人进行营养期、护理期鉴定。

事实和理由:

申请人诉解某某、张某某、钟某某、贺某某、中国某某财产保险股份有限公司某市分公司机动车交通事故责任纠纷一案已诉至贵院,为确定申请人的伤残等级、营养期、护理期,特提出上述申请,请求贵院依法处理。

此致

××市××区人民法院

申请人:

年 月 日

(三)变更诉讼请求申请书

变更诉讼请求申请书

申请人:涂某某,男,汉族,19××年××月××日出生,联系住址:××市××区××中路××号,联系电话:××

申请事项:

变更诉讼请求

一、请求被告赔偿原告医疗费137,429.86元、住院伙食补助费3500元、营养费4500元、护理费14,667元、误工费30,000元、残疾赔偿金171,825元、精神损害抚慰金15,000元、鉴定费4400元、残疾辅助器具费373.82元、交通费500元、财产损失500元、复印费52.10元,以上费用总计382,747.78元。

以上损失由被告中国某某财产保险股份有限公司某市分公司在

交强险责任限额内先行赔偿；不足部分，由被告中国某某财产保险股份有限公司某市分公司在商业三者险限额内赔偿，仍有不足的由被告张某某承担70%，被告钟某某、被告贺某某承担30%。

二、请求判令被告承担本案诉讼费。

事实与理由：

申请人诉解某某、张某某、钟某某、贺某某、中国某某财产保险股份有限公司某市分公司机动车交通事故责任纠纷一案已诉至贵院。申请人因此次事故受伤致残，经鉴定构成十级伤残、护理期90日、营养期90日、误工期180日。现根据相关法律规定，特向贵院申请变更诉讼请求。

此致

××市××区人民法院

申请人：

年　　月　　日

第三章

交通事故损害赔偿金

前文已对交通事故的处理流程和处理技巧进行了详细介绍，下面将通过真实案例对交通事故损害赔偿金的计算方法进行分类介绍。

参考案例

张某某1、张某某2等机动车交通事故责任纠纷一审

民事判决书

（2024）浙0122民初1090号

原告：张某某1，男，1952年6月12日出生，汉族，住安徽省旌德县，系死者储某某丈夫。

原告：张某某2，男，1974年3月13日出生，汉族，住安徽省旌德县，系死者储某某儿子。

原告：张某某3，女，1975年10月1日出生，汉族，住安徽省合肥市瑶海区，系死者储某某女儿。

三原告共同委托诉讼代理人：史某聪，安徽某某律师事务所律师。

三原告共同委托诉讼代理人：朱某君，安徽某某律师事务所律师。

被告:钟某某1,男,1963年7月6日出生,汉族,住浙江省桐庐县。

被告:钟某某2,女,1988年9月16日出生,汉族,住浙江省桐庐县。

以上二被告共同委托诉讼代理人:邵某高,浙江某某律师事务所律师。

被告:A公司,住所地浙江省杭州市拱墅区。

负责人:董某某,总经理。

原告张某某1、张某某2、张某某3诉被告钟某某1、钟某某2、A公司机动车交通事故责任纠纷一案,原告于2024年2月26日向本院提起诉讼,诉请:1.判令被告钟某某1、钟某某2赔偿原告死亡赔偿金及其他费用共计898,805.08元;2.判令被告A公司在承保范围内优先承担赔付责任(非医保费用在交强险内优先赔付,精神损害抚慰金不在交强险内优先赔付);3.本案诉讼费用由被告承担。本院受理后,依法适用简易程序于2024年3月26日公开开庭进行了审理。原告张某某2及三原告的共同委托诉讼代理人史某聪、朱某君,被告钟某某1、钟某某2的共同委托诉讼代理人邵某高,被告A公司的委托诉讼代理人曹某霞到庭参加诉讼。庭审中,原告变更第1项诉讼请求为:判令被告钟某某1、钟某某2赔偿原告死亡赔偿金及其他费用共计931,760.68元。本案现已审理终结。

双方有争议的事项为第三至十、十二至十四、十七项,其他事项双方无争议。

一、事故发生概况:

时间:2023年4月21日7时2分许。

地点:洞合线(国道330)631千米。

当事方:钟某某1、储某某。

肇事车辆:[××××××]号小型专用客车。

二、交警部门的责任认定结果:钟某某1、储某某负事故同等责任。

三、医疗费:

原告主张:199,366.79元。

被告A公司答辩意见:其中有一张护理用品的收据为233元,该收据没有医嘱且未开具正规发票,不予认可。医院开具的正规的医疗费票据金额为199,133.79元,其中非医保金额为34,927.46元。所以保险公司可以赔付的医疗费金额为164,206.33元。保险公司已经垫付18,000元。

被告钟某某1、钟某某2答辩意见:非医保费用应由保险公司赔付,保险公司提供的证据不能证明其已就非医保费用在商业险中不赔付向投保人履行了提示和说明义务。

本院认定及理由:根据原告提供的医疗费票据,原告的医疗费用为199,133.79元,其中非医保费用为34,927.46元。原告提供的护理用品收据无抬头且无付款凭证,本院不予认定。原告要求非医保费用在交强险中优先赔付,符合法律规定,本院予以支持。

四、住院伙食补助费:

原告主张:100元/天×79天=7900元。

被告A公司答辩意见:储某某在ICU住院47天,应扣除伙食补助。非ICU住院32天,认可50元/天的标准。

被告钟某某1、钟某某2答辩意见:与保险公司意见一致。

本院认定及理由:原告未提供证据证明储某某在ICU47天期间需要鼻饲进食,故对该期间的住院伙食补助费本院不予支持。对非ICU32天期间的住院伙食补助费,按100元/天计算,确认住院伙食补助费为3200元。

五、营养费:

原告主张:30元/天×79天=2370元。

被告A公司答辩意见:储某某在ICU47天期间有固定药物对其进行营养支持,应当予以剔除。认可非ICU32天,标准认可30元/天。

被告钟某某1、钟某某2答辩意见:与保险公司意见一致。

本院认定及理由:原告未提供证据证明储某某在ICU47天期间需要鼻饲进食,故对该期间的营养费本院不予支持。对非ICU32天期间的营养费,按30元/天计算,确认营养费为960元。

六、救护车费用：

原告主张：7180元。

被告A公司答辩意见：救护车费用分为两部分。第一次是4月24日，救护车费用为4000元，该费用是事故发生时转院产生的费用，保险公司认为是必要的。第二次是5月8日，转院费用为3180元，是从省立医院转到县医院，保险公司认为系非急救转运费用，且是从治疗等级高的医院转到县医院，不符合治疗常规操作。

被告钟某某1、钟某某2答辩意见：与保险公司意见一致。

本院认定及理由：根据储某某的伤情及原告提供的救护车费用发票，本院认为储某某两次转院的救护车费用是必要的，故对救护车费用7180元予以确认。

七、医疗器械费用：

原告主张：300元。

被告A公司答辩意见：该费用用于购买高分子石膏，未提供相应的医嘱，也不属于医疗费范畴，不在保险理赔范围内。

被告钟某某1、钟某某2答辩意见：与保险公司意见一致。

本院认定及理由：根据储某某事发后的伤情，其有多处骨折，故原告主张的用于购买高分子石膏的300元，本院予以确认。

八、陪护费用：

原告主张：7560元。

被告A公司答辩意见：原告提供的560元护理费发票的开票时间是储某某在黄山市某医院ICU期间，病人在ICU治疗期间是不可能有外人进入护理的，所以对合理性、关联性有异议。还有一张7000元的收据（2023年6月6日至7月9日）是在县医院住院期间的护理费，即使真实，原告也应该提供转账记录。

被告钟某某1、钟某某2答辩意见：与保险公司意见一致。

本院认定及理由：根据原告提供的护理费发票、收据及转账记录，本院确认储某某住院期间的护理费为7560元。

九、护理费:

原告主张:71,934元/年×79天×2=31,138.56元。

被告A公司答辩意见:与原告主张的7560元陪护费用相冲突,属于重复主张。原告未提供证据证明需要两人护理。ICU期间47天的护理应当予以剔除,该期间是不需要有护工额外护理的。所以对该项护理费主张不予认可。

被告钟某某1、钟某某2答辩意见:与保险公司意见一致。

本院认定及理由:原告提供的证据仅证明储某某在黄山市某医院需要额外护理,未提供证据证明其余ICU期间需要额外护理,且原告对在非ICU期间的护理费已在第八项中进行主张,本项主张为重复计算,故本院不予支持。

十、死亡赔偿金:

原告主张:74,997元/年×9年=674,973元。

被告A公司答辩意见:年限请法院核实,标准认为应该按照71,268元/年进行计算。

被告钟某某1、钟某某2答辩意见:与保险公司意见一致。

本院认定及理由:原告主张的死亡赔偿金标准及年限均符合法律规定,本院予以支持,确认死亡赔偿金为674,973元。

十一、丧葬费:

原告主张:64,412.5元。

被告A公司答辩意见:没有异议。

被告钟某某1、钟某某2答辩意见:与保险公司意见一致。

本院认定及理由:原告主张的丧葬费标准符合法律规定,本院依法予以支持,确认丧葬费为64,412.5元。

十二、精神损害抚慰金:

原告主张:80,000元。

被告A公司答辩意见：交通事故死亡案件若是全责，也是50,000元。本案中，双方是同等责任，即使按照50%比例承担，保险公司最多也只承担25,000元。如果原告认为钟某某1是全责或主责的，则精神损害抚慰金不应得到支持。

被告钟某某1、钟某某2答辩意见：与保险公司意见一致。但对于原告不要求精神损害抚慰金在交强险内优先赔付的请求不认可，认为应该在交强险内优先赔付。

本院认定及理由：综合考虑储某某因本案事故死亡及各方的事故责任，本院酌定由被告钟某某1承担精神损害抚慰金30,000元。原告不要求精神损害抚慰金在交强险中优先赔付，系其对诉讼主张的自由处分，本院予以确认。

十三、交通费：

原告主张：10,000元。

被告A公司答辩意见：原告未提供交通费票据证明实际支出。储某某住院79天全部在医院进行治疗，也不存在需要在不同医院门诊之间来回往返的情况，所以不认可。

被告钟某某1、钟某某2答辩意见：与保险公司意见一致。

本院认定及理由：根据储某某的就医地点及时间，本院酌情确认交通费为3000元。

十四、受害人亲属办理丧葬事宜支付费用：

原告主张：10,000元。

被告A公司答辩意见：最高人民法院的司法解释规定，该费用已包括在丧葬费用中，不属于法定赔偿项目。

被告钟某某1、钟某某2答辩意见：与保险公司意见一致。

本院认定及理由：依照法律规定，受害人亲属办理丧葬事宜支出的交通费、住宿费和误工费等不再属于人身损害赔偿范围，故对原告的该项主张，本院不予支持。

十五、有关保险合同主体：

投保人：钟某某1。

保险人：A公司。

十六、有关保险合同类型：

交强险、200万商业险。

十七、已支付情况说明：

被告A公司已支付18,000元。被告钟某某1已支付130,000元。另外，关于案涉争议的12,000元，根据原告张某某2在2023年5月31日出具收条时在收条上载明的"收到钟某某1自愿付给法定以外给予伤者储某某及其家人一次性补偿人民币12,000元"及钟某某1在转账时的附言"交通事故协商一致，一次性补偿其家属12,000元"可知，该12,000元系被告钟某某1在法定赔偿款以外对储某某及其家属的补偿，不应算在被告钟某某1已赔偿款项内。

本院认为，根据《道路交通安全法》的规定，机动车发生交通事故造成人身伤亡、财产损失的，由保险公司在机动车第三者责任强制保险责任限额范围内对道路交通事故受害人承担赔偿责任；不足部分，由承保商业三者险的保险公司根据保险合同予以赔偿；仍有不足的，由侵权人根据责任大小予以赔偿。本院确认原告的合理损失为：医疗费199,133.79元（其中非医保费用34,927.46元）、住院伙食补助费3200元、营养费960元、救护车费用7180元、医疗器械费用300元、护理费7560元、死亡赔偿金674,973元、丧葬费64,412.5元、精神损害抚慰金30,000元、交通费3000元，合计990,719.29元。上述损失，由被告A公司在交强险责任范围内赔偿198,000元（非医保费用18,000元在交强险内优先赔付），扣除其已支付的18,000元，尚应赔偿180,000元。超出交强险部分745,791.83元（不包括精神损害抚慰金30,000元及剩余非医保费用16,927.46元），根据事故责任及事故双方的过错程度，由被告钟某某1承担60%的赔偿责任，即赔偿447,475.1元。因被告钟某某1驾驶的车辆在被告A公司投保商业险,故应由被告A公司在商业险责任范围内赔偿447,475.1元。根据被告A公司提供的《机动车商业保险示范条款》、《投保人声明》及《免责事项告知书》,其对非医保费用、精神损害抚慰金在商业险内不予赔偿的事项已向投保人即被告钟某某1履行了提示义务,故剩余非医保费用16,927.46元,由被告钟某某1自行承担60%的赔偿责任,即赔偿10,156.48元,加上被告钟某某1应赔偿的精神损害抚慰金30,000元,共应自行赔偿40,156.48元,该赔偿款在被告钟某某1已支付的130,000元内予以扣除,剩余的89,843.52元,在被告A公司应赔偿的款项中予以扣除(89,843.52元由被告钟某某1自行与保险公司结算),即被告A公司在保险责任范围内共应赔偿537,631.58元。原告未提供证据证明被告钟某某2对案涉事故的发生具有过错,故对原告要求被告钟某某2承担赔偿责任的诉讼请求,本院不予支持。据此,依照《民法典》第1165条、第1173条、第1179条、第1181条、第1183条、第1208条、第1213条和《民事诉讼法》第67条之规定,判决如下:

一、被告A公司于本判决生效之日起10日内在保险责任范围内赔偿原告张某某1、张某某2、张某某3因亲属储某某死亡造成的损失537,631.58元;

二、驳回原告张某某1、张某某2、张某某3的其他诉讼请求。

如未按本判决指定的期间履行给付金钱义务,应当依照《民事诉讼法》第264条之规定,加倍支付迟延履行期间的债务利息。

案件受理费减半收取计2530元,由原告张某某1、张某某2、张某某3负担986元(已预交),由被告钟某某1负担1544元。

原告张某某1、张某某2、张某某3于本判决生效之日起15日内向本院申请退费;被告钟某某1于本判决生效之日起7日内,向本院交纳应负担的诉讼费。

如不服本判决,可在判决书送达之日起15日内,向本院递交上诉状,并按对方当事人的人数提出副本,上诉于杭州市中级人民法院。并向浙江省杭州市中级人民法院指定账号预交上诉案件受理费。对财产案件提起上诉的，案件受理费按照不服一审判决部分的上诉请求预交。在收到《上诉费用缴纳通知书》次日起7日内仍未交纳的，按自动撤回上诉处理。浙江省杭州市中级人民法院户名、开户行、指定账号详见《上诉费用缴纳通知书》。

审判员　李　丹

二〇二四年五月二十七日

书记员　黄甫川吉

下文将从人身损害赔偿金、精神损害抚慰金、财产损害赔偿金三个部分对所有的赔偿项目进行逐一介绍。

一、人身损害赔偿金

根据《民法典》侵权责任编、《最高人民法院关于审理人身损害赔偿案件适用法律若干问题的解释》的相关规定，人身损害赔偿案件中具体赔偿项目分别为医疗费、住院伙食补助费、营养费、后续治疗费、整容费、康复费、护理费、误工费、残疾赔偿金、死亡赔偿金、丧葬费、被扶养人生活费、残疾辅助器具费、受害人亲属办理丧葬事宜支出的交通费和住宿费以及误工损失。医药费、住院费、住院伙食补助费，必要的、合理的后续治疗费、整容费、营养费列入交强险的医疗费用赔偿限额进行计算赔偿，超过医疗费用赔偿限额和无责任医疗费用赔偿限额项下的部分在商业三者险限额内计算赔偿或由侵权人赔偿。丧葬费、死亡补偿金、受害人亲属办理丧葬事宜支出的交通费用、残疾赔偿金、残疾辅助器具费、护理费、康复费、交通费、被扶养人生活费、住宿费、误工费列入交强险的死亡伤残赔偿限额进行计算赔偿，超过死亡伤残赔偿限额和无责任死亡伤残赔偿限额项下的部分在商业三者险限额内计算赔偿或由侵权人赔偿。同时,医疗费用赔偿限额为 18,000 元,死亡伤残赔偿限额为 180,000 元。被保险人无责任时,无责任医疗费用赔偿限额为 1800 元,无责任死亡伤残赔偿限额为 18,000 元。人身损害赔偿金在商业三者险限额内统一计算赔偿,不区分医疗费用项和死亡伤残项。

（一）医疗费的计算

1. 医疗费的概念

所谓医疗费,是指发生交通事故后,由于受害人在遭受人身损害后进行抢救,接受医学上的检查、治疗与康复所必须支出的费用。根据《机动车交通事故责任强制保险条例》第 41 条的规定,抢救费用,是指机动车发生道路交通事故导致人员受伤时,医疗机构参照国务院卫生主管部门组织制定的有关临床诊疗指南,对生命体征不平稳和虽然生命体征平稳但如果不采取处理措施会产生生命危险,或者导致残疾、器官功能障碍,或者导致病程明显延长的受伤人员,采取必要的处理措施所发生的医疗费用。总体来说,根据医疗机构出具的医药费、住院费等收款凭证,结合病历和诊断证明等相关证据确定。

2. 医疗费的范围

(1)急诊抢救费、挂号费:挂号费包括医院普通门诊挂号费、专家门诊挂号费等。挂号费的次数、科别应当与治疗伤害所就诊的次数、科别一致。

(2)医药费:根据伤情的需要进行的检查、治疗等费用。检查不限于针对伤情的直接检查,也应包括为了治疗伤害进行的必要的其他检查。受害人自行治疗产生的与伤情无关的费用或自行重复检查所花费的费用不计入赔偿范围。需外购药品的,应当由该医疗机构出具相应的处方,并与伤情治疗的需要相符。药品的种类、数量应当与处方一致。治疗自身疾病所产生的医药费用，不计入赔偿范围，但医生为了治疗伤情必须合并处理的除外。

(3)留观、住院费：受害人遵医嘱需留观、住院治疗的费用应予赔偿，但受害人接到出院通知单后，无正当理由故意延长、拒绝出院的，所发生的费用不予赔偿。合理的进口手术器具费用，应予以赔偿。当事人对于受害人产生的医疗费的合理性有异议的，可以申请医疗费合理性鉴定。

(4)其他合理费用：创伤引发的并发症和后遗症进行处理所需要的合理费用应予以赔偿。

3. 医疗费的计算公式

医疗费赔偿金额 = 急诊抢救费 + 挂号费 + 医药费 + 住院费 + 其他

4. 医疗费的证据

(1)医药费、住院费发票、医嘱、医疗处方单、住院费用明细单；

(2)急(门)诊病历、住院病历、诊断证明书、转院治疗证明、检查报告单、手术记录单；

(3)自购药费单据和发票及处方单。

5. 后续治疗费用

医疗费的赔偿数额应在一审法庭辩论终结前按照实际发生的数额确定。器官功能恢复训练所必要的康复费、适当的整容费以及其他后续治疗费，赔偿权利人可以待实际发生后另行起诉。后续治疗费根据医疗证明或者鉴定意见确定必然发生的费用，可以与已经发生的医疗费一并予以赔偿。整容系对伤者进行后续治疗的行为，在性质上应属于医疗费。相对于拆除钢钉、钢板等二次手术费、康复费而言，整容费的赔付对医疗机构的资质和必要性的要求更为严格，因此，在实际诉讼过程中，需要更充分的证据支持整容费。

同时，为了应急解决抢救费用，达到治病救人的目的，受害人可以通过公安机关交通管理部门向交强险承保的保险公司和道路交通事故社会救助基金申请垫付费用。肇事机动车投保交强险的，由保险公司在责任限额范围内支付抢救费用；抢救费用超过责任限额的，未投保交强险或者肇事者逃逸的，由道路交通事故社会救助基金先行垫付部分或全部抢救费。申请垫付时，受害人应当提供事故责任认定书、抢救费用垫付通知书、交通事故诊断证明材料、伤者身份证明材料，机动车所有人、驾驶人身份证明及交强险保险单，医院银行账户资料及其他证明材料。此外受害人也可向法院申请先予执行。

6. 法律依据

《最高人民法院关于审理人身损害赔偿案件适用法律若干问题的解释》

第6条　医疗费根据医疗机构出具的医药费、住院费等收款凭证，结合病历和诊断证明等相关证据确定。赔偿义务人对治疗的必要性和合理性有异议的，应当承担相应的举证责任。

医疗费的赔偿数额，按照一审法庭辩论终结前实际发生的数额确定。器官功能恢复训练所必要的康复费、适当的整容费以及其他后续治疗费，赔偿权利人可以待实际发生后另行起诉。但根据医疗证明或者鉴定意见确定必然发生的费用，可以与已经发生的医疗费一并予以赔偿。

7. 参考案例

2022年10月25日7时12分许，叶某骑[临海××]号二轮电动车（搭载叶某1）从临海市大洋街道双桥村驶出，由北往南行驶至临海市大洋街道欣某有限公司门口前路段时，与骑[临海××]号电动自行车沿大洋基地二区前道路由南往北行驶的范某发生碰撞，造成范某受伤、两车损坏的道路交通事故，事故后叶某驾车逃逸。2022年11月8

日,临海市公安局交通警察大队作出道路交通事故认定书,认定叶某负事故全部责任,范某无责任。事故发生后,范某被送往临海市某医院救治,经诊断为右肘、右髋部、左小腿压痛、左小腿足背肿胀明显、多处软组织挫伤,活动受限,医嘱建议休息。范某经多次复诊未见好转,后到临海东城某医院接受手术治疗并住院10天,经诊断为左小腿部皮肤软组织撕脱伤、左小腿部血肿伴感染。出院后,范某按照医嘱进行复诊和治疗,并加强营养。为此,范某主张医疗费14,765.15元。叶某认为有部分不合理医疗费应予扣除,故申请对范某的医疗费合理性、关联性进行鉴定。法院委托绍兴某司法鉴定中心进行鉴定,该中心于2024年4月29日出具鉴定意见:范某2022年10月25日因交通事故致全身多处软组织挫伤、左小腿下段内侧皮下血肿等。范某受伤后在医院进行的门诊及住院医疗活动与本次交通事故存在直接因果关系。经审核,扣除缺乏合理性、关联性及无正式票据的费用后,认定合理的医疗费用为13,103.58元。

(二)住院伙食补助费的计算

1. 住院伙食补助费的概念

住院伙食补助费,是指道路交通事故发生后,由相关责任人对受害人在医院接受诊疗期间根据需要产生的伙食消费,按照一定的标准进行赔偿的费用。

2. 住院伙食补助费的范围

一般情况下住院伙食补助费补助的对象是住院的受害人。对陪护人员来说,因为在赔偿金额中已经计算了其护理费,所以陪护人员的伙食费应当包含在护理费中,不能重复要求赔偿;只有在受害人确有必要到外地治疗,因客观原因不能住院的情况下,受害人本人及其陪护人员实际发生的合理的住宿费和伙食费应予赔偿。因此,陪护人员的伙食费欲得到赔偿,必须在受害人确有必要到外地治疗且因客观原因不能住院的条件同时具备时才能实现。此时的伙食费计算方法可以参考受害人的住院伙食补助费计算方法，原则上伙食补助费的赔偿期间仅指住院期间。实务中，留观期间伙食补助费请求一般得不到支持。

3. 伙食补助费的计算公式

住院伙食补助费＝交通事故地国家机关一般工作人员出差伙食补助标准×住院天数

陪护人员的伙食费＝每天合理的伙食费×就医天数

4. 法律依据

《最高人民法院关于审理人身损害赔偿案件适用法律若干问题的解释》

第10条　住院伙食补助费可以参照当地国家机关一般工作人员的出差伙食补助标准予以确定。

受害人确有必要到外地治疗，因客观原因不能住院，受害人本人及其陪护人员实际发生的住宿费和伙食费，其合理部分应予赔偿。

5. 参考案例

2022年5月26日中午11时22分，李某某驾驶[浙×××××]轻型普通货车倒车时与齐某某驾驶的[×××]电动自行车发生碰撞。仙居县公安局交通警察大队作出道路交通事故认定书，认定李某某负本次事故的全部责任，齐某某无责任。

齐某某受伤后，经浙江省绍兴市某医院诊断为创伤性肝破裂、创伤性脾破裂、腹腔积液、肝囊肿（胆汁瘤）等，住院治疗共计82天。经法院核定，齐某某的住院伙食补助费为8200元(82天×100元/天)。

（三）营养费的计算

1. 营养费的概念

营养费，是指受害人通过平常饮食的摄入尚不能满足受损害身体的需求,而需要以平常饮食以外的营养品作为对身体的补充而支出的费用,是一种辅助治疗。

2. 营养费的范围

(1)营养费是为了恢复健康而必需的费用,因此对于需要支付的营养费的范围与费用,应以医疗机构的意见作为参考。营养费应根据受害人伤残情况确定,诉讼实务中,伤情显著轻微,不需要住院治疗的,一般不赔偿营养费。对于营养费的合理性,当事人可以通过具体的病情参考《人身损害误工期、护理期、营养期评定规范》(GAT-1193-2014)的相应规定进行确定。

(2)常见的需要增加营养的情况有:外伤或手术时出血较多者(一般要400毫升以上);年老体弱受伤较重者;消化系统功能障碍者,如胃肠部分或全切除、肝脏破裂或部分切除、胰腺破裂或部分或全部切除等;其他原因致消化吸收功能障碍者;不能正常进食,需要鼻饲者;较大面积烧伤者。

3. 营养费的计算公式

(1)营养费赔偿金额=根据受害人伤残情况参照医疗机构的意见

(2)营养费赔偿金额=营养期×交通事故发生地营养费的标准

关于交通事故发生地营养费的标准,我国法律法规没有统一的规定,由法官根据伤者情况酌定。一般可以按照当地居民平均生活费标准的40%~60%的比例计算。

4. 营养费的证据

营养费的认定首先应参照医疗机构的意见,其内容应包括是否需要额外增加营养,需要加强营养的期限等。营养费的认定也可通过对营养期的司法鉴定进行确定。

5. 法律依据

《最高人民法院关于审理人身损害赔偿案件适用法律若干问题的

解释》

第11条　营养费根据受害人伤残情况参照医疗机构的意见确定。

6. 参考案例

2022年11月5日19时47分许，刘某驾驶[×××]号小型轿车沿临海市大洋街道临海大道由西往东行驶至临海大道与开发大道路口，与驾驶登记为[临海电动××]号的二轮电动车在路口东侧人行横道上由南向北通过路口的关某发生碰撞，造成关某受伤、两车损坏的道路交通事故。临海市公安局交通警察大队作出道路交通事故认定书，认定刘某驾驶机动车通过有交通信号灯控制的交叉路口，在红灯亮时继续通行，其过错行为在此事故中起直接作用，应承担此事故的全部责任；关某不承担事故责任。[×××]号小型轿车登记所有人系章某，在某财险某某公司投保了交强险和商业三者险。关某受伤后，先后在临海市某人民医院、浙江大学医学院附属某医院、浙江省某医院、台州某医院治疗。关某伤情经温州某司法鉴定所鉴定，评定为一级伤残，误工、护理、营养期限均自受伤之日起至本次鉴定前一日（2023年11月21日）止，护理依赖程度为完全护理依赖；精神方面伤残等级为七级伤残，本次交通事故具有完全作用。经一审法院核定，营养费采纳温州某司法鉴定所有关营养期的鉴定意见，确定营养期为363天（扣除ICU19天），按30元/天计算为10,890元。

（四）护理费的计算

1. 护理费的概念

护理费，是指受害人因遭受相当程度的人身损害，其行动能力和自理能力有了一定程度的降低，在医疗诊治和修养康复期间，需要专人对其进行护理、照料其生活而所需支出的费用。护理费包括伤者住院期间和出院后的护理费。

2. 护理费的确定

(1)护理费要根据护理人员的收入状况、护理人数、护理期限确定。

(2)护理人员有收入的,参照误工费的规定计算;护理人员没有收入或者雇用护工的,参照当地护工从事同等级别护理的劳务报酬标准计算。

(3)护理期限应计算至当事人恢复生活自理能力时止。当事人出院后生活不能完全自理仍需继续护理的,必须由该医疗机构出具医嘱证明或诊断书确定护理时间和护理人数。护理人数原则上只能有一个,如果当事人需要多人照顾的,需要医院或者鉴定机构进行明确。当事人因残疾不能恢复生活自理能力的,可以根据其年龄、健康状况等因素确定合理的护理期限,但最长不超过20年。当事人定残后的护理,应当根据其护理依赖程度并结合配制残疾辅助器具的情况确定护理级别。超过确定的护理期限的,赔偿权利人向人民法院起诉请求继续给付护理费的,经审查确需继续护理的,人民法院应当判令赔偿义务人继续给付相关费用5～10年。

3. 护理费的计算公式

护理费＝交通事故发生地护工从事同等级别护理的劳务报酬标准×护理天数×护理人数

4. 护理费的证据

(1)治疗医院出具的护理人员及护理人数和护理时间的证明或司法鉴定确定的护理依赖程度、护理人数和护理时间;

(2)护理人员的收入减少证明或者当地护工从事同级别的劳务报酬标准;

(3)聘请护理人员的证明及向护理人员支付护埋费的证明。

5. 法律依据

《最高人民法院关于审理人身损害赔偿案件适用法律若干问题的解释》

第 8 条　护理费根据护理人员的收入状况和护理人数、护理期限确定。

护理人员有收入的,参照误工费的规定计算;护理人员没有收入或者雇佣护工的,参照当地护工从事同等级别护理的劳务报酬标准计算。护理人员原则上为一人,但医疗机构或者鉴定机构有明确意见的,可以参照确定护理人员人数。

护理期限应计算至受害人恢复生活自理能力时止。受害人因残疾不能恢复生活自理能力的,可以根据其年龄、健康状况等因素确定合理的护理期限,但最长不超过二十年。

受害人定残后的护理,应当根据其护理依赖程度并结合配制残疾辅助器具的情况确定护理级别。

第 19 条　超过确定的护理期限、辅助器具费给付年限或者残疾赔偿金给付年限,赔偿权利人向人民法院起诉请求继续给付护理费、辅助器具费或者残疾赔偿金的,人民法院应予受理。赔偿权利人确需继续护理、配制辅助器具,或者没有劳动能力和生活来源的,人民法院应当判令赔偿义务人继续给付相关费用五至十年。

6. 参考案例

2022 年 6 月 19 日 8 时 16 分许,张某驾驶[苏 BY××××]大型普通客车在无锡市某某路由北向南行驶至欣鸿路路口时,遇行人沈某某在鸿运路欣鸿路路口由北向南步行并向左变向进入机动车道,结果大型普通客车与沈某某发生碰撞,造成车辆损坏、沈某某受伤的交通事故。经交警部门认定,张某负事故主要责任,沈某某负事故次要责任。

[苏BY××××]号车辆登记在客运公司名下。锡山保险公司承保了该车的交强险、限额为2,000,000元的商业三者险,事故发生在保险期间内。事故造成沈某某(72周岁)植物人状态。沈某某申请对其因本次事故造成的伤残等级、营养期、护理期、误工期进行鉴定。经无锡市某区人民调解委员会依法委托,某鉴定中心于2023年6月29日出具司法鉴定意见:沈某某持续性植物生存状态评定为一级残疾;误工期(治疗休息期)、护理期、营养期自受伤日至评残前一日为宜,其生活能力丧失程度为完全护理依赖。经一审法院核定,张某某护理费74,200元(200元/日×371日),考虑到沈某某的年龄及其伤情,后续护理费酌定为219,000元(200元/日×3年)。

7. 护理证明参考格式

护理证明

王某,身份证号码为:　　　　,系我单位员工,任　　　　职务,工资为　　　　。为了照顾李某某,向我单位请假　　天。请假期间,我单位依法扣发其工资　　　　元。计算公式为:

单位盖章:

日期:　　年　　月　　日

(五)误工费的计算

1. 误工费的概念

误工费,是指交通事故发生后,事故造成受害人无法从事正常工作或劳动,从而失去或减少的工作、劳动收入。

2. 误工费的范围

误工费包括两部分:一是伤者本人治疗创伤造成误工发生的费用,包括受害者因身体、精神损害不能正常工作、生活发生的误工费用;二是受害人死亡的,交通事故受害人的亲属办理丧葬事宜期间的费用。但上述两种费用的赔付对象不同，且需以各自的赔付项目单独列明。

误工费是根据当事人的误工时间和收入状况确定的。误工期限根据当事人接受治疗的医疗机构出具的诊治证明确定。因伤致残持续误工的，误工时间最长计算至最终鉴定伤残的前一日。中国政法大学证据科学研究院、中国法医学会、公安部物证鉴定中心起草的《人身损害误工期、护理期、营养期评定规范》（GAT－1193—2014）规定了人体损伤后受伤人员误工损失日鉴定的原则、方法和内容，为人身损害赔偿案件中人体损伤后误工时间的计算提供标准依据。

关于收入状况的确定，其一，当事人有固定收入的，误工费应按照实际减少的收入计算。实际减少的收入包括工资、奖金、津贴、课酬、合法的兼职收入等，但一般不包括企业经营者作为受害者时所丧失的经营损失和特殊工种的补助费。其二，当事人无固定收入的，按照其最近 3 年的平均收入计算；当事人不能举证证明其最近 3 年的平均收入状况的，可以参照受诉法院所在地相同或者相近行业上一年度职工的平均工资计算。

在某些情况下受害人如果没有因此减少收入则不予赔偿，如公务员、教师在寒暑假期间遭遇车祸受伤并不影响其收入。但如果受害人能够证明除正常工资外还应该获得其他收入的，则应当予以赔偿。

受害人如果是有劳动能力，但暂时未投入工作而没有收入的人员，也应主张误工费，如家庭主妇，虽未参加工作，但其具有劳动能力和随时工作的可能。因此，应当参照一般家庭服务人员或者护工的平均工资进行赔偿。

3. 误工费的计算公式

误工费赔偿金额＝误工收入×误工时间

（1）有固定收入人员的误工费＝收入的实际减少金额

(2)无固定收入人员的误工费赔偿金 = 最近 3 年的平均收入 × 误工时间

或受诉法院所在地相近行业上一年度职工的平均工资 × 误工时间

4. 误工费的证据

(1)治疗医院出具的休假证明或关于误工期的司法鉴定意见书。

(2)当事人有固定收入的,需提供固定收入的证明、误工人员的完税证明,并由单位出具因为交通事故误工减少收入的证明、误工人员的工资单、单位的主体信息证明及双方存在关系证明文件等。误工证明应写明受害人的工资收入组成情况及误工费的计算方法。年终奖具有明显的用工单位的自治性,可期待性较弱,因此,除非有充分证据证明,年终奖一般不易得到支持。

(3)当事人无固定收入的,需提供其近 3 年的收入证明或从事何种行业的证明。

(4)受害人工资超过个人所得税起征点时,需提供个人所得税的纳税证明。

5. 法律依据

《最高人民法院关于审理人身损害赔偿案件适用法律若干问题的解释》

第 7 条　误工费根据受害人的误工时间和收入状况确定。

误工时间根据受害人接受治疗的医疗机构出具的证明确定。受害人因伤致残持续误工的,误工时间可以计算至定残日前一天。

受害人有固定收入的,误工费按照实际减少的收入计算。受害人无固定收入的,按照其最近三年的平均收入计算;受害人不能举证证明其最近三年的平均收入状况的,可以参照受诉法院所在地相同或者相近行业上一年度职工的平均工资计算。

6. 参考案例

2021 年 6 月 13 日 20 时 25 分许，罗某某驾驶［赣 BY××××号］小型轿车行驶至石城县某某镇附近路段时，不慎与行人陈某某发生碰撞，造成陈某某受伤及车辆受损的交通事故。事故发生后，陈某某即被送至石城县某医院住院治疗 23 天，住院医疗费为 44,067.7 元。2021 年 6 月 23 日，石城县交警部门对本案事故作出第 360735120210000061 号事故认定书，认定罗某某负事故全部责任、陈某某无责任。事发时，陈某某 64 周岁，系木工，事故发生前几年一直从事模板安装工作。经一审法院核定，陈某某误工期为 123 天，在石城县某医院住院治疗时间 23 天，综合伤情、住院治疗情况、医嘱、职业等情况，酌定出院后需休息 100 天；陈某某系木工，事发前从事模板安装工作，但未举证证明有固定收入，根据《江西省道路交通事故损害赔偿项目计算标准（试行）》之规定，应参照江西省 2021 年度城镇私营单位居民服务、修理和其他服务业就业人员年平均工资 43,745 元计算误工费，误工费：14,760 元。

7. 参考格式

误工证明

王某，身份证号码为：　　　　　　　　　　，系我单位员工，任　　职务。自　　年　　月　　日发生交通事故后，为治疗所造成的伤害，向我单位请假　　天。请假期间，我单位依法扣发其工资　　元。计算公式为：　　　　。

单位盖章：

日期：　　年　　月　　日

（六）残疾赔偿金的计算

1. 残疾赔偿金的概念

残疾赔偿金，是受害人在交通事故中因伤致残导致收入减少，或者生活来源丧失时,侵权人应给予的财产损害性质的赔偿。

2. 残疾赔偿金的范围

(1)残疾赔偿金的赔偿依据是受害人丧失劳动能力的程度或者伤残等级,伤残等级需要专门的鉴定机构进行鉴定才能得知。如果伤残等级较轻但对受害人的职业造成妨害,严重影响受害人就业收入的,可以适当提高残疾赔偿金的数额,如演员形象受损、钢琴家手指伤残。另外,交通事故受伤人员虽伤残但实际收入没有减少,或者伤残等级较轻但造成职业妨害,严重影响其劳动就业的,可以对残疾赔偿金作相应的调整,在一定幅度内减少或增加残疾赔偿金的总额。

(2)残疾赔偿金应按照受诉法院所在地上一年度城镇居民人均可支配收入标准计算。举证证明住所地或者经常居住地城镇居民人均可支配收入高于受诉法院所在地标准的,可以按照住所地或者经常居住地的相关标准计算。

(3)残疾赔偿金按照法定年限给付后,如果受害人的生存年限超过确定的残疾赔偿金的给付年限,赔偿权利人可以向人民法院起诉要求继续给付残疾赔偿金。赔偿权利人确实没有劳动能力和生活来源的,人民法院应当判令赔偿义务人继续给付该费用5~10年。

(4)残疾赔偿金与误工费都是针对受害人收入减少的赔偿。以定残之日为时间点,定残前,受害人可以依据其收入减少情况主张误工费;定残后,受害人只能依据伤残等级或劳动能力丧失程度主张残疾赔偿金。

3. 残疾赔偿金的计算公式

残疾赔偿金=受诉法院所在地上一年度城镇居民人均可支配收入标准×伤残赔偿指数×赔偿年限

(1)60周岁以下人员的残疾赔偿金=受诉法院所在地上一年度城镇居民人均可支配收入标准×伤残赔偿指数×20年

(2)60～75周岁人员的残疾赔偿金＝受诉法院所在地上一年度城镇居民人均可支配收入标准×伤残赔偿指数×[20－(实际年龄－60)]

(3)75周岁以上人员的残疾赔偿金＝受诉法院所在地上一年度城镇居民人均可支配收入标准×伤残赔偿指数×5年

以上计算公式中的伤残赔偿指数，根据伤残鉴定级别来算，伤情鉴定为一级伤残的，按全额赔偿，即100%；二级至十级的，则以10%的比例依次递减。也就是说，伤残具体等级对应的伤残赔偿指数为：一级：100%；二级：90%；三级：80%；四级：70%；五级：60%；六级：50%；七级：40%；八级：30%；九级：20%；十级：10%。

多等级伤残者的伤残赔偿指数，参照《人体损伤致残程度分级》的方法计算。根据该国家标准，对多等级伤残的伤残赔偿指数计算规定如下：

伤残赔偿指数＝几个伤残等级最高的伤残赔偿指数＋伤残赔偿附加指数1＋伤残赔偿附加指数2＋…＋伤残赔偿附加指数n

在上述公式中，"几个伤残等级最高的伤残赔偿指数"，是指在数个伤残等级中等级最高的伤残赔偿指数。例如，两个十级、一个九级，则其中最高等级为九级，九级的伤残赔偿指数为20%；又如，一个五级、一个七级和一个九级，则其中最高等级为五级，五级的伤残赔偿指数为60%。

"伤残赔偿附加指数"，是指在有多个伤残等级时，由于只计算最高等级的伤残赔偿指数，其他的伤残等级不再计算相应的伤残赔偿指数，而是每增加一处伤残按另外的赔偿比例计算，该赔偿比例是附加计算的，因此被称为伤残赔偿附加指数。用百分比表示，伤残赔偿附加指数的取值范围为：0～10%，也就是说，伤残赔偿附加指数必须小于10%。存在一级伤残时，其他等级均被吸收，不再计算伤残赔偿附加指数。目前对伤残赔偿附加指数如何取值,各地做法不一。

4. 残疾赔偿金的证据

(1)道路交通事故伤残鉴定书;

(2)身份证明、户籍证明及居住证明。

5. 残疾赔偿金的支付

残疾赔偿金的赔偿方式有两种:一种是一次性赔偿;另一种是定期金赔偿。定期金赔偿就是法院判决定期、分次赔偿的一种方式。然而这种做法对于受害人及其家属来说,存在一定的执行风险。所以,在现实生活中通常采用一次性赔偿。

6. 法律依据

《最高人民法院关于审理人身损害赔偿案件适用法律若干问题的解释》

第12条 残疾赔偿金根据受害人丧失劳动能力程度或者伤残等级,按照受诉法院所在地上一年度城镇居民人均可支配收入标准,自定残之日起按二十年计算。但六十周岁以上的,年龄每增加一岁减少一年;七十五周岁以上的,按五年计算。

受害人因伤致残但实际收入没有减少,或者伤残等级较轻但造成职业妨害严重影响其劳动就业的,可以对残疾赔偿金作相应调整。

第18条 赔偿权利人举证证明其住所地或者经常居住地城镇居民人均可支配收入高于受诉法院所在地标准的,残疾赔偿金或者死亡赔偿金可以按照其住所地或者经常居住地的相关标准计算。

被扶养人生活费的相关计算标准,依照前款原则确定。

第19条 超过确定的护理期限、辅助器具费给付年限或者残疾赔偿金给付年限,赔偿权利人向人民法院起诉请求继续给付护理费、辅助器具费或者残疾赔偿金的,人民法院应予受理。赔偿权利人确需继续护理、配制辅助器具,或者没有劳动能力和生活来源的,人民法院应当判令赔偿义务人继续给付相关费用五至十年。

第20条　赔偿义务人请求以定期金方式给付残疾赔偿金、辅助器具费的，应当提供相应的担保。人民法院可以根据赔偿义务人的给付能力和提供担保的情况，确定以定期金方式给付相关费用。但是，一审法庭辩论终结前已经发生的费用、死亡赔偿金以及精神损害抚慰金，应当一次性给付。

第21条　人民法院应当在法律文书中明确定期金的给付时间、方式以及每期给付标准。执行期间有关统计数据发生变化的，给付金额应当适时进行相应调整。

定期金按照赔偿权利人的实际生存年限给付，不受本解释有关赔偿期限的限制。

7. 参考案例

2023年5月7日14时00分许，张某军驾驶[云A0××××]号小型轿车从大理往丽江方向行驶，由邓川收费站进入大理高速公路，14时30分许行至下山口隧道内距出口300米处，于左侧车道行驶，看到前方车道上有人，打方向避让时撞伤了徐某光。徐某光，男，1955年8月29日出生，汉族，退休职工。张某军报警后，大丽某队民警出警，经过现场勘查，徐某光为故障车[桂M0××××]小型普通客车乘客，当时正在摆放三角警示标志。经认定，张某军负事故全部责任，徐某光无责任。徐某光伤情经河池市某司法鉴定所鉴定，意见为：(1)被鉴定人徐某光左眼睑闭合不全，左眼视神经萎缩致视力下降，左颧部畸形塌陷，下肢静脉血栓形成与2023年5月7日外伤存在因果关系，在残疾评定后果外伤原因力中为完全作用。(2)被鉴定人徐某光本次交通事故损伤所受到的伤残程度分别评定：左眼睑闭合不全伤残程度评定十级残疾；左眼视力下降伤残程度评定八级残疾；左颧部畸形伤残程度评定十级残疾；下肢静脉血栓形成伤残程度评定十级残疾。经一审法院核定,徐某光伤残赔偿金:180,900.72 元(42,168 元×33%×13 年)。

(七)死亡赔偿金的计算

1. 死亡赔偿金的概念

死亡赔偿金,是指受害人因交通事故死亡,相关责任人按照一定的标准给予死者家属一定数额的赔偿。

2. 死亡赔偿金的范围

(1)死亡赔偿金是受害人死亡后赔偿义务人支付死者近亲属或法定继承人的赔偿金。其不具备遗产性质,可以在家庭生活共同体成员内部进行分割,不适用遗产继承。分割时应优先照顾被抚养人的利益,剩余部分的分配应参考与死者关系的亲疏远近、紧密程度及生活来源等因素。

(2)死者的近亲属享有请求权。赔偿权利人可以参照《民法典》中法定继承的顺序,即赔偿权利人首先为死者的第一顺序继承人:配偶、父母、子女等。当只有第一顺序继承人完全不存在时,才为第二顺序继承人:同胞兄弟姐妹、祖父母、外祖父母。

(3)死亡赔偿金不是夫妻共同财产,不适用于遗嘱分配。同时,债权人不能依死者生前债务对死亡赔偿金提出主张。

(4)死亡赔偿金按照受诉法院所在地上一年度城镇居民人均可支配收入标准进行计算,举证证明住所地或者经常居住地城镇居民人均可支配收入高于受诉法院所在地标准的,可以按照住所地或者经常居住地的相关标准计算。

3. 死亡赔偿金的计算公式

死亡赔偿金=受诉法院所在地上一年度城镇居民人均可支配收入标准×赔偿年限

(1)60 周岁以下人员的死亡赔偿金=上一年度城镇居民人均可

支配收入×20年

(2)60~75周岁人员的死亡赔偿金=上一年度城镇居民人均可支配收入×[20-(实际年龄-60)]

(3)75周岁以上人员的死亡赔偿金=上一年度城镇居民人均可支配收入×5年

4.死亡赔偿金的证据

身份证明、户籍证明及居住证明。

5.法律依据

《最高人民法院关于审理人身损害赔偿案件适用法律若干问题的解释》

第15条　死亡赔偿金按照受诉法院所在地上一年度城镇居民人均可支配收入标准，按二十年计算。但六十周岁以上的，年龄每增加一岁减少一年；七十五周岁以上的，按五年计算。

第18条　赔偿权利人举证证明其住所地或者经常居住地城镇居民人均可支配收入高于受诉法院所在地标准的，残疾赔偿金或者死亡赔偿金可以按照其住所地或者经常居住地的相关标准计算。

被扶养人生活费的相关计算标准，依照前款原则确定。

6.参考案例

2023年2月8日16时00分许，陈某驾驶[新×××××]号长安牌轻型栏板货车，沿某区某某西路由东向西行驶至校园路路口处时，碰到沿某某西路由北向南横穿人行横道的行人张某(1967年4月4日生)，致张某当场死亡。2023年4月18日，某某区分局作出《道路交通事故认定书》，认定陈某负此次事故的全部责任，死者无责任。死者妻子和女儿将此案诉至事故发生地人民法院。经查，死者及其妻子、女儿经常居住地系浙江，该标准高于受诉法院所在地标准。故死亡赔偿金按浙江2022年城镇居民人均可支配收入71,268元计算13年。

（八）被扶养人生活费

1. 被扶养人生活费的概念

被扶养人生活费，是指受害人因伤致残后，侵权人依法对受害人扶养的未成年人或者丧失劳动能力且没有其他生活来源的成年近亲属赔偿相应的扶养费用。

2. 被扶养人生活费的范围

(1)被扶养人的范围主要包括：父母、子女；夫、妻；有扶养能力的祖父母、外祖父母对于父母已经死亡的未成年的孙子女、外孙子女；有扶养能力的孙子女、外孙子女对于子女已经死亡的祖父母、外祖父母；有扶养能力的兄、姐对于父母已经死亡或者父母无力抚养的未成年弟、妹。

(2)根据我国《民法典》婚姻家庭编的相关法律规定，夫妻之间互负扶养义务，该义务不仅指的是精神上的互相扶助，还应当包括共同生活中的经济上的互相扶助，因此，受害人配偶丧失劳动能力又无其他生活来源的可以主张被抚养人生活费。

(3)被扶养人生活费不再列为单独的赔偿项目，而是将金额计入残疾赔偿金或死亡赔偿金中。

(4)关于赔偿标准，按照受诉法院所在地上一年度城镇居民人均消费性支出标准计算。如果被扶养人举证证明其住所地或经常居住地的城镇居民人均可支配收入高于受诉法院所在地标准的，被扶养人生活费可以按照其住所地或经常居住地的相关标准计算。

3. 被扶养人生活费的计算公式

被扶养人生活费＝受诉法院所在地上一年度城镇居民人均消费支出标准×赔偿年限÷对被扶养人承担扶养义务的人数×伤残赔偿指数

(1)不满18周岁的被扶养人生活费＝城镇居民人均消费支出×

(18－实际年龄)÷对被扶养人承担扶养义务的人数×伤残赔偿指数(受害人死亡的，赔偿指数为100%)

(2)18～60周岁被扶养人无劳动能力又无其他生活来源的生活费＝城镇居民人均消费支出×20年÷对被扶养人承担扶养义务的人数×伤残赔偿指数(受害人死亡的，赔偿指数为100%)

(3)60～75周岁被扶养人无劳动能力又无其他生活来源的生活费＝城镇居民人均消费支出×[20－(实际年龄－60)]年÷对被扶养人承担扶养义务的人数×伤残赔偿指数(受害人死亡的，赔偿指数为100%)

(4)75周岁以上被扶养人无劳动能力又无其他生活来源的生活费＝城镇居民人均消费支出×5年÷对被扶养人承担扶养义务的人数×伤残赔偿指数(受害人死亡的，赔偿指数为100%)

(5)被扶养人有数人时，年赔偿总额≤城镇居民人均消费支出

4. 被扶养人生活费的证据

(1)受害人的死亡证明、火化证明、伤残意见书、身份证明、户籍证明；

(2)被扶养人户籍证明和身份证明、居住证明、被扶养人与受害人的身份关系证明、被扶养人子女人数证明；

(3)被扶养人的年龄，男性在18周岁以上60周岁以下、女性在18周岁以上55周岁以下的，赔偿权利人应提供无劳动能力鉴定意见、残疾证明或县级以上人民医院出具的证明，同时应提供村民委员会或居民委员会证明其无其他生活来源的书面证明；

(4)被扶养人系农村居民的，在城镇生活多年的居住证明、居住证、租房证明或房产证明。

5. 被扶养人生活费的支付

被扶养人生活费的赔偿方式有两种：一种是一次性赔偿；另一种

是定期金赔偿。定期金赔偿就是法院判决定期、分次赔偿的一种方式。然而这种做法对于受害人及其家属来说，存在一定的执行风险。所以，在现实生活中通常采用一次性赔偿。

6. 法律依据

《最高人民法院关于审理人身损害赔偿案件适用法律若干问题的解释》

第 16 条　被扶养人生活费计入残疾赔偿金或者死亡赔偿金。

第 17 条　被扶养人生活费根据扶养人丧失劳动能力程度，按照受诉法院所在地上一年度城镇居民人均消费支出标准计算。被扶养人为未成年人的，计算至十八周岁；被扶养人无劳动能力又无其他生活来源的，计算二十年。但六十周岁以上的，年龄每增加一岁减少一年；七十五周岁以上的，按五年计算。

被扶养人是指受害人依法应当承担扶养义务的未成年人或者丧失劳动能力又无其他生活来源的成年近亲属。被扶养人还有其他扶养人的，赔偿义务人只赔偿受害人依法应当负担的部分。被扶养人有数人的，年赔偿总额累计不超过上一年度城镇居民人均消费支出额。

第 20 条　赔偿义务人请求以定期金方式给付残疾赔偿金、辅助器具费的，应当提供相应的担保。人民法院可以根据赔偿义务人的给付能力和提供担保的情况，确定以定期金方式给付相关费用。但是，一审法庭辩论终结前已经发生的费用、死亡赔偿金以及精神损害抚慰金，应当一次性给付。

第 21 条　人民法院应当在法律文书中明确定期金的给付时间、方式以及每期给付标准。执行期间有关统计数据发生变化的，给付金额应当适时进行相应调整。

定期金按照赔偿权利人的实际生存年限给付，不受本解释有关赔偿期限的限制。

7. 参考案例

2023 年 1 月 15 日 8 时 47 分,刘某驾驶[皖××××××]号小型普通客车由南向南方向调头,行至北京市通州区通惠北路与永顺南街交叉口时,将步行的李某某撞倒并碾压,造成李某某严重受伤。此事故经北京市公安局公安交通管理局通州交通支队某大队处理,认定刘某负事故的全部责任。

事故发生后,李某某被紧急送往北京某医院进行抢救,住院时间为 2023 年 1 月 15 日至 2 月 6 日。经诊断事故造成原告骨盆骨折、左顶部头皮血肿、盆腔积液、多发软组织损伤等。因病情严重,原告在通州区中西医结合医院自 2 月 7 日至 3 月 6 日、3 月 7 日至 4 月 5 日、4 月 6 日至 5 月 5 日住院。综上,原告四次住院共 110 天。

为明确李某某的伤残等级,李某某于 2023 年 8 月 7 日委托北京某司法鉴定所进行鉴定,鉴定意见为伤残十级,误工期 180 日,护理期 90 日,营养期 90 日。经查,李某某的被扶养人情况为:父亲李某:1953 年 9 月 9 日生,事发时 69 岁,子女一人,配偶去世,被扶养人生活费为 45,617 元×11 年×10% =50,178.7 元;儿子田某某:2016 年 4 月 27 日生,事发时 6 岁,被扶养人生活费为 45,617 元×12 年×10% ÷2 = 27,370.2 元;女儿田某某:2016 年 4 月 27 日生,事发时 6 岁,被扶养人生活费为 45,617 元×12 年×10% ÷2 =27,370.2 元;

(九)丧葬费的计算

1. 丧葬费的概念

丧葬费是指受害人在交通事故中死亡,死者的近亲属为办理丧葬事宜支出的费用。一般来说包括运尸费、火化费、购买骨灰盒的费用、骨灰盒存放费用以及雇请丧葬人员所花费的劳务费等。

2. 丧葬费的计算公式

丧葬费 = 受诉法院所在地上一年度职工月平均工资标准 ×6 个月

3. 法律依据

《最高人民法院关于审理人身损害赔偿案件适用法律若干问题的解释》

第14条　丧葬费按照受诉法院所在地上一年度职工月平均工资标准,以六个月总额计算。

(十)残疾辅助器具费的计算

1. 残疾辅助器具费的概念

残疾辅助器具费,是指受害人在遭受肢体伤残后,产生器官功能障碍,为实现生活自理或者恢复劳动力而购买、配制辅助器具所需费用。残疾辅助器具包括假肢、假眼、手摇三轮车、轮椅、助听器、拐杖、盲杖等。

2. 残疾辅助器具费的范围

(1)残疾辅助器具配置应当遵医嘱,符合伤情的需要。残疾辅助器具的配置标准是普通适用器具。安装义齿目的是恢复受损牙齿功能,安装义齿相关费用通常应列为受损牙齿的配置辅助器具。

(2)残疾辅助器具费必须按照普通适用器具的合理费用标准。残疾辅助器具应符合伤情的需要,能达到恢复受害人功能即可,受害人不能超普通标准配置而扩大损失。如果伤情确实有特殊需要,那么受害人可以参照残疾辅助器具配置机构的意见来确定相应的合理费用。

(3)残疾辅助器具的更换周期应当参照残疾辅助器具配置机构的建议确定。另外,也可以通过对残疾辅助器具的更换周期进行鉴定来确定。超过确定的残疾辅助器具费给付年限,赔偿权利人向人民法院起诉请求继续给付残疾辅助器具费的,判令赔偿义务人继续给付相关费用5~10年。

(4)在司法实践中如何确定残疾辅助器具费的赔偿期限,一直是争议很大的一个问题,主要有按照受诉法院所在地人均寿命减去残疾者实际年龄确定和参照护理费的赔偿期限确定两种观点。参照护理费的赔偿期限确定更具合理性。

3. 残疾辅助器具费的计算公式

残疾辅助器具费 = 更换周期内的普通适用器具的合理费用

4. 残疾辅助器具费的证据

(1)残疾辅助器具购置发票;

(2)诊疗机构对伤者需要残疾辅助器具的证明;

(3)国产普及型器具的价格标准证明;

(4)配置机构对残疾辅助器具的更换周期和赔偿期限的证明或残疾器具更换周期和费用的鉴定意见书。

5. 残疾辅助器具费的支付

残疾辅助器具费的赔偿方式有两种:一种是一次性赔偿;另一种是定期金赔偿。定期金赔偿就是法院判决定期、分次赔偿的一种方式。然而这种做法对于受害人及其家属来说,存在一定的执行风险。所以,在现实生活中通常采用一次性赔偿。

6. 法律依据

《最高人民法院关于审理人身损害赔偿案件适用法律若干问题的解释》

第13条　残疾辅助器具费按照普通适用器具的合理费用标准计算。伤情有特殊需要的,可以参照辅助器具配制机构的意见确定相应的合理费用标准。

辅助器具的更换周期和赔偿期限参照配制机构的意见确定。

第19条　超过确定的护理期限、辅助器具费给付年限或者残疾赔偿金给付年限,赔偿权利人向人民法院起诉请求继续给付护理费、辅助器具费或者残疾赔偿金的,人民法院应予受理。赔偿权利人确需继续护理、配制辅助器具,或者没有劳动能力和生活来源的,人民法院应当判令赔偿义务人继续给付相关费用五至十年。

第20条 赔偿义务人请求以定期金方式给付残疾赔偿金、辅助器具费的，应当提供相应的担保。人民法院可以根据赔偿义务人的给付能力和提供担保的情况，确定以定期金方式给付相关费用。但是，一审法庭辩论终结前已经发生的费用、死亡赔偿金以及精神损害抚慰金，应当一次性给付。

第21条 人民法院应当在法律文书中明确定期金的给付时间、方式以及每期给付标准。执行期间有关统计数据发生变化的，给付金额应当适时进行相应调整。

定期金按照赔偿权利人的实际生存年限给付，不受本解释有关赔偿期限的限制。

7. 参考案例

2022年12月10日16时10分许，高某驾驶[潍坊×××××]号二轮电动自行车，沿安丘潍安路由南向北行驶至潍安路与南苑路交叉路口处时，与朱某驾驶的[鲁Q3××××]号轿车发生事故，致高某受伤，两车受损。安丘市交通警察大队认定，高某承担事故主要责任，朱某承担事故次要责任。某鉴证康复辅助假肢检验鉴定中心对高某的残疾辅助器具进行鉴定，并于2023年10月30日出具鉴定意见：(1)建议配用多功能床，建议价格2600元，使用年限4年，建议4年更换1次。(2)建议配用防压疮床垫，建议价格3000元，使用年限为3年，建议3年更换1次。(3)为排便护理，建议使用一次性衬垫，每月费用160元。为排尿管理，建议配用一次性导尿包，每月费用240元。(4)建议配用功能性轮椅，价格2500元，使用年限为3年，建议3年更换1次。(5)建议配用流食助推器，每只价格6元，每3日更换一只。建议配用鼻胃管，每根价格110元，每月更换2根。(6)以上辅助器具及辅助器具用品更换总次数及赔偿期限建议由法庭依法裁决。经法院核定，高某的残疾辅助器具费为多功能床7800元（2600元×3）；床垫12,000元（3000元×4）；导尿包、衬垫48,000元[（160元+240元）×12月×10年]；轮椅10,000元（2500元×4）；鼻管、助推器33,600元(6元×10根×12月×10年+110元×2根×12月×10年）；计款111,400元。

（十一）住宿费的计算

1. 住宿费的概念

住宿费，是指受害人确有必要到外地治疗，因客观原因不能住院，受害人本人及其陪护人员因住宿产生的合理费用。

2. 住宿费的证据

（1）外地就诊证明、陪护人随往证明；

（2）住宿费发票。

3. 法律依据

《最高人民法院关于审理人身损害赔偿案件适用法律若干问题的解释》

第10条　住院伙食补助费可以参照当地国家机关一般工作人员的出差伙食补助标准予以确定。

受害人确有必要到外地治疗，因客观原因不能住院，受害人本人及其陪护人员实际发生的住宿费和伙食费，其合理部分应予赔偿。

（十二）交通费的计算

1. 交通费的概念

交通费，是指事故受害人和其必要的陪护人员因就医、转院治疗等活动实际必需的车船票费。

如果非经营性车辆因无法继续使用，所产生的通常替代性交通工具的合理费用应列为替代性交通费用，计入财产损失进行赔偿。上述两项费用应区别计算、分别列明。

2. 交通费证据

(1)汽车票、火车票、船票、出租汽车票等。这些票据应与就医和转诊以及复查的时间、地点、人数、次数相吻合。

(2)替代性交通必要性和产生费用的相应证据。

3. 法律依据

《最高人民法院关于审理人身损害赔偿案件适用法律若干问题的解释》

第9条 交通费根据受害人及其必要的陪护人员因就医或者转院治疗实际发生的费用计算。交通费应当以正式票据为凭;有关凭据应当与就医地点、时间、人数、次数相符合。

二、精神损害抚慰金

《最高人民法院关于审理人身损害赔偿案件适用法律若干问题的解释》第23条规定,精神损害抚慰金适用《最高人民法院关于确定民事侵权精神损害赔偿责任若干问题的解释》予以确定。同时根据《最高人民法院关于确定民事侵权精神损害赔偿责任若干问题的解释》第1条的规定,因人身权益或者具有人身意义的特定物受到侵害,自然人或者其近亲属向人民法院提起诉讼请求精神损害赔偿的,人民法院应当依法予以受理。

实务操作中应注意的是:(1)精神损害抚慰金只能在侵权诉讼中提出,合同之诉中不包括精神损害赔偿。(2)刑事附带民事案件的赔偿中精神损害抚慰金不予赔偿。(3)因侵权致人精神损害,但未造成严重后果,受害人请求赔偿精神损害的,一般不予支持。在交通事故中,通常受害人因遭受侵害后身体出现损伤或死亡的情况时,受害人或者其近亲属会提起精神损害赔偿,也存在因为具有人格象征意义的特定纪念物在交通事故中损毁灭失而提起精神损害赔偿的情况。(4)精神损害抚慰金的请求权，不得让与或者继承。但赔偿义务人已经以书面方式承诺给予金钱赔偿，或者赔偿权利人已经向人民法院起诉的除外。

根据《最高人民法院关于确定民事侵权精神损害赔偿责任若干问题的解释》第5条的规定，精神损害的赔偿数额根据以下因素确定：(1)侵权人的过错程度，但是法律另有规定的除外；(2)侵权行为的目的、方式、场合等具体情节；(3)侵权行为所造成的后果；(4)侵权人的获利情况；(5)侵权人承担责任的经济能力；(6)受理诉讼法院所在地的平均生活水平。关于精神损害抚慰金的具体计算方式和赔偿限额，各地法院在审判实践中暂未有统一的标准。部分地区根据经济发展水平及司法实践，制定了具体的精神损害抚慰金计算规定。如《安徽省高级人民法院审理人身损害赔偿案件若干问题的指导意见》、《山东高级人民法院关于审理人身损害赔偿案件若干问题的意见》及《北京市高级人民法院关于印发〈关于审理人身伤害赔偿案件若干问题的处理意见〉的通知》。

参考案例

2021年7月18日11时55分许，黄某裕驾驶[赣B3××××]号小型客车，行驶至石城县某某工业园公元管道附近200米时，不慎与原告陈某勇驾驶的[赣BF××××]号普通摩托车(后载原告赖某平)发生碰撞，造成原告陈某勇、赖某平受伤及双方车辆受损的交通事故。陈某勇、赖某平受伤后，即被送往石城县某医院住院治疗。赖某平住院治疗16天，花费住院医疗费8522.37元。2022年3月4日，石城某司法鉴定中心作出[2022]第29号司法鉴定意见，评定赖某平为十级伤残。案件审理期间，2022年6月14日，案件受理法院重新组织当事人双方选定江西某司法鉴定中心进行鉴定。该鉴定中心接受委托后，于2022年7月12日作出[2022]第1000号司法鉴定意见，评定赖某平不构成伤残。经法院判决，赖某平因经重新鉴定未构成伤残，其主张精神损害抚慰金5000元依据不足，不予支持。

三、财产损害赔偿金

财产损失是指因机动车发生交通事故侵害被侵权人的财产权益所造成的损失。保险人按照交强险合同的约定对每次事故在赔偿限额内负责赔偿，其中财产损失赔偿限额为2000元。被保险人无责任时，无责任财产损失赔偿限额为100元。商业三者险中，财产损失与人身损害赔偿金、精神损害抚慰金合并赔偿。

财产损失应按照损失发生时的市场价格或者其他方式计算。根据损失产生的方式不同，财产损失分为直接财产损失和间接财产损失。顾名思义，直接财产损失就是指因为交通事故直接给受害人造成的损失，包括车辆损失、车载物品的损失、施救费和其他直接在交通事故中受到的财产损失。间接财产损失主要是指因交通事故导致的停运损失、非经营性车辆无法继续使用所产生的替代性交通工具的合理费用等。对于间接财产损失，不能在承保机动车交强险和商业三者险的限额内申请赔偿，而由侵权人赔偿。

关于车辆的贬值损失是否可请求赔偿的问题，目前法院原则上不予支持，但是在少数特殊、极端情形下，支持予以适当赔偿。结合诉讼实践，笔者认为少数特殊、极端情形为受损车辆系新车，购置时间少于6个月为宜；或者受损车辆价值较高，经过修理后车辆贬值较为明显。

《最高人民法院关于“关于交通事故车辆贬值损失赔偿问题的建议”的答复》就“车辆贬值损失应否赔偿”问题作出了回应。从理论上讲，损害赔偿的基本原则是填平损失，因此，只要有损失就应获得赔偿，但司法解释最终没有对机动车“贬值损失”的赔偿作出规定。主要原因在于，任何一部法律法规以及司法解释的出台，均要综合当时的社会经济发展情况予以判断，目前我们尚不具备完全支持贬值损失的客观条件：

(1)虽然理论上不少观点认为贬值损失具有可赔偿性，但仍存有较多争议，如因维修导致零部件以旧换新是否存在溢价，从而产生损益相抵的问题等。

(2)贬值损失的可赔偿性要兼顾一国的道路交通实际状况。在事故率比较高、人们道路交通安全意识尚需提高的我国，赔偿贬值损失会加重道路交通参与人的负担，不利于社会经济发展。

(3)我国目前鉴定市场尚不规范，鉴定机构在逐利目的驱动下，对贬值损失的确定具有较大的任意性。由于贬值损失数额确定的不科学，导致可能出现案件实质上的不公正，加重侵权人的负担。

(4)客观上讲，贬值损失几乎在每辆发生事故的机动车上都会存在，规定贬值损失可能导致本不会成诉的交通事故案件大量涌入法院，不利于减少纠纷。

综合以上考虑，目前，对贬值损失的赔偿持谨慎态度，倾向于原则上不予支持。当然，在少数特殊、极端情形下，也可以考虑予以适当赔偿，但必须慎重考量，严格把握。

参考案例

2022年2月3日10时45分许，刘某海驾驶[津FH××××]号某马牌小型普通客车，在天津市武清区立交桥上与李某强驾驶的其本人所有的[津AB××××]号艾某牌小型普通轿车发生事故，造成二车损坏、乘车人张某玲受伤。该事故经交警部门认定，刘某海负全部责任，李某强、张某玲无责任。事故车辆投保情况：津FH××××号某马牌小型普通客车在某某财险天津分公司投保了交强险、商业三者险200万元。李某强主张购买津AB××××号艾某牌小型普通轿车时的价款为270,800元,并提交了机动车销售统一发票予以证明;李某强主张提车时间为2021年12月6日,车辆行程2648千米。为此,李某强主张车辆贬值损失40,000元。一审法院认为,本案的争议焦点是李某强请求的车辆贬值损失应否支持。《最高人民法院关于审理道路交通事故损害赔偿案件适用法律若干问题的解释》第12条明确规定,车辆维修及施救费用、车辆重置费用、合理停运损失、合理替代性交通工具费用属于道路交通事故造成的财产损失,人民法院应予支持;该解释未将车辆贬值损失列入财产损失赔偿范围。《最高人民法院关于"关于交通事故车辆贬值损失赔偿问题的建议"的答复》明确指出,对车辆贬值损失的赔偿应持谨慎态度,倾向于原则上不予支持。在少数特殊、极端情形下,也可以考虑予以适当赔偿,但必须慎重考量,严格把握。在司法实践中,将车辆价值大、购置时间短、损坏严重等作为少数特殊、极端情形;李某强主张的贬值损失所依据的事实属于一般情形;据此,根据司法实践和现有证据,李某强主张的贬值损失不属于少数特殊、极端情形,无事实和法律依据,不予支持。李某强对一审判决不服提起上诉。二审法院经审理判决驳回上诉,维持原判。

交通事故损害赔偿金计算标准

为了便于计算住院伙食补助费、残疾赔偿金、死亡赔偿金、被扶养人生活费、丧葬费,本章将以表格的形式列出伙食补助费标准、城镇居民人均可支配收入、城镇居民人均消费性支出及职工平均工资等数据。为了便于查询,下文表格中的年度为数据的公布年度,表中数据为公布年度的上一年度的统计数据。

一、全国部分省市国家机关一般工作人员差旅费标准

行政区划	城市间交通费	市内交通费	住宿费标准	伙食补助费	文件依据
中央和国家机关	附件 1	80 元/人·天	附表 2	100 元/人·天	财政部关于印发《中央和国家机关工作人员赴地方差旅住宿费标准明细表》的通知(财行〔2016〕71 号)

续表

行政区划	城市间交通费	市内交通费	住宿费标准	伙食补助费	文件依据
北京	附件1	80元/人·天	附表2	100元/人·天	北京市财政局关于印发《北京市党政机关差旅费管理办法》的通知(京财党政群〔2014〕176号)
天津	附件1	80元/人·天	附表2	100元/人·天	天津市财政局关于印发《天津市党政机关差旅费管理办法》的通知(津财行政〔2014〕30号)
河北	附件1	80元/人·天	附表2	100元/人·天	河北省财政厅关于印发《河北省省级机关差旅费管理办法》的通知(冀财行〔2014〕42号)
山西	附件1	80元/人·天	附表2	100元/人·天	山西省财政厅关于印发《省直机关差旅费管理办法》的通知(晋财行〔2014〕49号)
内蒙古	附件1	80元/人·天	附表2	100元/人·天	内蒙古自治区财政厅关于印发《内蒙古自治区本级党政机关差旅费管理办法》的通知(内财行〔2014〕409号)
辽宁	附件1	80元/人·天	附表2	100元/人·天	中共辽宁省委办公厅、辽宁省人民政府办公厅关于印发《辽宁省省直机关差旅费管理办法》的通知(辽委办发〔2014〕13号)
黑龙江	附件1	80元/人·天	附表2	100元/人·天	黑龙江省财政厅关于印发《黑龙江省省直机关差旅费管理办法》的通知(黑财行〔2018〕24号)

续表

行政区划	城市间交通费	市内交通费	住宿费标准	伙食补助费	文件依据
吉林	附件1	80元/人·天	附表2	100元/人·天	吉林省财政厅关于印发《吉林省省直机关差旅费管理办法》的通知（吉财行〔2014〕398号）
上海	附件1	80元/人·天	附表2	100元/人·天	上海市财政局关于印发《上海市市级机关差旅费管理办法》的通知（沪财行〔2014〕9号）
江苏	附件1	80元/人·天	附表2	100元/人·天	江苏省财政厅关于印发《江苏省省级机关差旅费管理办法》的通知（苏财行〔2014〕16号）
浙江	附件1	80元/人·天	附表2	由接待单位协助安排用餐的，出差人员应自行按实支付伙食费（如用餐成本无法核算的，可按每人每天不低于早餐20元、中餐40元、晚餐40元交纳）	浙江省财政厅关于印发《浙江省机关工作人员差旅费管理规定》的通知（浙财行〔2017〕29号）

续表

行政区划	城市间交通费	市内交通费	住宿费标准	伙食补助费	文件依据
浙江	附件1	80元/人·天	附表2	工作人员公务出差伙食补助费执行财政部公布的分地区伙食补助费标准，西藏、青海、新疆每人每天120元，其他地区每人每天100元，包干使用	浙江省财政厅关于印发《浙江省机关工作人员差旅费管理规定》的通知(浙财行〔2017〕29号)
安徽	附件1	80元/人·天	附表2	100元/人·天	安徽省财政厅办公室关于印发《安徽省省直机关差旅费管理办法》的通知(徽财行〔2014〕97号)
福建	附件1	80元/人·天	附表2	100元/人·天	福建省财政厅关于印发《福建省省直机关差旅费管理办法》的通知(闽财行〔2014〕22号)
江西	附件1	60元/人·天	附表2	100元/人·天	江西省财政厅关于印发《江西省省直机关差旅费管理办法》的通知(赣财行〔2014〕14号)
山东	附件1	80元/人·天	附表2	100元/人·天	山东省财政厅关于印发《山东省省直机关差旅费管理办法》的通知(鲁财行〔2014〕4号)

续表

行政区划	城市间交通费	市内交通费	住宿费标准	伙食补助费	文件依据
河南	附件1	80元/人·天	附表2	100元/人·天	河南省财政厅关于印发《河南省省直机关差旅费管理办法》的通知(豫财行〔2014〕46号)
湖北	附件1	外省80元/人·天 省内50元/人·天	附表2	100元/人·天	湖北省财政厅关于印发《湖北省省级党政机关差旅费管理办法》的通知(鄂财行发〔2014〕11号)
湖南	附件1	80元/人·天	附表2	100元/人·天(出差目的地为西藏、青海、新疆,120元/人·天)	湖南省财政厅关于印发《湖南省省直机关差旅费管理办法》的通知(2018修订)
广东	附件1	80元/人·天	附表2	100元/人·天	广东省财政厅关于印发《省直党政机关和事业单位差旅费管理办法》的通知粤财行〔2014〕67号
广西	附件1	80元/人·天	附表2	100元/人·天	广西壮族自治区财政厅关于印发《广西壮族自治区本级党政机关差旅费管理办法》的通知(桂财行〔2014〕30号)
海南	附件1	80元/人·天	附表2	100元/人·天	《海南省财政厅关于调整省直机关差旅住宿费标准等有关问题的通知》(琼财行〔2015〕2196号)

续表

行政区划	城市间交通费	市内交通费	住宿费标准	伙食补助费	文件依据
重庆	附件1	80元/人·天	附表2	100元(早餐10元，午餐45元，晚餐45元)/人·天	重庆市财政局关于印发《重庆市市直机关差旅费管理办法》的通知(渝财行〔2014〕39号)
四川	附件1	外省80元/人·天 省内50元/人·天	附表2	100元/人·天	四川省财政厅关于印发《四川省省直机关差旅费管理办法》的通知(川财行〔2014〕6号)
贵州	附件1	80元/人·天	附表2	100元/人·天	《贵州省财政厅关于调整贵州省省级党政机关差旅住宿费标准的通知》(黔财行〔2015〕145号)
云南	附件1	80元/人·天	附表2	100元/人·天	云南省财政厅关于印发《云南省省级党政机关差旅费管理办法》的通知(云财行〔2025〕91号)
西藏	附件1	80元/人·天	附表2	120元/人·天	西藏自治区财政厅　西藏自治区审计厅关于印发《西藏自治区差旅费管理办法》的通知(藏财行〔2020〕10号)
陕西	附件1	外省80元/人·天 省内50元/人·天	附表2	100元/人·天	陕西省财政厅关于印发《省级机关差旅费管理办法》的通知(陕财办行〔2014〕19号)

续表

行政区划	城市间交通费	市内交通费	住宿费标准	伙食补助费	文件依据
甘肃	附件1	80元/人·天	附表2	100元/人·天	甘肃省人民政府办公厅关于印发《甘肃省省级党政机关差旅费管理办法》、《甘肃省省级党政机关会议费管理办法》和《甘肃省省级党政机关培训费管理办法》的通知(甘办发〔2014〕57号)
青海	附件1	80元/人·天	附表2	120元/人·天	青海省财政厅关于印发《青海省省级党政机关省外差旅费管理办法》的通知(青财行〔2025〕4号)
宁夏	附件1	自治区外80元/人·天(自治区内银川市50元/人·天,其他四市80元/人·天)	附表2	100元/人·天	宁夏回族自治区财政厅关于印发《宁夏回族自治区本级党政机关差旅费管理办法(暂行)》的通知(宁财〔行〕发〔2014〕97号)
新疆	附件1	80元/人·天	附表2	100元/人·天(新疆、青海、西藏为120元/人·天)	新疆维吾尔自治区人民政府办公厅《关于印发自治区党政机关事业单位工作人员差旅费管理办法》的通知(新政办发〔2014〕77号)

(注:此数据为部分省市一般标准,各省市下属市县有具体标准的,按各个下属市县的标准;没有的,则适用此标准)

附件1　不同级别人员出差交通工具报销标准

交通工具 级　别	火车（含高铁、动车、全列软席列车）	船（不包括旅游船）	飞机	其他交通工具（不包括出租小汽车）
省级及享受省级职务人员	软席（软座、软卧），高铁/动车商务座，全列软席列车一等软座	一等舱	头等舱	凭据报销
厅局级及正高级及相当职务人员	软席（软座、软卧），高铁/动车一等座，全列软席列车一等软座	二等舱	经济舱	凭据报销
其余人员	硬座（硬座、硬卧），高铁/动车二等座，全列软席列车二等软座	三等舱	经济舱	凭据报销

附件 2　中央和国家机关工作人员赴地方差旅住宿费标准明细

单位:元/人·天

序号	地区（城市）		住宿费标准			旺季地区	旺季浮动标准			
			部级	司局级	其他人员		旺季期间	旺季上浮价		
								部级	司局级	其他人员
1	北京	全市	1100	650	500					
2	天津	6 个中心城区、滨海新区、东丽区、西青区、津南区、北辰区、武清区、宝坻区、静海区、蓟县	800	480	380					
		宁河区	600	350	320					
3	河北	石家庄市、张家口市、秦皇岛市、廊坊市、承德市、保定市	800	450	350	张家口市	7 ~ 9 月、11 ~ 3 月	1200	675	525
						秦皇岛市	7 ~ 8 月	1200	680	500
						承德市	7 ~ 9 月	1000	580	580
		其他地区	800	450	310					

续表

序号	地区（城市）		住宿费标准			旺季地区	旺季浮动标准			
							旺季期间	旺季上浮价		
			部级	司局级	其他人员			部级	司局级	其他人员
4	山西	太原市、大同市、晋城市	800	480	350					
		临汾市	800	480	330					
		阳泉市、长治市、晋中市	800	480	310					
		其他地区	800	400	240					
5	内蒙古	呼和浩特市	800	460	350					
		其他地区	800	460	320	海拉尔市、满洲里市、阿尔山市	7～9月	1200	690	480
						二连浩特市	7～9月	1000	580	400
						额济纳旗	9～10月	1200	690	480
6	辽宁	沈阳市	800	480	350					
		其他地区	800	480	330					

续表

序号	地区（城市）		住宿费标准			旺季地区	旺季浮动标准			
			部级	司局级	其他人员		旺季期间	旺季上浮价		
								部级	司局级	其他人员
7	大连	全市	800	490	350	全市	7～9 月	960	590	420
8	吉林	长春市、吉林市、延边州、长白山管理区	800	450	350	吉林市、延边州、长白山管理区	7～9 月	960	540	420
		其他地区	750	400	300					
9	黑龙江	哈尔滨市	800	450	350	哈尔滨市	7～9 月	960	540	420
		其他地区	750	450	300	牡丹江市、伊春市、大兴安岭地区、黑河市、佳木斯市	6～8 月	900	540	360
10	上海	全市	1100	600	500					
11	江苏	南京市、苏州市、无锡市、常州市、镇江市	900	490	380					
		其他地区	900	490	360					

续表

序号	地区（城市）		住宿费标准			旺季地区	旺季浮动标准			
			部级	司局级	其他人员		旺季期间	旺季上浮价		
								部级	司局级	其他人员
12	浙江	杭州市	900	500	400					
		其他地区	800	490	340					
13	宁波	全市	800	450	350					
14	安徽	全省	800	460	350					
15	福建	福州市、泉州市、平潭综合实验区	900	480	380					
		其他地区	900	480	350					
16	厦门	全市	900	500	400					
17	江西	全省	800	470	350					
18	山东	济南市、淄博市、枣庄市、东营市、烟台市、潍坊市、济宁市、泰安市、威海市、日照市	800	480	380	烟台市、威海市、日照市	7～9月	960	570	450
		其他地区	800	460	360					

续表

序号	地区（城市）		住宿费标准			旺季地区	旺季浮动标准			
			部级	司局级	其他人员		旺季期间	旺季上浮价		
								部级	司局级	其他人员
19	青岛	全市	800	490	380	全市	7～9月	960	590	450
20	河南	郑州市	900	480	380					
		其他地区	800	480	330	洛阳市	4～5月上旬	1200	720	500
21	湖北	武汉市	800	480	350					
		其他地区	800	480	320					
22	湖南	长沙市	800	450	350					
		其他地区	800	450	330					
23	广东	广州市、珠海市、佛山市、东莞市、中山市、江门市	900	550	450					
		其他地区	850	530	420					

续表

序号	地区（城市）		住宿费标准			旺季地区	旺季浮动标准			
			部级	司局级	其他人员		旺季期间	旺季上浮价		
								部级	司局级	其他人员
24	深圳	全市	900	550	450					
25	广西	南宁市	800	470	350					
		其他地区	800	470	330	桂林市、北海市	1～2月、7～9月	1040	610	430
26	海南	海口市、三沙市、儋州市、五指山市、文昌市、琼海市、万宁市、东方市、定安县、屯昌县、澄迈县、临高县、白沙县、昌江县、乐东县、陵水县、保亭县、琼中县、洋浦开发区	800	500	350	海口市、文昌市、澄迈县	11～2月	1040	650	450
						琼海市、万宁市、陵水县、保亭县	11～3月	1040	650	450
		三亚市	1000	600	400	三亚市	10～4月	1200	720	480
27	重庆	9个中心城区、北部新区	800	480	370					
		其他地区	770	450	300					

续表

序号	地区（城市）		住宿费标准			旺季地区	旺季浮动标准			
			部级	司局级	其他人员		旺季期间	旺季上浮价		
								部级	司局级	其他人员
28	四川	成都市	900	470	370					
		阿坝州、甘孜州	800	430	330					
		绵阳市、乐山市、雅安市	800	430	320					
		宜宾市	800	430	300					
		凉山州	750	430	330					
		德阳市、遂宁市、巴中市	750	430	310					
		其他地区	750	430	300					
29	贵州	贵阳市	800	470	370					
		其他地区	750	450	300					
30	云南	昆明市、大理州、丽江市、迪庆州、西双版纳州	900	480	380					
		其他地区	900	480	330					

续表

序号	地区（城市）		住宿费标准			旺季地区	旺季浮动标准			
							旺季期间	旺季上浮价		
			部级	司局级	其他人员			部级	司局级	其他人员
31	西藏	拉萨市	800	500	350	拉萨市	6～9月	1200	750	530
		其他地区	500	400	300	其他地区	6～9月	800	500	350
32	陕西	西安市	800	460	350					
		榆林市、延安市	680	350	300					
		杨凌区	680	320	260					
		咸阳市、宝鸡市	600	320	260					
		渭南市、韩城市	500	300	260					
		其他地区	600	300	230					
33	甘肃	兰州市	800	470	350					
		其他地区	700	450	310					

续表

序号	地区（城市）		住宿费标准			旺季地区	旺季浮动标准			
			部级	司局级	其他人员		旺季期间	旺季上浮价		
								部级	司局级	其他人员
34	青海	西宁市	800	500	350	西宁市	6～9月	1200	750	530
		玉树州、果洛州	600	350	300	玉树州	5～9月	900	525	450
		海北州、黄南州	600	350	250	海北州、黄南州	5～9月	900	525	375
		海东市、海南州	600	300	250	海东市、海南州	5～9月	900	450	375
		海西州	600	300	200	海西州	5～9月	900	450	300
35	宁夏	银川市	800	470	350					
		其他地区	800	430	330					

续表

序号	地区（城市）		住宿费标准			旺季地区	旺季浮动标准			
			部级	司局级	其他人员		旺季期间	旺季上浮价		
								部级	司局级	其他人员
36	新疆	乌鲁木齐市	800	480	350					
		石河子市、克拉玛依市、昌吉州、伊犁州、阿勒泰地区、博州、吐鲁番市、哈密地区、巴州、和田地区	800	480	340					
		克州	800	480	320					
		喀什地区	780	480	300					
		阿克苏地区	700	450	300					
		塔城地区	700	400	300					

二、城镇居民人均可支配收入（2015～2024 年）

地区	城镇居民人均可支配收入(元)									
	2024 年	2023 年	2022 年	2021 年	2020 年	2019 年	2018 年	2017 年	2016 年	2015 年
全国	54, 188	51, 821	49, 283	47, 412	43, 834	42, 359	39, 251	36, 396	33, 616	31, 195
北京市	92, 464	88, 650	84, 023	81, 518	75, 602	73, 849	67, 990	62, 406	57, 275	52, 859
天津市	57, 705	55, 355	53, 003	51, 486	47, 659	46, 119	42, 976	40, 278	37, 110	34, 101
河北省	45, 610	43, 631	41, 278	39, 791	37, 286	35, 738	32, 977	30, 548	28, 249	26, 152
山西省	43, 036	41, 327	39, 532	37, 433	34, 793	33, 262	31, 035	29, 132	27, 352	25, 828
内蒙古自治区	50, 888	48, 676	46, 295	44, 377	41, 353	40, 782	38, 305	35, 670	32, 975	30, 594
辽宁省	47, 982	45, 896	44, 003	43, 051	40, 376	39, 777	37, 342	34, 993	32, 876	31, 126
吉林省	39, 157	37, 503	35, 471	35, 646	33, 396	32, 299	30, 172	28, 319	26, 530	24, 901
黑龙江省	38, 212	36, 492	35, 042	33, 646	31, 115	30, 945	29, 191	27, 446	25, 736	24, 203
上海市	93, 095	89, 477	84, 034	82, 429	76, 437	73, 615	68, 034	62, 596	57, 692	52, 962
江苏省	66, 173	63, 211	60, 178	57, 743	53, 102	51, 056	47, 200	43, 622	40, 152	37, 173
浙江省	78, 251	74, 997	71, 268	68, 487	62, 699	60, 182	55, 574	51, 261	47, 237	43, 714
安徽省	49, 539	47, 446	45, 133	43, 009	39, 442	37, 540	34, 393	31, 640	29, 156	26, 936
福建省	58, 763	56, 153	53, 817	51, 140	47, 160	45, 620	42, 121	39, 001	36, 014	33, 275
江西省	47, 514	45, 554	43, 697	41, 684	38, 556	36, 546	33, 819	31, 198	28, 673	26, 500
山东省	54, 062	51, 571	49, 050	47, 066	43, 726	42, 329	39, 549	36, 789	34, 012	31, 545
河南省	42, 027	40, 234	38, 484	37, 095	34, 750	34, 201	31, 874	29, 558	27, 233	25, 576
湖北省	46, 987	44, 990	42, 626	40, 278	36, 706	37, 601	34, 455	31, 889	29, 386	27, 051
湖南省	51, 243	49, 243	47, 301	44, 866	41, 698	39, 842	36, 698	33, 948	31, 284	28, 838
广东省	61, 629	59, 307	56, 905	54, 854	50, 257	48, 118	44, 341	40, 975	37, 684	34, 757
广西壮族自治区	43, 044	41, 287	39, 703	38, 530	35, 859	34, 745	32, 436	30, 502	28, 324	26, 416
海南省	44, 307	42, 661	40, 118	40, 213	37, 097	36, 017	33, 349	30, 817	28, 453	26, 356
重庆市	49, 778	47, 435	45, 509	43, 502	40, 006	37, 939	34, 889	32, 193	29, 610	27, 239
四川省	47, 336	45, 227	43, 233	41, 444	38, 253	36, 154	33, 216	30, 727	28, 335	26, 205
贵州省	44, 558	42, 772	41, 086	39, 211	36, 096	34, 404	31, 592	29, 080	26, 743	24, 580
云南省	45, 312	43, 563	42, 168	40, 905	37, 500	36, 238	33, 488	30, 996	28, 611	26, 373
西藏自治区	55, 444	51, 900	48, 753	46, 503	41, 156	37, 410	33, 797	30, 671	27, 802	25, 457

续表

地区	城镇居民人均可支配收入(元)									
	2024 年	2023 年	2022 年	2021 年	2020 年	2019 年	2018 年	2017 年	2016 年	2015 年
陕西省	46, 821	44, 713	42, 431	40, 713	37, 868	36, 098	33, 319	30, 810	28, 440	26, 420
甘肃省	41, 842	39, 833	37, 572	36, 187	33, 822	32, 323	29, 957	27, 763	25, 693	23, 767
青海省	42, 191	40, 408	38, 736	37, 745	35, 506	33, 830	31, 515	29, 169	26, 757	24, 542
宁夏回族自治区	44, 449	42, 395	40, 194	38, 291	35, 720	34, 328	31, 895	29, 472	27, 153	25, 186
新疆维吾尔自治区	42, 820	40, 578	38, 410	37, 642	34, 838	34, 664	32, 764	30, 775	28, 463	26, 275

（注：此数据为部分省市平均标准，各省市下属市县有具体标准的，按各个下属市县的标准；没有的，使用此标准）

三、城镇居民人均消费支出（2015～2024 年）

地区	城镇居民人均消费支出(元)									
	2024 年	2023 年	2022 年	2021 年	2020 年	2019 年	2018 年	2017 年	2016 年	2015 年
全国	34, 557	32, 994	30, 391	30, 307	27, 007	28, 063	26, 112	24, 445	23, 079	21, 392
北京市	53, 214	50, 897	45, 617	46, 776	41, 726	46, 358	42, 926	40, 346	38, 256	36, 642
天津市	38, 309	37, 586	33, 824	36, 067	30, 895	34, 811	32, 655	30, 284	28, 345	26, 230
河北省	29, 310	27, 906	25, 071	24, 192	23, 167	23, 483	22, 127	20, 600	19, 106	17, 587
山西省	26, 089	24, 524	21, 923	21, 965	20, 332	21, 159	19, 790	18, 404	16, 993	15, 819
内蒙古自治区	33, 342	32, 249	26, 667	27, 194	23, 888	25, 383	24, 437	23, 638	22, 744	21, 876
辽宁省	30, 350	29, 091	26, 652	28, 438	24, 849	27, 355	26, 448	25, 379	24, 996	21, 557
吉林省	28, 770	26, 677	21, 835	24, 421	21, 623	23, 394	22, 394	20, 051	19, 166	17, 973
黑龙江省	27, 625	25, 882	24, 011	24, 422	20, 397	22, 165	21, 035	19, 270	18, 145	17, 152
上海市	54, 980	54, 919	48, 111	51, 295	44, 839	48, 272	46, 015	42, 304	39, 857	36, 946
江苏省	42, 197	40, 461	37, 796	36, 558	30, 882	31, 329	29, 462	27, 726	26, 433	24, 966
浙江省	50, 704	47, 762	44, 511	42, 193	36, 197	37, 508	34, 598	31, 924	30, 068	28, 661
安徽省	29, 323	27, 900	26, 832	26, 495	22, 683	23, 782	21, 523	20, 740	19, 606	17, 234
福建省	39, 910	37, 674	35, 692	33, 942	30, 487	30, 946	28, 145	25, 980	25, 006	23, 520
江西省	29, 070	27, 733	25, 976	24, 587	22, 134	22, 714	20, 760	19, 244	17, 696	16, 732

续表

地区	城镇居民人均消费支出(元)									
	2024 年	2023 年	2022 年	2021 年	2020 年	2019 年	2018 年	2017 年	2016 年	2015 年
山东省	31,625	30,251	28,555	29,314	27,291	26,731	24,798	23,072	21,495	19,854
河南省	26,507	25,570	23,539	23,178	20,645	21,972	20,989	19,422	18,088	17,154
湖北省	32,473	31,500	29,121	28,506	22,885	26,422	23,996	21,276	20,040	18,192
湖南省	32,625	31,035	29,580	28,294	26,796	26,924	25,064	23,163	21,420	19,501
广东省	41,055	39,333	36,936	36,621	33,511	34,424	30,924	30,198	28,613	25,673
广西壮族自治区	26,084	24,427	22,438	22,555	20,907	21,591	20,159	18,349	17,268	16,321
海南省	31,507	28,930	26,418	27,565	23,560	25,317	22,971	20,372	19,015	18,448
重庆市	32,360	31,531	30,574	29,850	26,464	25,785	24,154	22,759	21,031	19,742
四川省	30,874	29,280	27,637	26,971	25,133	25,367	23,484	21,991	20,660	19,277
贵州省	28,512	27,693	24,230	25,333	20,587	21,402	20,788	20,348	19,202	16,914
云南省	29,755	28,338	26,240	27,441	24,569	23,455	21,626	19,560	18,622	17,675
西藏自治区	31,292	28,858	28,265	28,159	24,927	25,637	23,029	21,088	19,440	17,022
陕西省	28,543	27,303	24,766	24,784	22,866	23,514	21,966	20,388	19,369	18,464
甘肃省	28,013	27,044	25,207	25,757	24,615	24,454	22,606	20,659	19,539	17,451
青海省	26,413	25,373	21,700	24,513	24,315	23,799	22,998	21,473	20,853	19,201
宁夏回族自治区	28,469	27,076	24,213	25,386	22,379	24,161	21,977	20,219	20,364	18,984
新疆维吾尔自治区	28,248	26,134	24,142	25,724	22,952	25,594	24,191	22,797	21,229	19,415

（注：此数据为部分省市平均标准，各省市下属市县有具体标准的，按各个下属市县的标准；没有的，使用此标准）

四、职工平均工资（2013～2023 年）

职工平均工资(元)											
地区	2013 年	2014 年	2015 年	2016 年	2017 年	2018 年	2019 年	2020 年	2021 年	2022 年	2023 年
全国	51, 483	56, 360	62, 029	67, 569	74, 318	82, 413	90, 501	97, 379	106, 837	114, 029	120, 698
北京市	93, 006	102, 268	111, 390	119, 928	131, 700	145, 766	166, 803	178, 178	194, 651	208, 977	218, 312
天津市	67, 773	72, 773	80, 090	86, 305	94, 534	100, 731	108, 002	114, 682	123, 528	129, 522	138, 007
河北省	41, 501	45, 114	50, 921	55, 334	63, 036	68, 717	72, 956	77, 323	82, 526	90, 745	94, 818
山西省	46, 407	48, 969	51, 803	53, 705	60, 061	65, 917	69, 551	74, 739	82, 413	90, 495	95, 025
内蒙古自治区	50, 723	53, 748	57, 135	61, 067	66, 679	73, 835	80, 563	85, 310	90, 426	100, 990	108, 856
辽宁省	45, 505	48, 190	52, 332	56, 015	61, 153	67, 324	72, 891	79, 472	86, 062	92, 573	97, 330
吉林省	42, 846	46, 516	51, 558	56, 098	61, 451	68, 533	73, 813	77, 995	83, 028	87, 222	94, 937
黑龙江省	40, 794	44, 036	48, 881	52, 435	56, 067	60, 780	68, 416	74, 554	80, 369	88, 235	95, 750
上海市	90, 908	100, 251	109, 174	119, 935	129, 795	140, 400	149, 377	171, 884	191, 844	212, 476	229, 337
江苏省	57, 177	60, 867	66, 196	71, 574	78, 267	84, 688	96, 527	103, 621	115, 133	121, 724	125, 102
浙江省	56, 571	61, 572	66, 668	73, 326	80, 750	88, 883	99, 654	108, 645	122, 309	128, 825	133, 045
安徽省	47, 806	50, 894	55, 139	59, 102	65, 150	74, 378	79, 037	85, 854	93, 861	98, 649	103, 688
福建省	48, 538	53, 426	57, 628	61, 973	48, 460	74, 316	81, 814	88, 149	98, 071	103, 803	108, 520
江西省	42, 473	46, 218	50, 932	56, 136	49, 041	68, 573	73, 725	78, 182	83, 766	87, 972	92, 794
山东省	46, 998	51, 825	57, 270	62, 539	72, 651	73, 593	81, 446	87, 749	94, 768	102, 247	107, 131
河南省	38, 301	42, 179	45, 403	49, 505	56, 661	63, 174	67, 268	70, 239	74, 872	77, 627	84, 156
湖北省	43, 899	49, 838	54, 367	59, 831	57, 643	73, 777	79, 303	85, 052	96, 994	101, 388	109, 227
湖南省	42, 726	47, 117	52, 357	58, 241	47, 119	70, 221	74, 316	79, 122	85, 438	91, 413	97, 015
广东省	53, 318	59, 481	65, 788	72, 326	104, 687	88, 636	98, 889	108, 045	118, 133	124, 916	131, 418
广西壮族自治区	41, 391	45, 424	52, 982	57, 878	56, 445	70, 606	76, 479	82, 751	88, 170	92, 066	96, 184
海南省	44, 971	49, 882	57, 600	61, 663	58, 005	75, 885	82, 227	86, 609	97, 471	104, 802	114, 572
重庆市	50, 006	55, 588	60, 543	65, 545	60, 198	78, 928	86, 559	93, 816	101, 670	107, 008	113, 653
四川省	47, 965	52, 555	58, 915	63, 926	76, 135	77, 686	83, 367	88, 559	96, 741	101, 800	110, 160
贵州省	47, 364	52, 772	59, 701	66, 279	56, 586	78, 316	83, 298	89, 228	94, 487	95, 410	102, 010
云南省	42, 447	46, 101	52, 564	60, 450	50, 066	75, 701	86, 585	93, 133	98, 730	103, 128	106, 769

续表

职工平均工资(元)											
西藏自治区	57, 773	61, 235	97, 849	103, 232	96, 785	116, 015	118, 118	121, 005	140, 355	154, 929	165, 004
陕西省	47, 446	50, 535	54, 994	59, 637	78, 103	71, 983	78, 361	83, 520	90, 996	98, 843	106, 969
甘肃省	42, 833	46, 960	52, 942	57, 575	76, 002	70, 695	73, 607	79, 730	84, 500	90, 870	99, 124
青海省	51, 393	57, 084	61, 090	66, 589	100, 823	85, 379	90, 929	101, 401	109, 346	115, 949	121, 457
宁夏回族自治区	50, 476	54, 858	60, 380	65, 570	96, 498	78, 384	83, 947	97, 438	105, 266	114, 631	117, 681
新疆维吾尔自治区	49, 064	53, 471	60, 117	63, 739	105, 881	75, 457	79, 421	86, 343	94, 281	101, 764	112, 305

（注:此数据为部分省市平均标准,各省市下属市县有具体标准的,按各个下属市县的标准;没有的,使用此标准）

第五章

真实案例演示

案例一

汪某交通肇事案

本案例是行人与电动自行车、机动车之间发生多次碰撞的交通事故。本案例中值得关注的问题有:交通事故逃逸行为认定标准;交通事故损害赔偿诉讼的举证规则;多次碰撞的归责原则等问题。

【案号】

一审:浙江省三门县人民法院(2018)浙1022刑初352号刑事判决(2019年5月28日)

二审:浙江省台州市中级人民法院(2019)浙10刑终608号刑事裁定(2019年7月16日)

人民法院案例库入库编号:2023-06-1-054-002

汪某交通肇事案

——交通事故后滞留现场不履行救助义务，在后车发生第二次事故后，隐瞒身份并离开现场行为的定性

【基本案情】

2018年7月5日晚20时23分许，被告人汪某驾驶防盗编号为三门A12××9的二轮电动车从高枧驶往海游方向，行驶至浙江省三门县214省道甬临线105KM+740M珠岙镇下胡村路段时，与靠道路右侧路边持续、稳定同向行走的被害人陈某发生碰撞，致使陈某倒在车道中，汪某连人带车摔倒，二轮电动车右侧碰地。事故发生后，被告人汪某未报警和实施救助。汪某起来后，发现了其行驶方向车道中间倒着被车子碰撞倒地的陈某，陈某倒在地上发出"啊呦"的声音。20时24分00秒，汪某站在路边白线外。20时24分50秒左右，汪某开始捡东西，并扶二轮电动车。20时26分，许某驾驶浙J××××3号小型轿车行驶至事故发生地时，将倒地的陈某碾压。

二次碰撞后，许某下车查看，并问汪某有什么东西，汪某回答没有。许某将车底下的麦秆袋拉出扔在路边，向驾驶室方向走去。在此过程中，即20时26分47秒，被告人汪某驾驶肇事车辆逃离现场。20时27分29秒，许某上车，发现车子仍开不动，倒车后发现车前倒着陈某，就再次下车，并与同车的周某一起报警、报医。此时，陈某头部还有点会动。当警察和医生赶到现场时陈某已经死亡。经三门县公安局交通警察大队认定，汪某承担此事故的主要责任，许某承担此事故的次要责任，陈某无责任。

另查明，事故现场位于三门县214省道甬临线105KM+740M珠岙镇下胡村路段，道路呈东西走向，沥青路面，道路中心漆画黄虚线，边白实线，机非混合道，照明条件为夜间无路灯照明，标志、标线齐全。

另外,被告人汪某已预缴赔偿款人民币61,000元。

浙江省三门县人民法院于2019年5月28日作出(2018)浙1022刑初352号刑事判决:被告人汪某犯交通肇事罪,判处有期徒刑七年。宣判后,被告人汪某提起上诉,公诉机关未提出抗诉。浙江省台州市中级人民法院于2019年7月16日作出(2019)浙10刑终608号刑事裁定:驳回上诉,维持原判。

【裁判理由】

法院生效裁判认为,被告人汪某违反交通运输管理法规,发生重大事故,且因逃逸致一人死亡,并负事故主要责任,其行为已构成交通肇事罪。认定"因逃逸致人死亡"要符合以下四个条件:一是被告人交通事故后有救助义务且有救助能力;二是被告人交通事故发生后逃逸,未履行救助义务;三是被害人死亡与被告人的逃逸行为有因果关系;四是被告人的逃逸行为与故意杀人行为不具有相当性。

第一,本案被告人驾驶二轮电瓶车与同向行走的被害人发生碰撞,致被害人倒在车道中,被告人连人带车摔倒后站在路边白线外,并开始捡东西、扶二轮电动车。此时来往车辆车速比较缓慢,行驶在被害人倒地一侧车道的车辆经过事故点时,都作短暂停顿,接着借道对向车道行驶,被告人完全有机会将被害人搬离到安全的路边或阻拦呼叫车辆施救,但其未采取任何救助措施。上述事实足以说明被告人明知自己发生交通肇事,在当时现场的时空条件下具有救助能力。

第二,被告人有救助能力的情况下未履行救助义务,可以认定"因逃逸致人死亡"中的逃逸。首先,被告人在发生交通事故后并没有被殴打或者面临被殴打的现实威胁,在后车肇事者问询时,被告人隐瞒自己的肇事者身份,并马上驾驶电动车逃离现场,反映了被告人在肇事后即有逃避法律追究的主观故意。其次,两次事故是一个整体的延续状态。事故发生后，被告人下车开始捡东西、扶二轮电动车。在后车发生事故后，被告人驾驶二轮电动车离开。在这个三分钟的延续状态里，被告人在有救助能力和条件的情形下，未采取任何救助措施，而是在短暂时间内实施了逃离事故现场的行为。最后，本案第二次碰撞后，后车肇事者下车查看，并问被告人有什么东西，被告人回答没有。虽然被告人事故发生后没有立即逃跑，而是在后车事故后离开现场，但其在此期间没有表明自己是肇事者，而是将自己隐匿在现场。隐匿行为从本质上说仍是一种交通肇事后的逃逸行为，人在现场与不在现场没有本质区别，因为现场的人民群众和警察都无法发现其就是肇事者，其自身不受被害方、群众或者事故处理人员控制。

第三，被告人的行为与被害人死亡有因果关系。被告人肇事后明知受害人受伤倒地不能自救，在晚上来往车辆较多的公路上，一般人都会合理预见到被害人如得不到救助，随时有被后车碾压的可能。被告人的先行肇事行为使受害人面临生命安全的紧迫危险，负有采取有效措施排除危险或防止结果发生的特定义务，如果被告人履行救助义务，危害结果便不会发生，但此时被告人选择了逃逸。因此，后车事故行为的发生和介入在被告人合理预见的能力范围之内，被告人的逃逸行为导致被害人再次被碾压甚至死亡发生的危险性增大。后车事故行为虽然介入到被告人肇事与被害人死亡之间的因果进程，但不属于异常介入因素，即使不是该第三人驾车驶过，也可能是其他司机驾车碾压被害人，因而后车事故行为并不能阻断被告人肇事与被害人死亡之间的因果关系。

第四，被告人的逃逸行为与故意杀人行为不相当。如果第二次碰撞肇事者被认定不负责任，则说明第二次事故发生具有较大可能性，那么逃逸行为与故意杀人行为具有相当性，可以将死亡结果归责于逃逸行为，以不作为故意杀人定罪；如果第二次碰撞肇事者被认定负有责任,则说明第二次事故发生存在偶然性,不能将逃逸行为与被害人被第二次碰撞致死之间的原因力等价,应认定因逃逸致人死亡。本案中,经事故认定第二次碰撞肇事者负次要责任,存在一定过错,被告人的逃逸行为与故意杀人行为不相当。

综上,被告人撞倒被害人后,在具备救助条件的情况下,置被害人生命处于高度危险状态不顾,并故意隐瞒自己的肇事者身份,不履行作为肇事者应该履行的法定义务,意图逃避法律追究,致使被害人被后车碾压致死,应当认定被告人的行为属交通肇事后逃逸致人死亡。

【裁判要旨】

认定"因逃逸致人死亡"一般要符合以下四个条件:一是被告人在交通事故发生后有救助义务且有救助能力;二是被告人在交通事故发生后逃逸,未履行救助义务;三是被害人死亡与被告人的逃逸行为有因果关系;四是被告人的逃逸行为与故意杀人行为不具有相当性。被告人撞倒被害人后,在具备救助条件的情况下,置被害人生命处于高度危险状态不顾,并故意隐瞒自己的肇事者身份,不履行作为肇事者应该履行的法定义务,意图逃避法律追究,致使被害人被后车碾压致死,应当认定被告人的行为属交通肇事后逃逸致人死亡。

【关联索引】

《刑法》第133条

《最高人民法院关于审理交通肇事刑事案件具体应用法律若干问题的解释》第5条

本案例文本已于2024年2月26日作出调整

案例二

袁某交通肇事案

本案例中值得关注的问题有:交通事故责任归责原则;举证规则;证据的证明力等问题。其中,应尤为关注责任认定书的证明力问题。

【案号】

一审:江西省萍乡市安源区人民法院(2018)赣0302刑初383号刑事附带民事判决(2019年3月5日)

二审:江西省萍乡市中级人民法院(2019)赣03刑终72号刑事裁定(2019年7月5日)

人民法院案例库入库编号:2023-06-1-054-001

袁某交通肇事案

——交通管理部门的责任认定结论不具有预定的证明力

【基本案情】

被告人袁某受朱某雇用,为朱某驾驶牌照为赣AG0×××的重型特殊结构货车——水泥搅拌车。2018年6月17日上午,袁某驾驶水泥搅拌车沿319国道由北往南朝江西萍乡经济技术开发区管委会方向行驶。10时50分许,在319国道与兴贤路交叉路口,袁某将水泥搅拌车停在最右侧的机动车道内等待红绿灯。绿灯亮后,袁某驾驶水泥搅拌车经过路口时,戴着黄色头盔的易某甲(男,殁年52岁)驾驶牌照为赣J38×××的二轮摩托车,后座载易某乙(时年6岁,系易某甲之孙子,未戴头盔)和易某丙(殁年10岁,系易某甲之孙女,未戴头盔),在未打转向灯的情况下突然从机动车道右侧的辅路越过导流线,从水泥搅拌车右后方变道超车。在袁某驾驶的水泥搅拌车经过红绿灯路口并进入最右侧的机动车道后,易某甲仍然驾驶摩托车从水泥搅拌车右后侧强行超车进入机动车道内。之后易某甲驾驶摩托车行至水泥搅拌车车身后部右侧挡板位置时,两车发生剐蹭。因为左侧是机动车道,右侧是绿化带,所以袁某的注意力始终在左侧行驶的汽车上,其在沿着道路(事故发生路段的方向为向右偏)行驶过程中,疏于观察右方,未发现上述情况,继续驾车前行,致使水泥搅拌车拖行摩托车一段距离后,右后轮碾压到摩托车,造成易某甲、易某丙当场死亡、易某乙轻伤及车辆受损的交通事故。事故发生后,袁某拨打报警电话并在现场等待。2018 年 6 月 19 日,江西省萍乡市公安局开发区分局对该案立案侦查。同年 6 月 22 日,开发区交警大队作出道路交通事故认定书,认定袁某应负事故的主要责任,易某甲负次要责任,易某丙、易某乙不负责任。

另查明,在江西省萍乡市安源区人民法院一审审理期间,附带民事诉讼原告方与附带民事诉讼被告人袁某、朱某自愿调解,袁某、朱某分别补偿附带民事诉讼原告方 4 万元、6 万元。

江西省萍乡市安源区人民法院于 2019 年 3 月 5 日作出(2018)赣 0302 刑初 383 号刑事附带民事判决:被告人袁某无罪。一审宣判后,江西省萍乡市安源区人民检察院提出抗诉。江西省萍乡市中级人民法院于 2019 年 7 月 5 日作出(2019)赣 03 刑终 72 号刑事裁定:驳回抗诉,维持原判。

【裁判理由】

法院生效裁判认为:依照《江西省道路交通事故责任认定规则》第 11 条的规定,交通事故当事人主动逼近对方,造成对方难以及时发觉或难以被动避让的,可以认定当事人的过错行为对发生交通事故所起作用较大。被害人易某甲驾驶摩托车搭载两名不满 12 周岁且未戴头盔的未成年人从非机动车道越过导流线驶入他人行驶的车道内并从他人车辆右侧超车的行为，违反了《道路交通安全法》第51条以及《道路交通安全法实施条例》第38条、第44条、第47条、第55条、第57条的规定，其违反交通规则的主观方面系故意。原审被告人袁某在驾驶水泥搅拌车向右前方向行驶时疏于观察，未及时发现右后侧超车的摩托车，违反了《道路交通安全法》第22条第1款的规定，其违反交通规则的主观方面系过失。开发区交警大队所作道路交通事故认定书、补充说明以及交警当庭陈述的证言不能作为本案交通事故责任划分的主要依据。本案应当认定被害人易某甲对交通事故的发生承担主要责任，原审被告人袁某承担次要责任。

根据本案事实、证据及相关法律规定，原审被告人袁某虽交通肇事致人死亡但不负事故主要责任，其行为不构成交通肇事罪。检察机关的抗诉意见不能成立，法院不予支持。

【裁判要旨】

在交通肇事案件中，交通管理部门作出的道路交通事故认定书不具有当然的证明力，并非认定被告人是否承担交通事故责任的唯一依据，人民法院既可以认定，也可以否定。人民法院应当综合全案证据分析交通事故发生的原因，按照刑事案件证据审查认定标准，客观公正地划分责任，从而判断被告人是否构成交通肇事罪。刑法是以刑罚为惩治手段的最为严厉的法律，其所要求的刑事责任证明标准远高于其他部门法。在交通事故责任认定中，交警部门主要依据交通法规，为确保交通安全以及后续损害赔偿有效进行，结合肇事者本人的供述、现场遗留的痕迹、现场监控录像等证据，依照证据优势原则等认定交通事故责任，与刑事诉讼中的证据审查判断标准和体系存在较大差异。因此，法院在审理行为是否构成交通肇事罪时，应根据刑法所规定的交通肇事罪的构成要件进行实质的分析判断。

【关联索引】

《刑法》第 133 条

《刑事诉讼法》第 200 条

《道路交通安全法》第 22 条第 1 款

案例三

朱某、保险公司诉田某、蔡某香机动车交通事故责任纠纷案

本案例中值得关注的问题有：伤者在法庭辩论结束后死亡的，后续治疗费、生存期护理费不能依据“死亡”新的事实和证据减少赔偿。

【案号】

一审：湖北省宜昌市夷陵区人民法院(2022)鄂 0506 民初 595 号民事判决(2022 年 4 月 22 日)

二审：湖北省宜昌市中级人民法院(2022)鄂 05 民终 2377 号民事裁定(2022 年 8 月 3 日)

再审：湖北省宜昌市中级人民法院(2023)鄂 05 民再 12 号民事判决(2023 年 3 月 27 日)

人民法院案例库入库编号：2023 - 16 - 2 - 374 - 007

朱某、保险公司诉田某、蔡某香机动车交通事故责任纠纷案

——法庭辩论结束后受害人死亡不应成为减少赔偿金的理由

【基本案情】

朱某驾驶小型轿车，与行驶方向右侧路边站立的蔡某武相撞，造成蔡某武受伤的交通事故，经交通警察大队现场勘查，认定朱某承担全部责任，蔡某武无责任。经司法鉴定所鉴定，蔡某武因外伤造成特重型颅脑损伤术后，遗留持续性植物人生存状态的残疾等级为一级。蔡某武诉至原审法院，请求判令朱某及某保险股份有限公司某支公司（以下简称保险公司）赔偿经济损失140万余元。原审法院判决朱某、保险公司向蔡某武赔偿110万余元，其中，后续治疗费，根据鉴定意见支持伤后两年；生存期护理费，鉴于蔡某武为特重型颅脑损伤后呈持续性植物人生存状态，对鉴定后生存期护理费暂支持5年。朱某及其保险公司在履行完原生效判决后才发现，蔡某武已于原审判决作出前一日死亡，遂以出现“新的证据”为由，向法院申请再审，请求返还后续治疗费、生存期护理费共计22万余元。

湖北省宜昌市夷陵区人民法院于2022年4月22日作出（2022）鄂0506民初595号民事判决：一、保险公司在本判决生效后10日内在交强险限额内赔偿蔡某武经济损失180,000元，在商业三者险限额内赔偿859,478.22元，合计1039,478.22元。二、朱某在本判决生效后10日内赔偿蔡某武经济损失41,338.08元。三、驳回蔡某武的其他诉讼请求。

该判决发生法律效力后，朱某、保险公司不服，向宜昌市中级人民法院申请再审。宜昌市中级人民法院裁定提审本案，并于2023年3月27日作出（2023）鄂05民再12号民事判决：维持湖北省宜昌市夷陵区人民法院（2022）鄂0506民初595号民事判决。

【裁判理由】

法院生效裁判认为:受害人蔡某武此时死亡,其家属田某、蔡某香无须向朱某、保险公司退还后续治疗费、生存期护理费22万余元。一、从后续治疗费、生存期护理费的价值功能和法律标准来看,其具有补偿性和预判性。后续治疗费是指对损伤经治疗后体征固定而遗留功能障碍并且需要再次治疗或者是伤情还没有恢复需要进行二次治疗所需要的医疗费用,需要结合损伤程度、治疗情况、医学水平等因素进行综合考量、评估、预判,是一个动态、反复给付的过程。生存期护理费是潜在的、尚未发生的,须依受害人生存年限确定,具有不确定性与难预测性的特点。原审法院支持受害人蔡某武伤后2年内后续治疗费、5年生存期护理费,具有补偿性、预判性。二、从民事诉讼程序的构造来看,"法庭辩论结束前"应为事实认定的节点。民事诉讼程序的构造、安排有其自身的逻辑性、科学性和合理性,无论是诉讼当事人、还是审判组织都必须遵守民事诉讼的原理和规则。民事诉讼中关于法律事实的审查和认定也有其时间范围,即以法庭辩论终结前为基准,当事人的权利、义务随之就被确定,一般不得再就此进行争执,否则,诉讼活动将无法正常、有序、公平开展。对此,民事诉讼法也有相关的规定,从维护裁判的稳定性、权威性、公正性出发,受害人蔡某武在原审法庭辩论结束后、原审裁判文书作出前一日死亡,不应成为衡量原审判决对错的标准。三、从法、理、情的有机统一角度来看,应尊重人民群众朴素的公平正义观。按照一般公众认知,死亡系比受伤更为严重的结果,若因受害人蔡某武死亡,再审法院支持朱某、保险公司的再审请求,判决受害人蔡某武的继承人田某、蔡某香返还22万余元,则违法行为人因受害人死亡反而减轻了赔偿责任,这有违民法的公平、诚信、公序良俗原则,有违社会主义核心价值观"诚信友善"的公民价值准则,不符合法理情的有机统一,再审法院依法维持原审判决。

【裁判要旨】

在新时代,司法裁判过程已不再是与法条做简单比对的过程,而是蕴含着科学理性裁判思维和多元复杂裁判方法的过程,新型、复杂、疑难案件尤其如此。如果本案机械适用法条,因受害人此时死亡,原审诉讼中原告主体资格就存在问题,再审法院若裁定程序违法、发回重审,这就涉及随着原审诉讼请求变更,赔偿项目将相应发生变化,最终导致赔偿金严重“缩水”。公平、诚信、公序良俗原则是社会主义核心价值观在法律中的重要体现,如支持再审请求,那么本案民事赔偿责任与侵权结果失衡,再审法院无法作出一份侵权人从其违法行为中“获利”的判决,受害人家属亦无法认可这样的“退赔”,普通民众也无法接受这样的“正义”。

【关联索引】

《民法典》第 1213 条

本案例文本已于 2024 年 11 月 4 日作出调整

案例四

蒋某甲等诉浙江某公司劳动争议纠纷案

本案例中值得关注的问题有:在交通事故和工伤竞合的案件中,受害人(亲属)对相关费用既有权向侵权第三人请求民事损害赔偿,也有权向用人单位请求工伤保险赔偿。

【案号】

一审:河南省沁阳市人民法院(2016)豫 0882 民初 5 号民事判决

(2016年6月15日)

再审:河南省焦作市中级人民法院(2017)豫08民再31号民事判决(2017年6月29日)

人民法院案例库入库编号:2023-16-2-490-003

蒋某甲等诉浙江某公司劳动争议纠纷案

——工亡受害人亲属已获得的侵权赔偿款

应否从工伤保险赔偿中扣除

【基本案情】

原告蒋某甲、邓某某、田某、蒋某丙以蒋某乙因工死亡为由,就其工亡保险待遇起诉请求:判令浙江某公司支付一次性工亡补助金576,880元、丧葬补助金19,860元、供养亲属抚恤金202,572元,共计799,312元。

法院经审理查明:被告浙江某公司承建了沁阳市锦绣江南三期工程、南阳市唐河县和谐广场工程,李某分包了两个工地的部分工程。2013年6月,李某招用蒋某乙等人在其分包的工地干活。李某没有建筑资质和劳务资质。10月6日,李某带领蒋某乙等人到南阳市唐河县和谐广场工地干活。10月7日凌晨3时24分左右,李某驾车带领蒋某乙等人返回沁阳市途中发生交通事故,蒋某乙经“120”现场抢救无效死亡。12月25日,南召县人民检察院以李某犯交通肇事罪向南召县人民法院提起公诉。在法院审理过程中,蒋某甲、邓某某、田某、蒋某丙向南召县人民法院提起刑事附带民事诉讼。经南召县人民法院调解,李某赔偿四原告死亡赔偿金、丧葬费、被扶养人生活费等损失共计28万元。

2014年4月10日,四原告向沁阳市劳动争议仲裁委员会申请认定蒋某乙与被告浙江某公司之间存在劳动关系。7月2日,该仲裁委员会作出沁劳仲案字[2014]第14号仲裁裁决书，裁定确认蒋某乙与浙江某公司存在劳动关系。

2014年9月22日，田某向温州市鹿城区人力资源和社会保障局提出蒋某乙的工伤认定申请。10月31日，该人社局作出温鹿人社认字[2014]143号认定工伤决定书，认定蒋某乙属于因工死亡。2015年5月5日，四原告向沁阳市劳动人事争议仲裁委员会申请工伤保险待遇。2015年5月5日，该仲裁委作出沁劳人仲案字[2015]24号不予受理通知书，称因蒋某乙《认定工伤决定书》由温州市鹿城区人力资源和社会保障局作出，根据属地管理原则，沁阳市劳动人事争议仲裁委员会不予受理。2016年1月4日，四原告就蒋某乙的工亡保险待遇向河南省沁阳市人民法院提起诉讼。

原告田某与蒋某乙系夫妻关系，两人生育一女蒋某丙，原告田某、蒋某丙与蒋某乙的经常居住地在沁阳市。原告蒋某甲、邓某某系蒋某乙父母，二人生育三个儿子，分别是蒋某丁、蒋某戊、蒋某乙，原告蒋某甲、邓某某的经常居住地在重庆市永川区。2014年度全国城镇居民人均可支配收入为28,844元，2014年焦作市城镇非私营单位在岗职工年平均工资为39,717元。

河南省沁阳市人民法院于2016年6月15日作出(2016)豫0882民初5号民事判决：一、被告浙江某公司于判决生效后10日内支付原告蒋某甲、邓某某、田某、蒋某丙一次性工亡补助金、丧葬补助金、供养亲属抚恤金共计388,231元。二、驳回原告蒋某甲、邓某某、田某、蒋某丙的其他诉讼请求。宣判后，双方均未上诉，该判决发生法律效力。之后，蒋某甲、邓某某、田某、蒋某丙向河南省焦作市中级人民法院申请再审。该院于2017年6月29日作出(2017)豫08民再31号民事判决：一、撤销河南省沁阳市人民法院(2016)豫0882民初5号民事判决；二、浙江某公司于本判决生效后10日内支付蒋某甲、邓某某、田某、蒋某丙一次性工亡补助金、丧葬补助金、供养亲属抚恤金共计781,613元;三、驳回蒋某甲、邓某某、田某、蒋某丙的其他诉讼请求。

【裁判理由】

法院生效裁判认为,(1)根据《社会保险法》第41条第1款、《工伤保险条例》第39条第1款的规定,四再审申请人因蒋某乙的死亡有权获得丧葬补助金、一次性工亡补助金和供养亲属抚恤金。再审诉讼中,浙江某公司对原审判决计算的丧葬补助金19,860元、一次性工亡补助金576,880元、蒋某丙的抚恤金71,491元均无异议,故再审予以确认。关于蒋某甲、邓某某的抚恤金,四再审申请人请求按照焦作地区2013年度在岗职工年平均工资37,794元的30%计算5年,要求支付113,382元;因蒋某乙对其父母负有扶养义务,且蒋某乙死亡时,其父母均已超过70周岁,已丧失劳动能力;故浙江某公司除应向再审申请人蒋某甲、邓某某、田某、蒋某丙支付一次性工亡补助金576,880元、丧葬补助金19,860元、蒋某丙抚恤金71,491元外,还应支付蒋某甲、邓某某二人的抚恤金113,382元,以上合计781,613元。(2)根据《最高人民法院关于审理工伤保险行政案件若干问题的规定》第8条第3款的规定:"职工因第三人的原因导致工伤,社会保险经办机构以职工或者其近亲属已经对第三人提起民事诉讼为由,拒绝支付工伤保险待遇的,人民法院不予支持,但第三人已经支付的医疗费用除外。"因此,四再审申请人有权对侵权人提起民事诉讼,也有权要求浙江某公司赔偿工伤保险待遇。四再审申请人从李某处获得的赔偿款28万元,不应从浙江某公司的工伤保险赔偿中扣除。

【裁判要旨】

1. 劳动者发生交通事故因工死亡的,产生第三人侵权和工伤保险责任竞合，受害人亲属有权分别起诉，既有权向侵权第三人请求民事损害赔偿，也有权向用人单位请求工伤保险赔偿。

2. 劳动者一方因第三人侵权已经获得赔偿的，受害人亲属起诉用人单位要求赔偿工伤保险款项时，其已获得的第三人侵权赔偿不应从用人单位应赔付的工伤保险中予以扣除。

【关联索引】

《社会保险法》第 41 条

《最高人民法院关于审理人身损害赔偿案件适用法律若干问题的解释》第 12 条

本案例文本已于 2024 年 2 月 26 日作出调整

案例五

张某某诉钟某某、叶某某、某财产保险股份有限公司机动车交通事故责任纠纷案

本案例涉及机动车将伤者撞成植物人的交通事故。因伤者病情极其危重需要大量的医疗费，但经济无力支持。经家属多方筹款、医院垫付、保险公司交强险垫付、商业三者险预赔，以及医院专业治疗和家属精心护理下，伤者终于转危为安。为了治病救人，本案前期进行了医疗费的先行诉讼工作，本案例罗列了医疗费先行诉讼和整体费用后期诉讼两份判决书。在本案例中，值得关注的有以下几个方面：急诊抢救费用的垫付途径；垫付医疗费的医院的诉讼地位；医疗费用先予执行措施；植物人护理期限和级别、精神损害抚慰金等。本案尤其引发了对司机是否应垫付的思考。

【案号】

一审：广东省惠州市惠城区人民法院（2022）粤1302民初21785号民事判决（2023年2月16日）

一审：广东省惠州市惠城区人民法院（2023）粤1302民初7569号民事判决（2023年11月15日）

广东省惠州市惠城区人民法院

民 事 判 决 书

（2022）粤1302民初21785号

原告：张某某

委托诉讼代理人：江某

委托诉讼代理人：庞某某

被告一：钟某某

被告二：叶某某

被告三：某财产保险股份有限公司

负责人：杨某某

委托诉讼代理人：潘某某

第三人：惠州市某人民医院

法定代表人：李某某

委托诉讼代理人：罗某某

原告张某某诉被告一钟某某、被告二叶某某、被告三某财产保险股份有限公司机动车交通事故责任纠纷一案，本院受理后，适用简易程序，公开开庭进行了审理。原告张某某的委托诉讼代理人江某、庞某某，被告三某财产保险股份有限公司的委托诉讼代理人潘某某到庭参加诉讼，被告一钟某某、被告二叶某某均未到庭参加诉讼。

本案现已审理终结。

原告张某某向本院提出诉讼请求：一、请求法院判令被告先予赔偿原告医疗费73,804.37元,上述损失由被告某财产保险股份有限公司在交强险和商业三者险限额内优先赔付,不足的部分由被告钟某某、叶某某承担;二、诉讼费用由被告承担。原告变更诉讼请求为:请求法院判令被告赔偿原告医疗费162,170.05元(误工费、护理费、残疾赔偿金等其他费用另行主张),上述损失由被告三在商业三者险限额内优先赔付,不足的部分由被告一、被告二承担。

本院认定事实如下:

2022年3月21日7时53分许,被告一钟某某驾驶[粤L0××××]号小型轿车沿南岸路从南往北方向行驶,行至惠州市某医院门口路段时超速行驶,与驾驶无号牌二轮电动车(经检验,该车辆属性为机动车)的张某某发生碰撞,造成原告张某某受伤,两车不同程度损坏的交通事故。惠州市公安局交通警察支队某大队作出《道路交通事故认定书》,认定驾驶人张某某、钟某某均负事故同等责任。

事故发生后,原告于2022年3月21至6月20日(91天)在惠州市某人民医院住院治疗,原告提交与惠州市某人民医院签订的《住院医疗费用延期还款协议书》显示,张某在惠州市某人民医院住院治疗期间共产生医疗费488,760.86元,已交押118,000元,扣除预交款后仍欠医疗费370,760.86元,其中有100,000元结算票据。

2022年6月20日至7月29日,原告因需要做高压氧转院至惠州市某中医医院治疗,原告本次产生医疗费54,295.6元。

2022年7月29日至10月7日,原告转院至广州南方医科大学某医院(共住院7次,未间断),7次住院医疗费分别为20,443.65元、24,174.83元、33,183.51元、15,511.16元、16,440.24元、19,582.79元、19,147.45元,医疗费共计148,483.63元。

发生事故后,被告三在交强险限额内向原告支付医疗费18,000元、在商业三者险限额内垫付174,600元(均支付至惠州市某人民医院)。被告一、被告二未垫付医疗费。

原告称其无力负担住院医疗费用，只能出院，现在脑积水，不能自己吃喝，不能动。

原告在庭审时称，因医生建议原告治疗终结1年前才可以申请鉴定，因此原告本次不申请鉴定，只诉请医疗费。

被告二叶某某是[粤L0××××]车辆的所有人，事故车辆向被告三某财产保险股份有限公司投保了交强险及商业三者险200万元，事故发生在保险期限内。

本院认为，机动车交通事故责任当事人应按照事故责任大小和法律规定承担相应的民事法律责任。交通警察部门认定，原告和被告一负事故的同等责任，该认定结论，本院予以采信。由于事故车辆在被告三处投保了交强险和商业三者险，根据《道路交通安全法》第76条、《最高人民法院关于审理道路交通事故损害赔偿案件适用法律若干问题的解释》第13条和《民法典》第1213条的规定，被告三应在交强险范围内承担直接赔偿责任。交强险不足部分，由保险公司按照保险合同约定在商业三者险范围内按照责任赔偿，商业三者险仍不足的，依据事故责任，由侵权人承担赔偿责任。

关于被告三抗辩其不予赔偿超出国家基本医疗保险同类医疗费用标准的费用。依据《保险法》第17条及《最高人民法院关于适用〈中华人民共和国保险法〉若干问题的解释(二)》第11条、第12条的规定，保险合同订立时，保险人在投保单或者保险单等其他保险凭证上，对保险合同中免除保险人责任的条款，需对投保人履行提示和明确说明义务。"明确说明"指保险人对于免责条款，除在保险单上提示投保人注意外，还应当对有关免责条款的概念、内容及法律后果等，以书面或者口头形式向投保人作出解释，以使投保人明了该条款的真实含义和法律后果。通过网络、电话等方式订立的保险合同，保险人以网页、音频、视频等形式对免除保险人责任条款予以提示和明确说明的，人民法院可以认定其履行了提示和明确说明义务。本案案涉保险系以电子投保方式进行投保，某财产保险股份有限公司主张保险合同约定的非医保费用免责，应证明其履行了提示和明确说明义务。某财产保险股份有限公司提交的《机动车商业保险投保单》《机动车商业保险免责事项说明书》等材料，显示投保人签章处确有“叶某某”签名，但从上述多份材料的签名字迹来看，明显存在超出一般书写习惯同一性的高度相似，现有证据材料并不足以证明在投保过程中，被告叶某某逐份资料阅读并逐一签字确认。故本院不认可被告三关于原告非医保部分费用属于保险公司责任免除的情形尽到提示说明解释义务。故被告三的该项抗辩，本院不予认可。被告三应在保险范围内对原告的损失进行赔付。

依据相关规定，结合原告的诉讼请求，认定本次交通事故造成原告损失医疗费691,540.09元(488,760.86元+54,295.6元+148,483.63元)。被告三应在机动车交强险限额范围内赔付原告18,000元(已赔付)，因原告和被告一负事故同等责任，被告一应当承担原告医疗费50%的赔偿责任336,770.05元[(691,540.09元-18,000元)×50%]，由被告三在商业三者险限额内赔付，扣减被告三在商业三者险限额内赔付的174,600元，被告三仍应在商业三者险范围内赔付原告162,170.05元。

被告一、被告二经本院传票传唤，没有正当理由不到庭参加诉讼不影响本案的审理，本院依法作缺席判决。综上，依照《民法典》第1179条、第1213条，《保险法》第17条，《道路交通安全法》第76条，《最高人民法院关于适用〈中华人民共和国保险法〉若干问题的解释(二)》第11条、第12条，《最高人民法院关于审理道路交通事故损害赔偿案件适用法律若干问题的解释》第13条和《民事诉讼法》第67条、第147条的规定，缺席判决如下：

一、被告某财产保险股份有限公司应在本判决发生法律效力之日起7日内在商业三者险200万元赔偿限额范围内赔付原告张某某医疗费162,170.05元；

二、驳回原告张某某的其他诉讼请求。

如果未按本判决指定的期间履行给付金钱义务，应当依照《民事诉讼法》第 260 条的规定，加倍支付迟延履行期间的债务利息。

本案受理费减半收取为 1771.7 元（原告已预交 369.02 元），由被告钟某某负担。自本判决生效之日起 7 日内，当事人应当根据判决书附随的缴费通知书径直缴纳诉讼费用，本院不再向应缴纳费用的当事人单独另行催收诉讼费用，逾期未缴纳诉讼费用，本院将依法强制执行。

如不服本判决，可在判决书送达之日起 15 日内，向本院递交上诉状，并按对方当事人的人数提出副本，上诉于广东省惠州市中级人民法院。

审判员　邱英强

二〇二三年二月十六日

法官助理　余丽亨

书记员　陈非凡

广东省惠州市惠城区人民法院

民事判决书

（2023）粤 1302 民初 7569 号

原告：张某某

委托诉讼代理人：江某

委托诉讼代理人：庞某某

被告一：钟某某

被告二：叶某某

被告三：某财产保险股份有限公司

负责人：杨某

委托诉讼代理人：潘某某

第三人：惠州市某人民医院

法定代表人：李某某

委托诉讼代理人：罗某某

原告张某某诉被告一钟某某、被告二叶某某、被告三某财产保险股份有限公司，第三人惠州市某人民医院机动车交通事故责任纠纷一案，本院受理后，适用简易程序，公开开庭进行了审理。原告张某某的委托诉讼代理人庞某某，被告三某财产保险股份有限公司的委托诉讼代理人潘某某到庭参加诉讼，被告一钟某某、被告二叶某某、第三人惠州市某人民医院均未到庭参加诉讼。本案现已审理终结。

原告张某某向本院提出诉讼请求：1. 请求法院判令被告赔偿原告住院伙食补助费20,100元、营养费20,100元、交通费2000元，暂计42,200元（护理费、残疾赔偿金、精神损害抚慰金等项目待伤残鉴定后主张）。上述损失由被告某财产保险股份有限公司在商业三者险限额内优先赔付，不足的部分由被告钟某某、叶某某承担；2. 诉讼费用由被告承担。后原告变更诉讼请求：请求法院判令申请人的住院伙食补助费20,100元、营养费5000元、护理费577,650元、误工费47,957元、伤残赔偿金1,138,100元、精神损害抚慰金100,000元、鉴定费4156元、交通费2000元、财产损失1000元、共计1,895,963元。上述损失由被告某财产保险股份有限公司在交强险死亡伤残限额内赔付180,000元，财产损失限额内赔付1000元，商业三者险限额内按50%计算，需赔付844,931.5元，不足的部分由被告钟某某、叶某某承担。以上赔付金额共计：180,000元 + 844,931.5元 + 1000元 = 1,025,931.5元。

经审理查明，2022年3月21日7时53分许，被告一钟某某驾驶［粤L0 × × × ×］小型轿车沿南岸路从南往北方向行驶，行至惠州市某医院门口路段时超速行驶，与横穿过机动车道由张某某驾驶的无号牌二轮电动车（经检验，该车辆属性为机动车）发生碰撞，造成原告张某某受伤，两车不同程度损坏的交通事故。惠州市公安局交通警察支队某大队作出《道路交通事故认定书》，认定驾驶人张某某、钟某某均负事故同等责任。

2022年3月21日，原告前往惠州市某人民医院住院治疗91天（于2022年6月20日出院）。出院诊断：一、多发伤：1. 右侧颞顶部硬膜外血肿;2. 脑疝;3. 多发脑挫裂伤;4. 右侧颞顶骨骨折;5. 脑梗死;6. 中枢性发热;7. 鼻中隔骨折并双侧鼻腔积血;8. 右侧锁骨骨折;9. 右侧肩胛骨骨折;10. 多发肋骨骨折;11. 右侧气胸;12. 创伤性肺炎;13. 全身多发皮肤软组织擦伤;二、高血压病;三、急性肾损伤;四、糖尿病;五、消化道出血;六、电解质紊乱;七、低蛋白血症;八、左小腿肌间静脉血栓形成;九、尿崩症;十、甲状腺功能减退;十一、皮质醇增多症;十二、脑性耗盐综合征。出院医嘱:转院行高压氧及康复理疗。此次住院期间产生医疗费 488,760.86 元(费用明细中载明处于重症监护 874 小时 +1139 小时,约 84 天)。

原告提交 2022 年 6 月 20 日原告家属与惠州市某人民医院签订的《住院医疗费用延期还款协议书》显示,张某某在惠州市某人民医院住院治疗期间共产生医疗费 488,760.86 元,已交押 118,000 元,扣除预交款后仍欠医疗费 370,760.86 元。

2022 年 12 月 7 日惠州市某人民医院出具《证明》载明:兹有惠州市某人民医院于 2022 年 3 月 21 日接收一名患者张某某到我院救治,于 2022 年 6 月 20 日出院,住院期间共产生医疗费为 488,760.86 元,已交押金 292,600 元,扣除押金后仍欠 196,160.86 元。

2022 年 6 月 20 日,原告前往惠州市某中医医院住院治疗 39 天(于 2022 年 7 月 29 日出院)。出院诊断:中医诊断:损伤出血气虚血瘀夹痰。西医诊断:1. 脑外伤恢复期(意识障碍四肢运动功能障碍 ADL 重度依赖);2. 右侧颞顶部硬膜外血肿;3. 脑疝;4. 多发脑挫裂伤;5. 右侧颞顶骨骨折;6. 脑梗死;7. 中枢性发热;8. 鼻中隔骨折并双侧鼻腔积血;9. 右侧锁骨骨折;10. 右侧肩胛骨骨折;11. 多发肋骨骨折;12. 右侧气胸;13. 创伤性肺炎;14. 全身多发皮肤软组织擦伤;15. 高血压病;16. 肾挫伤;17. 糖尿病;18. 消化道出血;19. 电解质紊乱;20. 低蛋白血症;21. 左小腿肌间静脉血栓形成;22. 尿崩症;23. 甲状腺功能减退;24. 皮质醇增多症;25. 脑性耗盐综合征;26. 褥疮;27. 泌尿道感染;28. 室性早搏。出院医嘱:1. 注意休息、避免劳累、情绪激动、精神紧张、避免大汗、腹泻。2. 注意勤翻身拍背,注意会阴及骶尾部清洁干燥,注意定期复查左侧肢体血管彩超。3. 继续控制血糖,降血压,控制心室率,护心。监测血糖、血压,专科门诊随诊。4. 出院带药:盐酸氨溴索分散片、吡拉西坦片、雷贝拉唑钠肠溶片、心宝丸、琥珀酸美托洛尔缓释片、盐酸曲美他嗪片、(基)参囊、(基)羧甲司坦口服液、双歧杆菌四联活菌片、生血宁片。5. 定期复查肝肾功能、肌酶、血脂、血压、血糖、凝血功能、D－2 聚体,以及颈部血管彩超、头颅 MRI＋MRA、CTA 等脑血管检查、左侧肢体血管彩超。6. 按时服药、如有不适,及时就诊就医。7. 生活方式:低盐低脂饮食,禁烟、禁酒、坚持康复功能锻炼,注意保持正常作息时间,禁止暴饮暴食保持良好心态。8. 出院康复科门诊随诊。此次住院期间产生医疗费 54,295.6 元。

2022 年 7 月 29 日,原告前往南方医科大学某医院治疗 10 天(于 2022 年 8 月 8 日出院)。出院诊断:1. 闭合性颅脑损伤重型[(1)吞咽障碍(2)言语障碍(3)四肢运动功能障碍(4)日常生活重度依赖];2. 细菌性肺炎;3. 脑梗死;4. 气管造口状态;5. 2 型糖尿病伴有神经的并发症;6. 高血压病 2 级(中危);7. 多发性脑梗挫裂伤;8. 颞顶骨骨折;9. 右侧锁骨骨折;10. 右侧肩胛骨骨折;11. 多发性肋骨骨折;12. 左小腿肌间静脉血栓形成;13. 室性早搏。出院医嘱:1. 建议继续康复治疗,勤翻身、叩背,积极预防坠积性肺炎、泌尿道感染、双下肢深静脉血栓等并发症;2. 加强气道护理,监测血氧饱和度;3. 及时更换气切敷料,5～7 天后可拆线;4. 定期复诊,不适随诊。此次住院期间产生医疗费 20,443.65 元。

2022 年 8 月 8 日,原告前往南方医科大学某医院治疗 10 天(于 2022 年 8 月 18 日出院)。出院诊断:1. 闭合性颅脑损伤重型[(1)认知障碍(2)吞咽障碍(3)言语障碍(4)四肢运动功能障碍(5)日常生活重度依赖];2. 细菌性肺炎;3. 上消化道出血;4. 多发性脑挫裂伤;5. 脑梗死;6. 2 型糖尿病伴有神经的并发症;7. 高血压病 2 级(中危);8. 颞顶骨骨折;9. 右侧锁骨骨折;10. 右侧肩胛骨骨折;11. 多发性肋骨骨折;12. 室性早搏。出院医嘱:1. 建议继续康复治疗,勤翻身、叩背,积极预防坠积性肺炎、泌尿道感染、双下肢深静脉血栓等并发症;2. 定期复查血常规、生化、肝功能、胃液常规、大便常规等;3. 定期复查心电图、心肝彩超等;4. 定期复诊,不适随诊。此次住院期间产生医疗费24,174.83元。

2022年8月18日,原告前往南方医科大学某医院治疗11天(于2022年8月29日出院)。出院诊断:1. 闭合性颅脑损伤重型[(1)认知障碍(2)吞咽障碍(3)言语障碍(4)四肢运动功能障碍(5)日常生活重度依赖];2. 细菌性肺炎;3. 上消化道出血;4. 多发性脑挫裂伤;5. 脑梗死;6. 2型糖尿病伴有神经的并发症;7. 高血压病2级(中危);8. 室性期前收缩;9. 房性期前收缩[房性早搏];10. 颞顶骨骨折;11. 右侧锁骨骨折;12. 右侧肩胛骨骨折;13. 多发性肋骨骨折。出院医嘱:1. 建议继续康复治疗,勤翻身、叩背,积极预防坠积性肺炎、泌尿道感染、双下肢深静脉血栓等并发症;2. 定期监测血糖,若血糖波动较大,建议内分泌科就诊,如出现头晕、恶心、大汗等症状,停服降糖药并及时就诊;3. 定期复查血常规、生化、肝功能、胃液常规、大便常规等;4. 定期复查心电图、心肝彩超等;5. 定期复诊,不适随诊。此次住院期间产生医疗费33,183.51元。

2022年8月29日,原告前往南方医科大学某医院治疗9天(于2022年9月7日出院)。出院诊断:1. 闭合性颅脑损伤重型[(1)吞咽障碍(2)言语障碍(3)四肢运动功能障碍(4)日常生活重度依赖];2. 细菌性肺炎;3. 多发性脑挫裂伤;4. 脑梗死;5. 2型糖尿病伴有神经的并发症;6. 高血压病2级(中危);7. 室性期前收缩;8. 房性期前收缩[房性早搏];9. 颞顶骨骨折;10. 右侧锁骨骨折;11. 右侧肩胛骨骨折;12. 多发性肋骨骨折。出院医嘱:1. 建议继续康复治疗,勤翻身、叩背,积极预防坠积性肺炎、泌尿道感染、双下肢深静脉血栓等并发症;2. 定期监测血糖,若血糖波动较大,建议内分泌科就诊,如出现头晕、恶心、大汗等症状,停服降糖药并及时就诊;3. 定期复查血常规、生化、肝功能、胃液常规、大便常规等;4. 定期复查心电图、心肝彩超等;5. 定期复诊,不适随诊。此次住院期间产生医疗费15,511.16元。

2022年9月7日,原告前往南方医科大学某医院治疗9天(于2022年9月16日出院)。出院诊断:1. 闭合性颅脑损伤重型[(1)吞咽障碍(2)言语障碍(3)四肢运动功能障碍(4)日常生活重度依赖];2. 多发性脑挫裂伤;3. 脑梗死;4. 2型糖尿病伴有神经的并发症;5. 高血压病2级(中危);6. 室性期前收缩;7. 房性期前收缩[房性早搏];8. 颞顶骨骨折;9. 右侧锁骨骨折;10. 右侧肩胛骨骨折;11. 多发性肋骨骨折;12. 坠积性肺炎。出院医嘱:1. 建议继续康复治疗,勤翻身、叩背,积极预防坠积性肺炎、泌尿道感染、双下肢深静脉血栓等并发症;2. 定期监测血糖,若血糖波动较大,建议内分泌科就诊,如出现头晕、恶心、大汗等症状,停服降糖药并及时就诊;3. 定期复查血常规、生化、肝功能、胃液常规、大便常规等;4. 定期复查心电图、心肝彩超等;5. 定期复诊,不适随诊。此次住院期间产生医疗费16,440.24元。

2022年9月16日,原告前往南方医科大学某医院治疗11天(于2022年9月27日出院)。出院诊断:1. 闭合性颅脑损伤重型[(1)吞咽障碍(2)言语障碍(3)四肢运动功能障碍(4)日常生活重度依赖];2. 多发性脑挫裂伤;3. 脑梗死;4. 2型糖尿病伴有神经的并发症;5. 高血压病2级(中危);6. 室性期前收缩;7. 房性期前收缩[房性早搏];8. 颞顶骨骨折;9. 右侧锁骨骨折;10. 右侧肩胛骨骨折;11. 多发性肋骨骨折;12. 坠积性肺炎;13. 腰4/5,腰5、骶1腰椎间盘突出(中央型)。出院医嘱:1. 建议继续康复治疗,勤翻身、叩背,积极预防坠积性肺炎、泌尿道感染、双下肢深静脉血栓等并发症;2. 定期监测血糖,若血糖波动较大,建议内分泌科就诊,如出现头晕、恶心、大汗等症状,停服降糖药并及时就诊;3. 定期复查血常规、生化、肝功能、胃液常规、大便常规等;4. 定期复查心电图、心肝彩超等;5. 定期复诊,不适随诊。此次住院期间产生医疗费19,582.79元。

2022年9月27日,原告前往南方医科大学某医院治疗10天(于2022年10月7日出院)。出院诊断:1. 闭合性颅脑损伤重型[(1)吞咽障碍(2)言语障碍(3)四肢运动功能障碍(4)日常生活重度依赖];2. 多发性脑挫裂伤;3. 脑梗死;4. 2 型糖尿病伴有神经的并发症;5. 高血压病 2 级(中危);6. 室性期前收缩;7. 房性期前收缩[房性早搏];8. 颞顶骨骨折;9. 右侧锁骨骨折;10. 右侧肩胛骨骨折;11. 多发性肋骨骨折;12. 坠积性肺炎;13. 腰 4/5,腰 5、骶 1 腰椎间盘突出(中央型);14. 左侧肩痛。出院医嘱:1. 建议继续康复治疗,提高肢体功能及日常生活自理能力;2. 规律应用胰岛素降糖治疗,现应用胰岛素方案:诺和锐特充三餐前 8U + 来得时睡前 10IU,注意定期监测血糖,若血糖波动较大,建议内分泌科就诊,如出现头晕、恶心、大汗等症状,停用胰岛素并及时就诊;3. 定期复查颅脑 CT 或磁共振及丙戊酸钠血药浓度;4. 不适随诊。此次住院期间产生医疗费 19,147.45 元。

2023 年 11 月 2 日,东莞市某绿化有限公司惠城分公司出具《收入证明》显示:兹有张某某于 2021 年 4 月 13 日入职本公司,目前在某街道项目担任清洁工职位,月收入 2822 元。

经原告申请,法院委托,2023 年 8 月 17 日广东某法医临床司法鉴定所作出《司法鉴定意见书》,鉴定意见:(一)张某某提供的鉴定资料与委托事项存在必然联系,鉴定资料符合并满足其委托鉴定事项的要求。(二)张某某的损伤与本次交通事故有直接因果关系。(三)张某某闭合性重型颅脑损伤,致其左侧肢体肌力 1 级、右下肢肌力 3 级、右上肢肌力 5 - 级,评定二级伤残;张某某闭合性重型颅脑损伤,致其吞咽困难、完全依赖胃管进食,评定三级伤残;张某某双侧第 1 ~ 6 后肋、右侧第 2 ~ 6 前肋及左侧第 1 ~ 8 前肋骨折,累计 14 根肋骨骨折,评定九级伤残。(四)张某某需要完全护理依赖。此次鉴定原告花费 4156 元。

被告三提交《垫付/预付支付回单》显示,2022 年 3 月 22 日向惠州市某医院转账 18,000 元;6 月 18 日向惠州市某医院转账 174,600 元;2023 年 2 月 25 日向张某某转账 162,170.05 元。

被告三提交《垫付/预付支付回单》拟证明,我司已向惠州市某人民医院交强险垫付了原告医疗费 18,000 元;商业险向惠州市某人民医院预赔 336,770.05 元。庭审中,原告对该组证据三性表示无异议。

就案涉交通事故，本院于2023年2月16日作出（2022）粤1302民初21785号《民事判决书》的审理查明的事实部分载明：2022年7月29日至2022年10月7日，原告转院至广州南方医科大学某医院（共住院7次，未间断），7次住院医疗费分别为20,443.65元、24,174.83元、33,183.51元、15,511.16元、16,440.24元、19,582.79元、19,147.45元，医疗费共计148,483.63元。发生事故后，被告三在交强险限额内向原告支付医疗费18,000元、在商业第三者责任险限额内垫付174,600元（均支付至惠州市某人民医院）。判决如下：一、被告某财产保险股份有限公司应在本判决发生法律效力之日起七日内在商业第三者责任险300万元赔偿限额范围内赔付原告张某某医疗费162,170.05元；二、驳回原告张某某的其他诉讼请求。原、被告双方，均未对该《民事判决书》提起上诉。

事故发生时，被告钟某某是[粤L0××××]车辆的驾驶人，被告叶某某系该车辆登记所有人。该车在被告三某财产保险股份有限公司处投保了交强险和300万元商业第三者责任保险。事故发生在保险期限内。

本院认为，机动车交通事故责任当事人应按照事故责任大小和法律规定承担相应的民事法律责任。交通警察部门认定，驾驶人张某某、钟某某均负事故同等责任。该认定结论，本院予以采信。

根据《中华人民共和国民法典》第一千一百七十九条"侵害他人造成人身损害的，应当赔偿医疗费、护理费、交通费、营养费、住院伙食补助费等为治疗和康复支出的合理费用，以及因误工减少的收入。造成残疾的，还应当赔偿辅助器具费和残疾赔偿金；造成死亡的，还应当赔偿丧葬费和死亡赔偿金"及《最高人民法院关于审理人身损害赔偿案件适用法律若干问题的解释》第十五条①"死亡赔偿金按照受诉法院所在地上一年度城镇居

① 2022年修正后第十五条改为：死亡赔偿金按照受诉法院所在地上一年度城镇居民人均可支配收入标准，按二十年计算。但六十周岁以上的，年龄每增加一岁减少一年；七十五周岁以上的，按五年计算。

民人均可支配收入或者农村居民人均纯收入标准,按二十年计算。但六十周岁以上的,年龄每增加一岁减少一年;七十五周岁以上的,按五年计算”的规定,结合原告的诉讼请求,认定本次交通事故造成原告的损失有:

1. 医疗费691,540.09元(488,760.86元+54,295.6元+20,443.65元+24,174.83元+33,183.51元+15,511.16元+16,440.24元+19,582.79元+19,147.45元,依据医疗票据认定)。2. 住院伙食补助费20,000元(100元/天×住院200天)。3. 营养费5000元(5000元×100%)。4. 护理费455,400元[150元/天×(200天-84天)+120元×10年×365天×100%,原告处于重症监护期间约84天,不必然产生护理费,本院酌情扣减;出院护理结合鉴定意见,暂计10年]。5. 残疾赔偿金1,138,100元(56,905元/年×20年×100%)。6. 精神损害抚慰金100,000元(酌情)。7. 交通费2000元(按原告诉请)。8. 鉴定费4156元(根据鉴定费发票)。9. 误工费29,412元(1720元/月÷30天×513天,虽事故发生时原告达到法定退休年纪,且仅提交《收入证明》未提交流水明细等证据佐证收入情况,本院酌情按惠州市最低工资标准1720元/月计算;误工天数计算至评残前一日,合计513天)。10. 财产损失1000元(原告未提交任何证据佐证因本次事故导致财产损失,但事故认定书载明“两车不同程度损坏”,酌情)。以上费用合计2,446,608.09元。本次交通事故造成原告的损失合计2,446,608.09元(其中第1~3项属于医疗费用赔偿项目的损失共计716,540.09元,第4~9项属于死亡伤残赔偿项目的损失共计1,729,068元,第10项属于交强险财产损失赔偿项目的损失共计1000元)。

根据《中华人民共和国民法典》第一千二百一十三条“机动车发生交通事故造成损害,属于该机动车一方责任的,先由承保机动车强制保险的保险人在强制保险责任限额范围内予以赔偿;不足部分,由承保机动车商业保险的保险人按照保险合同的约定予以赔偿;仍然不足或者没有投保机动车商业保险的,由侵权人赔偿”的规定,根据机动车交通事故责任强制保险分项限额的含义，被告三某财产保险股份有限公司应在机动车交通事故责任强制保险医疗费18,000元限额范围内赔付原告张某某18,000元（已赔付），在机动车交通事故责任强制保险伤残180,000元限额范围内赔付原告张某某180,000元，在机动车交通事故责任强制保险财产损失分项2000元限额范围内赔付原告1000元。超出机动车交通事故责任强制保险范围的2,247,608.09元赔偿款项，按事故责任比例，被告一承担50%，即1,123,804.04元（2,247,608.09元×50%），扣减被告三垫付的336,770.05元，余款787,033.99元应由被告某财产保险股份有限公司在第三者责任险限额范围内向原告予以赔付。

结合当事人申请及原告提交的《欠费证明》，可知原告尚欠第三人惠州市某人民医院医疗196,160.86元。为避免诉累，本院支持被告某财产保险股份有限公司在机动车交通事故责任强制保险限额及某财产保险股份有限公司范围内向第三人惠州市某人民医院支付196,160.86元。被告一、被告二经本院传票传唤，没有正当理由不到庭参加诉讼不影响本案的审理，本院依法作缺席判决。

综上，依照《中华人民共和国民法典》第一千一百七十九条、第一千二百一十三条、《中华人民共和国民事诉讼法》第六十七条、第一百四十七条的规定，缺席判决如下：

一、被告某财产保险股份有限公司应在本判决发生法律效力之日起七日内在机动车交通事故责任强制保险伤残180,000元限额范围内赔付原告张某某180,000元，在机动车交通事故责任强制保险财产损失分项2000元限额范围内赔付原告1000元；

二、被告某财产保险股份有限公司应在本判决发生法律效力之日起七日内在商业第三者责任险限额范围内赔付原告张某某787,033.99元；

三、被告某财产保险股份有限公司应于本判决发生法律效力之日起七日内在本判决第一、第二判项中扣减196,160.86元径向第三人惠州市某人民医院支付；

四、驳回原告张某某的其他诉讼请求。

本案受理费减半收取为7016.69元(原告已预交250元),由原告张某某负担396.69元,被告钟某某负担6620元及公告费(以实际产生为准)。当事人应在本判决书生效之日起七日内向本院缴交应缴的诉讼费用,逾期不交,本院依法强制执行。

如不服本判决,可在判决书送达之日起十五日内,向本院递交上诉状,并按对方当事人的人数提出副本,上诉于广东省惠州市中级人民法院。

审判员　范洪刚

二〇二三年十一月十五日

书记员　蓝　图

案例六

刘某与上海某某汽车用户服务有限公司买卖合同纠纷案

【案号】

一审:上海市静安区人民法院(2020)沪0106民初2798号民事判决(2020年11月12日)

二审:上海市第二中级人民法院(2021)沪02民终984号民事判决(2021年3月25日)

本案例涉及自动驾驶汽车,自动驾驶车辆虽具备自动紧急制动、前撞预警等功能,但上述功能受若干因素影响可能出现失效、失当或不及时的情况。因此,驾驶人仍应操控车辆并随时接管车辆,切勿过度依赖辅助功能。事故发生后,除证明车辆存在质量问题和产品责任外,驾驶人应承担相应的事故责任。

上海市第二中级人民法院
民事判决书

（2021）沪02民终984号

上诉人（原审原告）：刘某，男。

委托诉讼代理人：萧某。

委托诉讼代理人：张某。

被上诉人（原审被告）：上海某某汽车用户服务有限公司。

法定代表人：夏某。

委托诉讼代理人：周某。

委托诉讼代理人：黄某。

上诉人刘某因与被上诉人上海某某汽车用户服务有限公司（以下简称某某公司）买卖合同纠纷一案，不服上海市静安区人民法院（2020）沪0106民初2798号民事判决，向本院提起上诉。本院于2021年1月19日立案后，依法组成合议庭对本案进行了审理，本案现已审理终结。

刘某上诉请求：撤销一审判决，依法改判支持上诉人一审全部诉讼请求。事实和理由：1. 一审判决错误地认定上诉人作出购车决定的时间是2018年10月27日，但早在2017年12月24日上诉人即支付了意向金并订购车辆。2018年10月27日，上诉人支付了尾款，这是被上诉人交付车辆的时间，而非上诉人作出购车决定的时间，该事实对判断本案中是否存在消费欺诈是有重要意义的。因为上诉人于2017年12月预订"××8"系列汽车时，该车型只是在预售阶段，当时车辆尚未生产，某某公司没有对本案所涉的自动紧急制动功能作详细的介绍，也没有提醒上诉人这辆车当时存在的技术限制，而判断经营者是否存在消费欺诈，至少应该在消费者作出消费决定之前，告诉商品存在的使用限制，而不是当消费者在作出消费决定后才告知。2. 上诉人在一审中已经提供了两组证据，用于证明被上诉人在销售车辆过程中存在不实宣传的情况，其中2017年12月22日，某某公司公众号一篇名为两分钟看懂某某公司自动辅助驾驶系统的文章中，还提供了某某公司自制的一个视频，在视频中强调自动驾驶技术可以消除交通事故隐患。“××8”具备自动紧急刹车功能和车道偏离警告功能，从硬件到软件“××8”都能带来更好、更安全的驾驶体验，在这则视频和公众号的文章中，某某公司均未提醒消费者“××8”自动紧急刹车功能存在诸多使用条件限制，片面地强调了这辆车的自动驾驶功能的安全性能和智能化的特性。现某某公司主张说“××8”自动紧急驾驶功能，发挥作用的是5~85千米每小时的速度，超过这个速度范围的话“××8”是不能启动自动紧急驾驶功能的，显然具有欺诈性。3. 本案认定某某公司构成消费欺诈有四个要件：一是某某公司在销售的过程中，夸大及隐瞒与消费者有重大利害关系的安全驾驶功能发挥作用的条件及重要的技术信息，存在欺诈故意。二是某某公司在销售过程中隐瞒了应当告知的自动紧急制动功能只能在十分严苛的使用条件下才能启动的事实，而这项事实影响到对汽车安全性能的判断，属于影响消费者缔约目的的重要信息，因此欺诈程度较高。三是使刘某错误地认为“××8”具有较高的安全性能，能够侦查到紧急情况发出预警，自动刹停车辆，并使其陷入错误认识之后作出购车的决定。四是某某公司直至2018年10月27日交车之后，才在《用户手册》中提到了自动紧急制动功能的技术限制和使用条件。而刘某作为一名普通的消费者，根本不可能将长达两、三百页的《用户手册》一一翻阅，仔细地去审阅使用限制条件。4. 本案事故造成驾驶车辆的刘某的朋友金艺先生当场伤重去世，留下了孤儿寡母，生活也很艰难，也请法院考虑人道主义因素，酌情对本案作出一定的赔偿性的判决。

某某公司辩称，不同意上诉人的上诉请求。1. 本案涉及车辆的交通事故，是驾驶员在天气较为恶劣的情况下，速度过快、操作不当，追尾前车货车造成的，事故认定驾驶员承担全责，这才是事故的关键；2. 关于车辆的使用及自动紧急制动功能，在车辆的使用手册以及历次系统升级中都有提示，上诉人车辆的显示屏上也有升级功能介绍，包括功能受到的限制，限于目前的技术发展情况，该功能会受到天气、是否急转弯、路面是否湿滑等因素的影响，这些辅助功能只能辅助驾驶员，尽可能最大限度地避免交通事故的发生，但是不能取代驾驶员的驾驶职责；3. 被上诉人已如实地介绍车辆的各项性能，上诉人也没有任何证据证实被上诉人在销售过程中存在欺诈的行为。故被上诉人不存在欺诈性行为，上诉人所说的事件，被上诉人没有任何过错，请求法院驳回上诉人的上诉请求。

刘某向一审法院起诉请求：1. 某某公司支付刘某赔偿款 1,441,500 元；2. 律师费 20,000 元由某某公司承担。

一审法院认定事实：

2018 年 10 月 27 日，刘某与某某公司签订《汽车购买协议》，刘某以 480,500 元的价格向某某公司购买涉案车辆。《用户手册》载明：自动紧急制动可以自动进行制动，最大限度地将你的车辆与其他车辆碰撞后的伤害降到最低，协助避免追尾碰撞前车及减轻后果。当你的车辆在和前车距离过近时，如有必要会采取自动紧急制动。若碰撞不可避免，则你的车辆仍会将车速降至最低以最大限度地减小碰撞造成的伤害。自动紧急制动系统只有在行驶速度介于约 8 千米/小时至约 85 千米/小时时才工作。当车速不超过 40 千米/小时时，可以制动至车辆停止；当车速超过 40 千米/小时时，只能将车速降低 40 千米/小时，从而减轻碰撞。在以下情况下，自动紧急制动可能不制动，前撞预警可能不报警：道路湿滑或有急转弯；在大雨、大雪、大雾等极端天气情况下；在强光、逆光等情况下。警告、自动紧急制动、前撞预警受若干因素影响，会导致紧急制动失效、失当或不及时。驾驶员有责任时刻安全驾驶并掌控车辆，切勿依赖自动紧急制动、前撞预警。上述警告内容以方框的形式标出。

2018 年 12 月 31 日，刘某收到涉案车辆的软件版本更新公告，告知自动紧急制动功能开放，可侦测潜在的前方同向车辆追尾风险，并自动启动对驾驶员的预警，若本车与前方车辆间距小于安全距离且驾驶员未及时介入，则会主动施加紧急制动以降低车速。当车速在 40 千米/小时以下时可实现制动刹停，而在最高85千米/小时的车速范围内，可通过减速以最大限度缓解碰撞。

2019年7月7日1时许，刘某乘坐案外人金某驾驶的涉案车辆发生交通事故。同年7月30日，司法鉴定科学研究院接受上海市公安局某某分局交通警察支队委托，对涉案车辆的安全技术状况及与事故的关系进行鉴定，并出具《司法鉴定意见书》，鉴定意见为：可以排除涉案车辆因机械突发性故障而诱发事故的可能性。

2019年8月，上海市公安局某某分局交通警察支队作出《道路交通事故认定书》，载明：交通事故时间为2019年7月7日1时55分许，交通事故地点为沈海高速东侧1255千米处。当事人情况：甲方金某，乙方孟某，丙方吴某，丁方刘某。道路情况：沈海高速为全封闭高速公路，事发路段路面湿滑，设有中心隔离带，道路两侧设有防撞护栏，事发现场设有三条行车道和一条紧急停车带，从中心隔离带从左往右依次为1号车道、2号车道、3号车道、紧急停车带。道路交通事故发生经过：2019年7月7日1时55分许，甲驾驶涉案车辆载丁、乙驾驶牌号为苏EY××××重型厢式货车、丙驾驶牌号为苏NF××××重型厢式货车沿着沈海高速公路由南向北行驶至1255千米处，适逢前方发生交通事故后造成拥堵，由于甲驾车时遇情况措施不当撞击前方2号车道内安全技术标准不符合要求的乙车车尾，乙车被撞后再撞击前方1号车道内的丙车车尾，造成甲当场死亡，丁受伤，三车受损的道路交通事故。事故形成原因分析：本起事故中甲驾车时遇情况措施不当，未按操作规范安全驾驶的行为，与本起道路交通事故的发生有因果关系；乙驾驶安全技术标准不符合要求的机动车上道路行驶行为，与本起道路交通事故的发生有因果关系；丙方由于前方事故拥堵行驶在1号车道，与本起事故的发生无因果关系。当事人导致交通事故的过错及责任或意外原因：甲驾车时遇情况措施不当，未按操作规范安全驾驶，属违法行为；乙驾驶安全技术标准不符合要求的机动车上道路行驶，属违法行为；甲方的违法行为在事故中所起的作用大于乙方的违法行为在事故中所起的作用，且甲方在事故中过错的严重程度同样大于乙方，甲承担事故主要责任，乙承担事故次要责任，丙、丁不承担事故责任。

一审另查明，2019 年 7 月 8 日，刘某在交警支队所做的询问笔录中陈述："7 日凌晨，金某开我的车准备到南通散心，于是我们车子上了中环……过了朱桥检查站我们车子沿着最左侧车道行驶，当时我们使用了定速巡航 100 千米/小时，到了事发处，我看到前方我们的车道内和中间车道内几乎平行了两个大货车，我就说刹车，金某说刹不住了，因为最右侧的车道是空的，于是我们就往最右侧打方向，但来不及了，结果我们车子的左侧撞在了中间车道的右后角。我第一眼看到前面车道内有大货车并行时，我们车子与前方距离 50 米左右。前方车道内车辆都是停着的。我们打方向时，与前方车辆距离 20 米左右。当时在下毛毛雨，路面是湿的。"

一审法院认为，刘某乘坐案外人驾驶的涉案车辆发生交通事故，经交警部门认定，涉案车辆的驾驶员驾车时遇情况措施不当，未按操作规范安全驾驶，应承担事故主要责任。刘某认为，某某公司在销售过程中存在欺诈，未告知自动紧急制动功能有限制条件，以及涉案车辆存在设计与应用上的缺陷，导致刘某错误地作出购车决定，并遭受严重损失。

根据查明的事实，涉案车辆具备自动紧急制动、前撞预警等功能，上述功能在《用户手册》及软件升级公告中进行了详尽介绍，并列举了自动紧急制动、前撞预警可能不启动的情况，又以合理的方式提示用户，自动紧急制动、前撞预警受若干因素影响可能失效、失当或不及时，切勿依赖，这些说明已能够达到为普通消费者理解之要求。刘某在事发前对于上述内容均已知晓，亦从未提出异议。本案中，涉案车辆的驾驶员未按操作规范安全驾驶，在前方拥堵且高速行驶的情况下急转弯发生追尾。事故发生时，涉案车辆虽未主动施加紧急制动，但某某公司在《用户手册》中已明确说明，在急转弯等情况下紧急制动可能不启动，不存在隐瞒或欺诈。刘某认为涉案车辆存在设计与应用上的缺陷，但未能提供证据加以证明。自动紧急制动功能系智能辅助功能，对天气、路面及驾驶员的操作有一定要求，并不等同于缺陷。驾驶员应全程谨慎驾驶，不能过度依赖辅助功能。刘某称，事发时刹车不灵，但经司法鉴定已排除涉案车辆因机械突发性故障而诱发事故的可能性，刘某未进一步举证证明涉案车辆存在机械故障。刘某亦未提供证据证明某某公司销售涉案车辆时存在虚假宣传、隐瞒事实的情形，从而对刘某的选择权和真实意思产生直接影响。综上，刘某要求某某公司三倍赔偿和支付律师费之主张，难以支持。判决：刘某全部的诉讼请求，不予支持。

本院二审期间，当事人未提交新证据。对当事人二审争议的事实，本院认定如下：一审法院认定事实无误，本院予以确认。

本院认为，关于某某公司在销售中是否存在欺诈故意和欺诈行为，一审法院已结合双方提供的证据综合认定，某某公司已尽其告知义务，通过车辆《用户手册》、软件升级公告等多种方式对自动紧急制动功能作了如实和详尽的介绍，故不存在主观上的欺瞒和客观上的虚假宣传行为。另自动紧急制动功能作为智能的辅助功能，基于现有的技术，仅能在一定条件下发挥辅助作用，作为驾驶员理应对此有认识，而案涉车辆所发生的交通事故已经司法鉴定，排除了设计与应用上的缺陷，系由案涉车辆驾驶员未按操作规范安全驾驶所致。故在上诉人未能提供相关证据证明，因某某公司在其销售过程中对该自动紧急制动功能作出足以影响上诉人判断，或者诱使其作出错误决定的情况下，本院难以认定某某公司应承担相应的赔偿责任。上诉人的相关主张，难以采纳。

综上，上诉人刘某的上诉请求不能成立，应予驳回；一审判决认定事实清楚，适用法律正确，应予维持。据此，依照《中华人民共和国民事诉讼法》第一百七十条第一款第（一）项①之规定，判决如下：

驳回上诉，维持原判。

---

① 2023年修正后为第177条。

二审案件受理费人民币17,953.50元，由上诉人刘某负担。

本判决为终审判决。

审判长：赵俊

审判员：管勤莺

审判员：赵静

法官助理：郑军梁

二〇二一年三月二十五日

书记员：蔡剑燕

交通事故的相关法律规定

1. 中华人民共和国民法典(节录)

(2020年5月28日第十三届全国人民代表大会第三次会议通过　中华人民共和国主席令第45号　2020年5月28日公布　自2021年1月1日起施行)

第七编　侵权责任

第五章　机动车交通事故责任

第一千二百零八条　机动车发生交通事故造成损害的,依照道路交通安全法律和本法的有关规定承担赔偿责任。

第一千二百零九条　因租赁、借用等情形机动车所有人、管理人与使用人不是同一人时,发生交通事故造成损害,属于该机动车一方责任的,由机动车使用人承担赔偿责任;机动车所有人、管理人对损害的发生有过错的,承担相应的赔偿责任。

第一千二百一十条　当事人之间已经以买卖或者其他方式转让并交付机动车但是未办理登记,发生交通事故造成损害,属于该机动车一方责任的,由受让人承担赔偿责任。

第一千二百一十一条 以挂靠形式从事道路运输经营活动的机动车,发生交通事故造成损害,属于该机动车一方责任的,由挂靠人和被挂靠人承担连带责任。

第一千二百一十二条 未经允许驾驶他人机动车,发生交通事故造成损害,属于该机动车一方责任的,由机动车使用人承担赔偿责任;机动车所有人、管理人对损害的发生有过错的,承担相应的赔偿责任,但是本章另有规定的除外。

第一千二百一十三条 机动车发生交通事故造成损害,属于该机动车一方责任的,先由承保机动车强制保险的保险人在强制保险责任限额范围内予以赔偿;不足部分,由承保机动车商业保险的保险人按照保险合同的约定予以赔偿;仍然不足或者没有投保机动车商业保险的,由侵权人赔偿。

第一千二百一十四条 以买卖或者其他方式转让拼装或者已经达到报废标准的机动车,发生交通事故造成损害的,由转让人和受让人承担连带责任。

第一千二百一十五条 盗窃、抢劫或者抢夺的机动车发生交通事故造成损害的,由盗窃人、抢劫人或者抢夺人承担赔偿责任。盗窃人、抢劫人或者抢夺人与机动车使用人不是同一人,发生交通事故造成损害,属于该机动车一方责任的,由盗窃人、抢劫人或者抢夺人与机动车使用人承担连带责任。

保险人在机动车强制保险责任限额范围内垫付抢救费用的,有权向交通事故责任人追偿。

第一千二百一十六条 机动车驾驶人发生交通事故后逃逸,该机动车参加强制保险的,由保险人在机动车强制保险责任限额范围内予以赔偿;机动车不明、该机动车未参加强制保险或者抢救费用超过机动车强制保险责任限额,需要支付被侵权人人身伤亡的抢救、丧葬等费用的，由道路交通事故社会救助基金垫付。道路交通事故社会救助基金垫付后，其管理机构有权向交通事故责任人追偿。

第一千二百一十七条 非营运机动车发生交通事故造成无偿搭乘人损害，属于该机动车一方责任的，应当减轻其赔偿责任，但是机动车使用人有故意或者重大过失的除外。

2. 中华人民共和国道路交通安全法(2021 修正)

(2003 年 10 月 28 日第十届全国人民代表大会常务委员会第五次会议通过 根据 2007 年 12 月 29 日第十届全国人民代表大会常务委员会第三十一次会议《关于修改〈中华人民共和国道路交通安全法〉的决定》第一次修正 根据 2011 年 4 月 22 日第十一届全国人民代表大会常务委员会第二十次会议《关于修改〈中华人民共和国道路交通安全法〉的决定》第二次修正 根据 2021 年 4 月 29 日第十三届全国人民代表大会常务委员会第二十八次会议《关于修改〈中华人民共和国道路交通安全法〉等八部法律的决定》第三次修正)

第一章 总　　则

第一条 为了维护道路交通秩序，预防和减少交通事故，保护人身安全，保护公民、法人和其他组织的财产安全及其他合法权益，提高通行效率，制定本法。

第二条 中华人民共和国境内的车辆驾驶人、行人、乘车人以及与道路交通活动有关的单位和个人，都应当遵守本法。

第三条 道路交通安全工作，应当遵循依法管理、方便群众的原则，保障道路交通有序、安全、畅通。

第四条 各级人民政府应当保障道路交通安全管理工作与经济建设和社会发展相适应。

县级以上地方各级人民政府应当适应道路交通发展的需要，依据道路交通安全法律、法规和国家有关政策，制定道路交通安全管理规划，并组织实施。

第五条 国务院公安部门负责全国道路交通安全管理工作。县级以上地方各级人民政府公安机关交通管理部门负责本行政区域内的道路交通安全管理工作。

县级以上各级人民政府交通、建设管理部门依据各自职责，负责有关的道路交通工作。

第六条 各级人民政府应当经常进行道路交通安全教育，提高公民的道路交通安全意识。

公安机关交通管理部门及其交通警察执行职务时，应当加强道路交通安全法律、法规的宣传，并模范遵守道路交通安全法律、法规。

机关、部队、企业事业单位、社会团体以及其他组织，应当对本单位的人员进行道路交通安全教育。

教育行政部门、学校应当将道路交通安全教育纳入法制教育的内容。

新闻、出版、广播、电视等有关单位，有进行道路交通安全教育的义务。

第七条 对道路交通安全管理工作，应当加强科学研究，推广、使用先进的管理方法、技术、设备。

第二章 车辆和驾驶人

第一节 机动车、非机动车

第八条 国家对机动车实行登记制度。机动车经公安机关交通管理部门登记后，方可上道路行驶。尚未登记的机动车，需要临时上道路行驶的，应当取得临时通行牌证。

第九条 申请机动车登记,应当提交以下证明、凭证:

(一)机动车所有人的身份证明;

(二)机动车来历证明;

(三)机动车整车出厂合格证明或者进口机动车进口凭证;

(四)车辆购置税的完税证明或者免税凭证;

(五)法律、行政法规规定应当在机动车登记时提交的其他证明、凭证。

公安机关交通管理部门应当自受理申请之日起五个工作日内完成机动车登记审查工作,对符合前款规定条件的,应当发放机动车登记证书、号牌和行驶证;对不符合前款规定条件的,应当向申请人说明不予登记的理由。

公安机关交通管理部门以外的任何单位或者个人不得发放机动车号牌或者要求机动车悬挂其他号牌,本法另有规定的除外。

机动车登记证书、号牌、行驶证的式样由国务院公安部门规定并监制。

第十条 准予登记的机动车应当符合机动车国家安全技术标准。申请机动车登记时,应当接受对该机动车的安全技术检验。但是,经国家机动车产品主管部门依据机动车国家安全技术标准认定的企业生产的机动车型,该车型的新车在出厂时经检验符合机动车国家安全技术标准,获得检验合格证的,免予安全技术检验。

第十一条 驾驶机动车上道路行驶,应当悬挂机动车号牌,放置检验合格标志、保险标志,并随车携带机动车行驶证。

机动车号牌应当按照规定悬挂并保持清晰、完整,不得故意遮挡、污损。

任何单位和个人不得收缴、扣留机动车号牌。

第十二条 有下列情形之一的,应当办理相应的登记:

（一）机动车所有权发生转移的；

（二）机动车登记内容变更的；

（三）机动车用作抵押的；

（四）机动车报废的。

第十三条 对登记后上道路行驶的机动车，应当依照法律、行政法规的规定，根据车辆用途、载客载货数量、使用年限等不同情况，定期进行安全技术检验。对提供机动车行驶证和机动车第三者责任强制保险单的，机动车安全技术检验机构应当予以检验，任何单位不得附加其他条件。对符合机动车国家安全技术标准的，公安机关交通管理部门应当发给检验合格标志。

对机动车的安全技术检验实行社会化。具体办法由国务院规定。

机动车安全技术检验实行社会化的地方，任何单位不得要求机动车到指定的场所进行检验。

公安机关交通管理部门、机动车安全技术检验机构不得要求机动车到指定的场所进行维修、保养。

机动车安全技术检验机构对机动车检验收取费用，应当严格执行国务院价格主管部门核定的收费标准。

第十四条 国家实行机动车强制报废制度，根据机动车的安全技术状况和不同用途，规定不同的报废标准。

应当报废的机动车必须及时办理注销登记。

达到报废标准的机动车不得上道路行驶。报废的大型客、货车及其他营运车辆应当在公安机关交通管理部门的监督下解体。

第十五条 警车、消防车、救护车、工程救险车应当按照规定喷涂标志图案，安装警报器、标志灯具。其他机动车不得喷涂、安装、使用上述车辆专用的或者与其相类似的标志图案、警报器或者标志灯具。

警车、消防车、救护车、工程救险车应当严格按照规定的用途和条件使用。

公路监督检查的专用车辆,应当依照公路法的规定,设置统一的标志和示警灯。

第十六条 任何单位或者个人不得有下列行为:

(一)拼装机动车或者擅自改变机动车已登记的结构、构造或者特征;

(二)改变机动车型号、发动机号、车架号或者车辆识别代号;

(三)伪造、变造或者使用伪造、变造的机动车登记证书、号牌、行驶证、检验合格标志、保险标志;

(四)使用其他机动车的登记证书、号牌、行驶证、检验合格标志、保险标志。

第十七条 国家实行机动车第三者责任强制保险制度,设立道路交通事故社会救助基金。具体办法由国务院规定。

第十八条 依法应当登记的非机动车,经公安机关交通管理部门登记后,方可上道路行驶。

依法应当登记的非机动车的种类,由省、自治区、直辖市人民政府根据当地实际情况规定。

非机动车的外形尺寸、质量、制动器、车铃和夜间反光装置,应当符合非机动车安全技术标准。

第二节 机动车驾驶人

第十九条 驾驶机动车,应当依法取得机动车驾驶证。

申请机动车驾驶证,应当符合国务院公安部门规定的驾驶许可条件;经考试合格后,由公安机关交通管理部门发给相应类别的机动车驾驶证。

持有境外机动车驾驶证的人,符合国务院公安部门规定的驾驶许可条件，经公安机关交通管理部门考核合格的，可以发给中国的机动车驾驶证。

驾驶人应当按照驾驶证载明的准驾车型驾驶机动车；驾驶机动车时，应当随身携带机动车驾驶证。

公安机关交通管理部门以外的任何单位或者个人，不得收缴、扣留机动车驾驶证。

第二十条 机动车的驾驶培训实行社会化，由交通运输主管部门对驾驶培训学校、驾驶培训班实行备案管理，并对驾驶培训活动加强监督，其中专门的拖拉机驾驶培训学校、驾驶培训班由农业（农业机械）主管部门实行监督管理。

驾驶培训学校、驾驶培训班应当严格按照国家有关规定，对学员进行道路交通安全法律、法规、驾驶技能的培训，确保培训质量。

任何国家机关以及驾驶培训和考试主管部门不得举办或者参与举办驾驶培训学校、驾驶培训班。

第二十一条 驾驶人驾驶机动车上道路行驶前，应当对机动车的安全技术性能进行认真检查；不得驾驶安全设施不全或者机件不符合技术标准等具有安全隐患的机动车。

第二十二条 机动车驾驶人应当遵守道路交通安全法律、法规的规定，按照操作规范安全驾驶、文明驾驶。

饮酒、服用国家管制的精神药品或者麻醉药品，或者患有妨碍安全驾驶机动车的疾病，或者过度疲劳影响安全驾驶的，不得驾驶机动车。

任何人不得强迫、指使、纵容驾驶人违反道路交通安全法律、法规和机动车安全驾驶要求驾驶机动车。

第二十三条 公安机关交通管理部门依照法律、行政法规的规定，定期对机动车驾驶证实施审验。

第二十四条 公安机关交通管理部门对机动车驾驶人违反道路交通安全法律、法规的行为,除依法给予行政处罚外,实行累积记分制度。公安机关交通管理部门对累积记分达到规定分值的机动车驾驶人,扣留机动车驾驶证,对其进行道路交通安全法律、法规教育,重新考试;考试合格的,发还其机动车驾驶证。

对遵守道路交通安全法律、法规,在一年内无累积记分的机动车驾驶人,可以延长机动车驾驶证的审验期。具体办法由国务院公安部门规定。

第三章 道路通行条件

第二十五条 全国实行统一的道路交通信号。

交通信号包括交通信号灯、交通标志、交通标线和交通警察的指挥。

交通信号灯、交通标志、交通标线的设置应当符合道路交通安全、畅通的要求和国家标准,并保持清晰、醒目、准确、完好。

根据通行需要,应当及时增设、调换、更新道路交通信号。增设、调换、更新限制性的道路交通信号,应当提前向社会公告,广泛进行宣传。

第二十六条 交通信号灯由红灯、绿灯、黄灯组成。红灯表示禁止通行,绿灯表示准许通行,黄灯表示警示。

第二十七条 铁路与道路平面交叉的道口,应当设置警示灯、警示标志或者安全防护设施。无人看守的铁路道口,应当在距道口一定距离处设置警示标志。

第二十八条 任何单位和个人不得擅自设置、移动、占用、损毁交通信号灯、交通标志、交通标线。

道路两侧及隔离带上种植的树木或者其他植物,设置的广告牌、管线等，应当与交通设施保持必要的距离，不得遮挡路灯、交通信号灯、交通标志，不得妨碍安全视距，不得影响通行。

第二十九条 道路、停车场和道路配套设施的规划、设计、建设，应当符合道路交通安全、畅通的要求，并根据交通需求及时调整。

公安机关交通管理部门发现已经投入使用的道路存在交通事故频发路段，或者停车场、道路配套设施存在交通安全严重隐患的，应当及时向当地人民政府报告，并提出防范交通事故、消除隐患的建议，当地人民政府应当及时作出处理决定。

第三十条 道路出现坍塌、坑漕、水毁、隆起等损毁或者交通信号灯、交通标志、交通标线等交通设施损毁、灭失的，道路、交通设施的养护部门或者管理部门应当设置警示标志并及时修复。

公安机关交通管理部门发现前款情形，危及交通安全，尚未设置警示标志的，应当及时采取安全措施，疏导交通，并通知道路、交通设施的养护部门或者管理部门。

第三十一条 未经许可，任何单位和个人不得占用道路从事非交通活动。

第三十二条 因工程建设需要占用、挖掘道路，或者跨越、穿越道路架设、增设管线设施，应当事先征得道路主管部门的同意；影响交通安全的，还应当征得公安机关交通管理部门的同意。

施工作业单位应当在经批准的路段和时间内施工作业，并在距离施工作业地点来车方向安全距离处设置明显的安全警示标志，采取防护措施；施工作业完毕，应当迅速清除道路上的障碍物，消除安全隐患，经道路主管部门和公安机关交通管理部门验收合格，符合通行要求后，方可恢复通行。

对未中断交通的施工作业道路，公安机关交通管理部门应当加强交通安全监督检查，维护道路交通秩序。

第三十三条 新建、改建、扩建的公共建筑、商业街区、居住区、大(中)型建筑等,应当配建、增建停车场;停车泊位不足的,应当及时改建或者扩建;投入使用的停车场不得擅自停止使用或者改作他用。

在城市道路范围内,在不影响行人、车辆通行的情况下,政府有关部门可以施划停车泊位。

第三十四条 学校、幼儿园、医院、养老院门前的道路没有行人过街设施的,应当施划人行横道线,设置提示标志。

城市主要道路的人行道,应当按照规划设置盲道。盲道的设置应当符合国家标准。

第四章 道路通行规定

第一节 一般规定

第三十五条 机动车、非机动车实行右侧通行。

第三十六条 根据道路条件和通行需要,道路划分为机动车道、非机动车道和人行道的,机动车、非机动车、行人实行分道通行。没有划分机动车道、非机动车道和人行道的,机动车在道路中间通行,非机动车和行人在道路两侧通行。

第三十七条 道路划设专用车道的,在专用车道内,只准许规定的车辆通行,其他车辆不得进入专用车道内行驶。

第三十八条 车辆、行人应当按照交通信号通行;遇有交通警察现场指挥时,应当按照交通警察的指挥通行;在没有交通信号的道路上,应当在确保安全、畅通的原则下通行。

第三十九条 公安机关交通管理部门根据道路和交通流量的具体情况,可以对机动车、非机动车、行人采取疏导、限制通行、禁止通行等措施。遇有大型群众性活动、大范围施工等情况,需要采取限制交通的措施,或者作出与公众的道路交通活动直接有关的决定,应当提前向社会公告。

第四十条 遇有自然灾害、恶劣气象条件或者重大交通事故等严重影响交通安全的情形，采取其他措施难以保证交通安全时，公安机关交通管理部门可以实行交通管制。

第四十一条 有关道路通行的其他具体规定，由国务院规定。

第二节 机动车通行规定

第四十二条 机动车上道路行驶，不得超过限速标志标明的最高时速。在没有限速标志的路段，应当保持安全车速。

夜间行驶或者在容易发生危险的路段行驶，以及遇有沙尘、冰雹、雨、雪、雾、结冰等气象条件时，应当降低行驶速度。

第四十三条 同车道行驶的机动车，后车应当与前车保持足以采取紧急制动措施的安全距离。有下列情形之一的，不得超车：

（一）前车正在左转弯、掉头、超车的；

（二）与对面来车有会车可能的；

（三）前车为执行紧急任务的警车、消防车、救护车、工程救险车的；

（四）行经铁路道口、交叉路口、窄桥、弯道、陡坡、隧道、人行横道、市区交通流量大的路段等没有超车条件的。

第四十四条 机动车通过交叉路口，应当按照交通信号灯、交通标志、交通标线或者交通警察的指挥通过；通过没有交通信号灯、交通标志、交通标线或者交通警察指挥的交叉路口时，应当减速慢行，并让行人和优先通行的车辆先行。

第四十五条 机动车遇有前方车辆停车排队等候或者缓慢行驶时，不得借道超车或者占用对面车道，不得穿插等候的车辆。

在车道减少的路段、路口，或者在没有交通信号灯、交通标志、交通标线或者交通警察指挥的交叉路口遇到停车排队等候或者缓慢行驶时，机动车应当依次交替通行。

第四十六条 机动车通过铁路道口时，应当按照交通信号或者管理人员的指挥通行；没有交通信号或者管理人员的，应当减速或者停车，在确认安全后通过。

第四十七条 机动车行经人行横道时，应当减速行驶；遇行人正在通过人行横道，应当停车让行。

机动车行经没有交通信号的道路时，遇行人横过道路，应当避让。

第四十八条 机动车载物应当符合核定的载质量，严禁超载；载物的长、宽、高不得违反装载要求，不得遗洒、飘散载运物。

机动车运载超限的不可解体的物品，影响交通安全的，应当按照公安机关交通管理部门指定的时间、路线、速度行驶，悬挂明显标志。在公路上运载超限的不可解体的物品，并应当依照公路法的规定执行。

机动车载运爆炸物品、易燃易爆化学物品以及剧毒、放射性等危险物品，应当经公安机关批准后，按指定的时间、路线、速度行驶，悬挂警示标志并采取必要的安全措施。

第四十九条 机动车载人不得超过核定的人数，客运机动车不得违反规定载货。

第五十条 禁止货运机动车载客。

货运机动车需要附载作业人员的，应当设置保护作业人员的安全措施。

第五十一条 机动车行驶时，驾驶人、乘坐人员应当按规定使用安全带，摩托车驾驶人及乘坐人员应当按规定戴安全头盔。

第五十二条 机动车在道路上发生故障，需要停车排除故障时，驾驶人应当立即开启危险报警闪光灯，将机动车移至不妨碍交通的地方停放；难以移动的，应当持续开启危险报警闪光灯，并在来车方向设置警告标志等措施扩大示警距离，必要时迅速报警。

第五十三条 警车、消防车、救护车、工程救险车执行紧急任务时，可以使用警报器、标志灯具；在确保安全的前提下，不受行驶路线、行驶方向、行驶速度和信号灯的限制，其他车辆和行人应当让行。

警车、消防车、救护车、工程救险车非执行紧急任务时，不得使用警报器、标志灯具，不享有前款规定的道路优先通行权。

第五十四条 道路养护车辆、工程作业车进行作业时，在不影响过往车辆通行的前提下，其行驶路线和方向不受交通标志、标线限制，过往车辆和人员应当注意避让。

洒水车、清扫车等机动车应当按照安全作业标准作业；在不影响其他车辆通行的情况下，可以不受车辆分道行驶的限制，但是不得逆向行驶。

第五十五条 高速公路、大中城市中心城区内的道路，禁止拖拉机通行。其他禁止拖拉机通行的道路，由省、自治区、直辖市人民政府根据当地实际情况规定。

在允许拖拉机通行的道路上，拖拉机可以从事货运，但是不得用于载人。

第五十六条 机动车应当在规定地点停放。禁止在人行道上停放机动车；但是，依照本法第三十三条规定施划的停车泊位除外。

在道路上临时停车的，不得妨碍其他车辆和行人通行。

第三节 非机动车通行规定

第五十七条 驾驶非机动车在道路上行驶应当遵守有关交通安全的规定。非机动车应当在非机动车道内行驶；在没有非机动车道的道路上，应当靠车行道的右侧行驶。

第五十八条 残疾人机动轮椅车、电动自行车在非机动车道内行驶时,最高时速不得超过十五公里。

第五十九条 非机动车应当在规定地点停放。未设停放地点的,非机动车停放不得妨碍其他车辆和行人通行。

第六十条 驾驭畜力车,应当使用驯服的牲畜;驾驭畜力车横过道路时,驾驭人应当下车牵引牲畜;驾驭人离开车辆时,应当拴系牲畜。

第四节 行人和乘车人通行规定

第六十一条 行人应当在人行道内行走,没有人行道的靠路边行走。

第六十二条 行人通过路口或者横过道路,应当走人行横道或者过街设施;通过有交通信号灯的人行横道,应当按照交通信号灯指示通行;通过没有交通信号灯、人行横道的路口,或者在没有过街设施的路段横过道路,应当在确认安全后通过。

第六十三条 行人不得跨越、倚坐道路隔离设施,不得扒车、强行拦车或者实施妨碍道路交通安全的其他行为。

第六十四条 学龄前儿童以及不能辨认或者不能控制自己行为的精神疾病患者、智力障碍者在道路上通行,应当由其监护人、监护人委托的人或者对其负有管理、保护职责的人带领。

盲人在道路上通行,应当使用盲杖或者采取其他导盲手段,车辆应当避让盲人。

第六十五条 行人通过铁路道口时,应当按照交通信号或者管理人员的指挥通行;没有交通信号和管理人员的,应当在确认无火车驶临后,迅速通过。

第六十六条 乘车人不得携带易燃易爆等危险物品,不得向车外抛洒物品,不得有影响驾驶人安全驾驶的行为。

第五节 高速公路的特别规定

第六十七条 行人、非机动车、拖拉机、轮式专用机械车、铰接式客车、全挂拖斗车以及其他设计最高时速低于七十公里的机动车，不得进入高速公路。高速公路限速标志标明的最高时速不得超过一百二十公里。

第六十八条 机动车在高速公路上发生故障时，应当依照本法第五十二条的有关规定办理；但是，警告标志应当设置在故障车来车方向一百五十米以外，车上人员应当迅速转移到右侧路肩上或者应急车道内，并且迅速报警。

机动车在高速公路上发生故障或者交通事故，无法正常行驶的，应当由救援车、清障车拖曳、牵引。

第六十九条 任何单位、个人不得在高速公路上拦截检查行驶的车辆，公安机关的人民警察依法执行紧急公务除外。

第五章 交通事故处理

第七十条 在道路上发生交通事故，车辆驾驶人应当立即停车，保护现场；造成人身伤亡的，车辆驾驶人应当立即抢救受伤人员，并迅速报告执勤的交通警察或者公安机关交通管理部门。因抢救受伤人员变动现场的，应当标明位置。乘车人、过往车辆驾驶人、过往行人应当予以协助。

在道路上发生交通事故，未造成人身伤亡，当事人对事实及成因无争议的，可以即行撤离现场，恢复交通，自行协商处理损害赔偿事宜；不即行撤离现场的，应当迅速报告执勤的交通警察或者公安机关交通管理部门。

在道路上发生交通事故，仅造成轻微财产损失，并且基本事实清楚的，当事人应当先撤离现场再进行协商处理。

第七十一条 车辆发生交通事故后逃逸的，事故现场目击人员和其他知情人员应当向公安机关交通管理部门或者交通警察举报。举报属实的，公安机关交通管理部门应当给予奖励。

第七十二条 公安机关交通管理部门接到交通事故报警后，应当立即派交通警察赶赴现场，先组织抢救受伤人员，并采取措施，尽快恢复交通。

交通警察应当对交通事故现场进行勘验、检查，收集证据；因收集证据的需要，可以扣留事故车辆，但是应当妥善保管，以备核查。

对当事人的生理、精神状况等专业性较强的检验，公安机关交通管理部门应当委托专门机构进行鉴定。鉴定结论应当由鉴定人签名。

第七十三条 公安机关交通管理部门应当根据交通事故现场勘验、检查、调查情况和有关的检验、鉴定结论，及时制作交通事故认定书，作为处理交通事故的证据。交通事故认定书应当载明交通事故的基本事实、成因和当事人的责任，并送达当事人。

第七十四条 对交通事故损害赔偿的争议，当事人可以请求公安机关交通管理部门调解，也可以直接向人民法院提起民事诉讼。

经公安机关交通管理部门调解，当事人未达成协议或者调解书生效后不履行的，当事人可以向人民法院提起民事诉讼。

第七十五条 医疗机构对交通事故中的受伤人员应当及时抢救，不得因抢救费用未及时支付而拖延救治。肇事车辆参加机动车第三者责任强制保险的，由保险公司在责任限额范围内支付抢救费用；抢救费用超过责任限额的，未参加机动车第三者责任强制保险或者肇事后逃逸的，由道路交通事故社会救助基金先行垫付部分或者全部抢救费用，道路交通事故社会救助基金管理机构有权向交通事故责任人追偿。

第七十六条 机动车发生交通事故造成人身伤亡、财产损失的，由保险公司在机动车第三者责任强制保险责任限额范围内予以赔偿；不足的部分，按照下列规定承担赔偿责任：

（一）机动车之间发生交通事故的，由有过错的一方承担赔偿责任；双方都有过错的，按照各自过错的比例分担责任。

（二）机动车与非机动车驾驶人、行人之间发生交通事故，非机动车驾驶人、行人没有过错的，由机动车一方承担赔偿责任；有证据证明非机动车驾驶人、行人有过错的，根据过错程度适当减轻机动车一方的赔偿责任；机动车一方没有过错的，承担不超过百分之十的赔偿责任。

交通事故的损失是由非机动车驾驶人、行人故意碰撞机动车造成的，机动车一方不承担赔偿责任。

第七十七条 车辆在道路以外通行时发生的事故，公安机关交通管理部门接到报案的，参照本法有关规定办理。

第六章 执法监督

第七十八条 公安机关交通管理部门应当加强对交通警察的管理，提高交通警察的素质和管理道路交通的水平。

公安机关交通管理部门应当对交通警察进行法制和交通安全管理业务培训、考核。交通警察经考核不合格的，不得上岗执行职务。

第七十九条 公安机关交通管理部门及其交通警察实施道路交通安全管理，应当依据法定的职权和程序，简化办事手续，做到公正、严格、文明、高效。

第八十条 交通警察执行职务时，应当按照规定着装，佩带人民警察标志，持有人民警察证件，保持警容严整，举止端庄，指挥规范。

第八十一条 依照本法发放牌证等收取工本费，应当严格执行国务院价格主管部门核定的收费标准，并全部上缴国库。

第八十二条 公安机关交通管理部门依法实施罚款的行政处罚，

应当依照有关法律、行政法规的规定,实施罚款决定与罚款收缴分离;收缴的罚款以及依法没收的违法所得,应当全部上缴国库。

第八十三条 交通警察调查处理道路交通安全违法行为和交通事故,有下列情形之一的,应当回避:

(一)是本案的当事人或者当事人的近亲属;

(二)本人或者其近亲属与本案有利害关系;

(三)与本案当事人有其他关系,可能影响案件的公正处理。

第八十四条 公安机关交通管理部门及其交通警察的行政执法活动,应当接受行政监察机关依法实施的监督。

公安机关督察部门应当对公安机关交通管理部门及其交通警察执行法律、法规和遵守纪律的情况依法进行监督。

上级公安机关交通管理部门应当对下级公安机关交通管理部门的执法活动进行监督。

第八十五条 公安机关交通管理部门及其交通警察执行职务,应当自觉接受社会和公民的监督。

任何单位和个人都有权对公安机关交通管理部门及其交通警察不严格执法以及违法违纪行为进行检举、控告。收到检举、控告的机关,应当依据职责及时查处。

第八十六条 任何单位不得给公安机关交通管理部门下达或者变相下达罚款指标;公安机关交通管理部门不得以罚款数额作为考核交通警察的标准。

公安机关交通管理部门及其交通警察对超越法律、法规规定的指令,有权拒绝执行,并同时向上级机关报告。

第七章 法律责任

第八十七条 公安机关交通管理部门及其交通警察对道路交通

安全违法行为，应当及时纠正。

公安机关交通管理部门及其交通警察应当依据事实和本法的有关规定对道路交通安全违法行为予以处罚。对于情节轻微，未影响道路通行的，指出违法行为，给予口头警告后放行。

第八十八条 对道路交通安全违法行为的处罚种类包括：警告、罚款、暂扣或者吊销机动车驾驶证、拘留。

第八十九条 行人、乘车人、非机动车驾驶人违反道路交通安全法律、法规关于道路通行规定的，处警告或者五元以上五十元以下罚款；非机动车驾驶人拒绝接受罚款处罚的，可以扣留其非机动车。

第九十条 机动车驾驶人违反道路交通安全法律、法规关于道路通行规定的，处警告或者二十元以上二百元以下罚款。本法另有规定的，依照规定处罚。

第九十一条 饮酒后驾驶机动车的，处暂扣六个月机动车驾驶证，并处一千元以上二千元以下罚款。因饮酒后驾驶机动车被处罚，再次饮酒后驾驶机动车的，处十日以下拘留，并处一千元以上二千元以下罚款，吊销机动车驾驶证。

醉酒驾驶机动车的，由公安机关交通管理部门约束至酒醒，吊销机动车驾驶证，依法追究刑事责任；五年内不得重新取得机动车驾驶证。

饮酒后驾驶营运机动车的，处十五日拘留，并处五千元罚款，吊销机动车驾驶证，五年内不得重新取得机动车驾驶证。

醉酒驾驶营运机动车的，由公安机关交通管理部门约束至酒醒，吊销机动车驾驶证，依法追究刑事责任；十年内不得重新取得机动车驾驶证，重新取得机动车驾驶证后，不得驾驶营运机动车。

饮酒后或者醉酒驾驶机动车发生重大交通事故，构成犯罪的，依法追究刑事责任，并由公安机关交通管理部门吊销机动车驾驶证，终生不得重新取得机动车驾驶证。

第九十二条 公路客运车辆载客超过额定乘员的,处二百元以上五百元以下罚款;超过额定乘员百分之二十或者违反规定载货的,处五百元以上二千元以下罚款。

货运机动车超过核定载质量的,处二百元以上五百元以下罚款;超过核定载质量百分之三十或者违反规定载客的,处五百元以上二千元以下罚款。

有前两款行为的,由公安机关交通管理部门扣留机动车至违法状态消除。

运输单位的车辆有本条第一款、第二款规定的情形,经处罚不改的,对直接负责的主管人员处二千元以上五千元以下罚款。

第九十三条 对违反道路交通安全法律、法规关于机动车停放、临时停车规定的,可以指出违法行为,并予以口头警告,令其立即驶离。

机动车驾驶人不在现场或者虽在现场但拒绝立即驶离,妨碍其他车辆、行人通行的,处二十元以上二百元以下罚款,并可以将该机动车拖移至不妨碍交通的地点或者公安机关交通管理部门指定的地点停放。公安机关交通管理部门拖车不得向当事人收取费用,并应当及时告知当事人停放地点。

因采取不正确的方法拖车造成机动车损坏的,应当依法承担补偿责任。

第九十四条 机动车安全技术检验机构实施机动车安全技术检验超过国务院价格主管部门核定的收费标准收取费用的,退还多收取的费用,并由价格主管部门依照《中华人民共和国价格法》的有关规定给予处罚。

机动车安全技术检验机构不按照机动车国家安全技术标准进行检验,出具虚假检验结果的,由公安机关交通管理部门处所收检验费用五倍以上十倍以下罚款，并依法撤销其检验资格；构成犯罪的，依法追究刑事责任。

第九十五条 上道路行驶的机动车未悬挂机动车号牌，未放置检验合格标志、保险标志，或者未随车携带行驶证、驾驶证的，公安机关交通管理部门应当扣留机动车，通知当事人提供相应的牌证、标志或者补办相应手续，并可以依照本法第九十条的规定予以处罚。当事人提供相应的牌证、标志或者补办相应手续的，应当及时退还机动车。

故意遮挡、污损或者不按规定安装机动车号牌的，依照本法第九十条的规定予以处罚。

第九十六条 伪造、变造或者使用伪造、变造的机动车登记证书、号牌、行驶证、驾驶证的，由公安机关交通管理部门予以收缴，扣留该机动车，处十五日以下拘留，并处二千元以上五千元以下罚款；构成犯罪的，依法追究刑事责任。

伪造、变造或者使用伪造、变造的检验合格标志、保险标志的，由公安机关交通管理部门予以收缴，扣留该机动车，处十日以下拘留，并处一千元以上三千元以下罚款；构成犯罪的，依法追究刑事责任。

使用其他车辆的机动车登记证书、号牌、行驶证、检验合格标志、保险标志的，由公安机关交通管理部门予以收缴，扣留该机动车，处二千元以上五千元以下罚款。

当事人提供相应的合法证明或者补办相应手续的，应当及时退还机动车。

第九十七条 非法安装警报器、标志灯具的，由公安机关交通管理部门强制拆除，予以收缴，并处二百元以上二千元以下罚款。

第九十八条 机动车所有人、管理人未按照国家规定投保机动车第三者责任强制保险的，由公安机关交通管理部门扣留车辆至依照规定投保后，并处依照规定投保最低责任限额应缴纳的保险费的二倍罚款。

依照前款缴纳的罚款全部纳入道路交通事故社会救助基金。具体办法由国务院规定。

第九十九条 有下列行为之一的,由公安机关交通管理部门处二百元以上二千元以下罚款:

(一)未取得机动车驾驶证、机动车驾驶证被吊销或者机动车驾驶证被暂扣期间驾驶机动车的;

(二)将机动车交由未取得机动车驾驶证或者机动车驾驶证被吊销、暂扣的人驾驶的;

(三)造成交通事故后逃逸,尚不构成犯罪的;

(四)机动车行驶超过规定时速百分之五十的;

(五)强迫机动车驾驶人违反道路交通安全法律、法规和机动车安全驾驶要求驾驶机动车,造成交通事故,尚不构成犯罪的;

(六)违反交通管制的规定强行通行,不听劝阻的;

(七)故意损毁、移动、涂改交通设施,造成危害后果,尚不构成犯罪的;

(八)非法拦截、扣留机动车辆,不听劝阻,造成交通严重阻塞或者较大财产损失的。

行为人有前款第二项、第四项情形之一的,可以并处吊销机动车驾驶证;有第一项、第三项、第五项至第八项情形之一的,可以并处十五日以下拘留。

第一百条 驾驶拼装的机动车或者已达到报废标准的机动车上道路行驶的,公安机关交通管理部门应当予以收缴,强制报废。

对驾驶前款所列机动车上道路行驶的驾驶人,处二百元以上二千元以下罚款,并吊销机动车驾驶证。

出售已达到报废标准的机动车的,没收违法所得,处销售金额等额的罚款,对该机动车依照本条第一款的规定处理。

第一百零一条 违反道路交通安全法律、法规的规定，发生重大交通事故，构成犯罪的，依法追究刑事责任，并由公安机关交通管理部门吊销机动车驾驶证。

造成交通事故后逃逸的，由公安机关交通管理部门吊销机动车驾驶证，且终生不得重新取得机动车驾驶证。

第一百零二条 对六个月内发生二次以上特大交通事故负有主要责任或者全部责任的专业运输单位，由公安机关交通管理部门责令消除安全隐患，未消除安全隐患的机动车，禁止上道路行驶。

第一百零三条 国家机动车产品主管部门未按照机动车国家安全技术标准严格审查，许可不合格机动车型投入生产的，对负有责任的主管人员和其他直接责任人员给予降级或者撤职的行政处分。

机动车生产企业经国家机动车产品主管部门许可生产的机动车型，不执行机动车国家安全技术标准或者不严格进行机动车成品质量检验，致使质量不合格的机动车出厂销售的，由质量技术监督部门依照《中华人民共和国产品质量法》的有关规定给予处罚。

擅自生产、销售未经国家机动车产品主管部门许可生产的机动车型的，没收非法生产、销售的机动车成品及配件，可以并处非法产品价值三倍以上五倍以下罚款；有营业执照的，由工商行政管理部门吊销营业执照，没有营业执照的，予以查封。

生产、销售拼装的机动车或者生产、销售擅自改装的机动车的，依照本条第三款的规定处罚。

有本条第二款、第三款、第四款所列违法行为，生产或者销售不符合机动车国家安全技术标准的机动车，构成犯罪的，依法追究刑事责任。

第一百零四条 未经批准，擅自挖掘道路、占用道路施工或者从事其他影响道路交通安全活动的，由道路主管部门责令停止违法行为,并恢复原状,可以依法给予罚款;致使通行的人员、车辆及其他财产遭受损失的,依法承担赔偿责任。

有前款行为,影响道路交通安全活动的,公安机关交通管理部门可以责令停止违法行为,迅速恢复交通。

第一百零五条 道路施工作业或者道路出现损毁,未及时设置警示标志、未采取防护措施,或者应当设置交通信号灯、交通标志、交通标线而没有设置或者应当及时变更交通信号灯、交通标志、交通标线而没有及时变更,致使通行的人员、车辆及其他财产遭受损失的,负有相关职责的单位应当依法承担赔偿责任。

第一百零六条 在道路两侧及隔离带上种植树木、其他植物或者设置广告牌、管线等,遮挡路灯、交通信号灯、交通标志,妨碍安全视距的,由公安机关交通管理部门责令行为人排除妨碍;拒不执行的,处二百元以上二千元以下罚款,并强制排除妨碍,所需费用由行为人负担。

第一百零七条 对道路交通违法行为人予以警告、二百元以下罚款,交通警察可以当场作出行政处罚决定,并出具行政处罚决定书。

行政处罚决定书应当载明当事人的违法事实、行政处罚的依据、处罚内容、时间、地点以及处罚机关名称,并由执法人员签名或者盖章。

第一百零八条 当事人应当自收到罚款的行政处罚决定书之日起十五日内,到指定的银行缴纳罚款。

对行人、乘车人和非机动车驾驶人的罚款,当事人无异议的,可以当场予以收缴罚款。

罚款应当开具省、自治区、直辖市财政部门统一制发的罚款收据;不出具财政部门统一制发的罚款收据的,当事人有权拒绝缴纳罚款。

第一百零九条 当事人逾期不履行行政处罚决定的,作出行政处罚决定的行政机关可以采取下列措施:

(一)到期不缴纳罚款的,每日按罚款数额的百分之三加处罚款;

(二)申请人民法院强制执行。

第一百一十条 执行职务的交通警察认为应当对道路交通违法行为人给予暂扣或者吊销机动车驾驶证处罚的,可以先予扣留机动车驾驶证,并在二十四小时内将案件移交公安机关交通管理部门处理。

道路交通违法行为人应当在十五日内到公安机关交通管理部门接受处理。无正当理由逾期未接受处理的,吊销机动车驾驶证。

公安机关交通管理部门暂扣或者吊销机动车驾驶证的,应当出具行政处罚决定书。

第一百一十一条 对违反本法规定予以拘留的行政处罚,由县、市公安局、公安分局或者相当于县一级的公安机关裁决。

第一百一十二条 公安机关交通管理部门扣留机动车、非机动车,应当当场出具凭证,并告知当事人在规定期限内到公安机关交通管理部门接受处理。

公安机关交通管理部门对被扣留的车辆应当妥善保管,不得使用。

逾期不来接受处理,并且经公告三个月仍不来接受处理的,对扣留的车辆依法处理。

第一百一十三条 暂扣机动车驾驶证的期限从处罚决定生效之日起计算;处罚决定生效前先予扣留机动车驾驶证的,扣留一日折抵暂扣期限一日。

吊销机动车驾驶证后重新申请领取机动车驾驶证的期限,按照机动车驾驶证管理规定办理。

第一百一十四条 公安机关交通管理部门根据交通技术监控记录资料,可以对违法的机动车所有人或者管理人依法予以处罚。对能够确定驾驶人的,可以依照本法的规定依法予以处罚。

第一百一十五条 交通警察有下列行为之一的，依法给予行政处分：

（一）为不符合法定条件的机动车发放机动车登记证书、号牌、行驶证、检验合格标志的；

（二）批准不符合法定条件的机动车安装、使用警车、消防车、救护车、工程救险车的警报器、标志灯具，喷涂标志图案的；

（三）为不符合驾驶许可条件、未经考试或者考试不合格人员发放机动车驾驶证的；

（四）不执行罚款决定与罚款收缴分离制度或者不按规定将依法收取的费用、收缴的罚款及没收的违法所得全部上缴国库的；

（五）举办或者参与举办驾驶学校或者驾驶培训班、机动车修理厂或者收费停车场等经营活动的；

（六）利用职务上的便利收受他人财物或者谋取其他利益的；

（七）违法扣留车辆、机动车行驶证、驾驶证、车辆号牌的；

（八）使用依法扣留的车辆的；

（九）当场收取罚款不开具罚款收据或者不如实填写罚款额的；

（十）徇私舞弊，不公正处理交通事故的；

（十一）故意刁难，拖延办理机动车牌证的；

（十二）非执行紧急任务时使用警报器、标志灯具的；

（十三）违反规定拦截、检查正常行驶的车辆的；

（十四）非执行紧急公务时拦截搭乘机动车的；

（十五）不履行法定职责的。

公安机关交通管理部门有前款所列行为之一的，对直接负责的主管人员和其他直接责任人员给予相应的行政处分。

第一百一十六条 依照本法第一百一十五条的规定，给予交通警察行政处分的，在作出行政处分决定前，可以停止其执行职务；必要时，可以予以禁闭。

依照本法第一百一十五条的规定，交通警察受到降级或者撤职行政处分的，可以予以辞退。

交通警察受到开除处分或者被辞退的，应当取消警衔；受到撤职以下行政处分的交通警察，应当降低警衔。

第一百一十七条 交通警察利用职权非法占有公共财物，索取、收受贿赂，或者滥用职权、玩忽职守，构成犯罪的，依法追究刑事责任。

第一百一十八条 公安机关交通管理部门及其交通警察有本法第一百一十五条所列行为之一，给当事人造成损失的，应当依法承担赔偿责任。

第八章 附 则

第一百一十九条 本法中下列用语的含义：

（一）“道路”，是指公路、城市道路和虽在单位管辖范围但允许社会机动车通行的地方，包括广场、公共停车场等用于公众通行的场所。

（二）“车辆”，是指机动车和非机动车。

（三）“机动车”，是指以动力装置驱动或者牵引，上道路行驶的供人员乘用或者用于运送物品以及进行工程专项作业的轮式车辆。

（四）“非机动车”，是指以人力或者畜力驱动，上道路行驶的交通工具，以及虽有动力装置驱动但设计最高时速、空车质量、外形尺寸符合有关国家标准的残疾人机动轮椅车、电动自行车等交通工具。

（五）“交通事故”，是指车辆在道路上因过错或者意外造成的人身伤亡或者财产损失的事件。

第一百二十条 中国人民解放军和中国人民武装警察部队在编机动车牌证、在编机动车检验以及机动车驾驶人考核工作，由中国人民解放军、中国人民武装警察部队有关部门负责。

第一百二十一条 对上道路行驶的拖拉机，由农业（农业机械）主管部门行使本法第八条、第九条、第十三条、第十九条、第二十三条规定的公安机关交通管理部门的管理职权。

农业（农业机械）主管部门依照前款规定行使职权，应当遵守本法有关规定，并接受公安机关交通管理部门的监督；对违反规定的，依照本法有关规定追究法律责任。

本法施行前由农业（农业机械）主管部门发放的机动车牌证，在本法施行后继续有效。

第一百二十二条 国家对入境的境外机动车的道路交通安全实施统一管理。

第一百二十三条 省、自治区、直辖市人民代表大会常务委员会可以根据本地区的实际情况，在本法规定的罚款幅度内，规定具体的执行标准。

第一百二十四条 本法自2004年5月1日起施行。

3. 机动车交通事故责任强制保险条例(2019修订)

（2006年3月21日中华人民共和国国务院令第462号公布　根据2012年3月30日《国务院关于修改〈机动车交通事故责任强制保险条例〉的决定》第一次修订　根据2012年12月17日《国务院关于修改〈机动车交通事故责任强制保险条例〉的决定》第二次修订　根据2016年2月6日《国务院关于修改部分行政法规的决定》第三次修订　根据2019年3月2日《国务院关于修改部分行政法规的决定》第四次修订）

第一章　总　　则

第一条 为了保障机动车道路交通事故受害人依法得到赔偿，促进道路交通安全，根据《中华人民共和国道路交通安全法》、《中华人民共和国保险法》，制定本条例。

第二条 在中华人民共和国境内道路上行驶的机动车的所有人或者管理人，应当依照《中华人民共和国道路交通安全法》的规定投保机动车交通事故责任强制保险。

机动车交通事故责任强制保险的投保、赔偿和监督管理，适用本条例。

第三条 本条例所称机动车交通事故责任强制保险，是指由保险公司对被保险机动车发生道路交通事故造成本车人员、被保险人以外的受害人的人身伤亡、财产损失，在责任限额内予以赔偿的强制性责任保险。

第四条 国务院保险监督管理机构依法对保险公司的机动车交通事故责任强制保险业务实施监督管理。

公安机关交通管理部门、农业（农业机械）主管部门（以下统称机动车管理部门）应当依法对机动车参加机动车交通事故责任强制保险的情况实施监督检查。对未参加机动车交通事故责任强制保险的机动车，机动车管理部门不得予以登记，机动车安全技术检验机构不得予以检验。

公安机关交通管理部门及其交通警察在调查处理道路交通安全违法行为和道路交通事故时，应当依法检查机动车交通事故责任强制保险的保险标志。

第二章 投 保

第五条 保险公司可以从事机动车交通事故责任强制保险业务。

为了保证机动车交通事故责任强制保险制度的实行，国务院保险监督管理机构有权要求保险公司从事机动车交通事故责任强制保险业务。

除保险公司外,任何单位或者个人不得从事机动车交通事故责任强制保险业务。

第六条 机动车交通事故责任强制保险实行统一的保险条款和基础保险费率。国务院保险监督管理机构按照机动车交通事故责任强制保险业务总体上不盈利不亏损的原则审批保险费率。

国务院保险监督管理机构在审批保险费率时,可以聘请有关专业机构进行评估,可以举行听证会听取公众意见。

第七条 保险公司的机动车交通事故责任强制保险业务,应当与其他保险业务分开管理,单独核算。

国务院保险监督管理机构应当每年对保险公司的机动车交通事故责任强制保险业务情况进行核查,并向社会公布;根据保险公司机动车交通事故责任强制保险业务的总体盈利或者亏损情况,可以要求或者允许保险公司相应调整保险费率。

调整保险费率的幅度较大的,国务院保险监督管理机构应当进行听证。

第八条 被保险机动车没有发生道路交通安全违法行为和道路交通事故的,保险公司应当在下一年度降低其保险费率。在此后的年度内,被保险机动车仍然没有发生道路交通安全违法行为和道路交通事故的,保险公司应当继续降低其保险费率,直至最低标准。被保险机动车发生道路交通安全违法行为或者道路交通事故的,保险公司应当在下一年度提高其保险费率。多次发生道路交通安全违法行为、道路交通事故,或者发生重大道路交通事故的,保险公司应当加大提高其保险费率的幅度。在道路交通事故中被保险人没有过错的,不提高其保险费率。降低或者提高保险费率的标准,由国务院保险监督管理机构会同国务院公安部门制定。

第九条 国务院保险监督管理机构、国务院公安部门、国务院农业主管部门以及其他有关部门应当逐步建立有关机动车交通事故责任强制保险、道路交通安全违法行为和道路交通事故的信息共享机制。

第十条 投保人在投保时应当选择从事机动车交通事故责任强制保险业务的保险公司，被选择的保险公司不得拒绝或者拖延承保。

国务院保险监督管理机构应当将从事机动车交通事故责任强制保险业务的保险公司向社会公示。

第十一条 投保人投保时，应当向保险公司如实告知重要事项。

重要事项包括机动车的种类、厂牌型号、识别代码、牌照号码、使用性质和机动车所有人或者管理人的姓名（名称）、性别、年龄、住所、身份证或者驾驶证号码（组织机构代码）、续保前该机动车发生事故的情况以及国务院保险监督管理机构规定的其他事项。

第十二条 签订机动车交通事故责任强制保险合同时，投保人应当一次支付全部保险费；保险公司应当向投保人签发保险单、保险标志。保险单、保险标志应当注明保险单号码、车牌号码、保险期限、保险公司的名称、地址和理赔电话号码。

被保险人应当在被保险机动车上放置保险标志。

保险标志式样全国统一。保险单、保险标志由国务院保险监督管理机构监制。任何单位或者个人不得伪造、变造或者使用伪造、变造的保险单、保险标志。

第十三条 签订机动车交通事故责任强制保险合同时，投保人不得在保险条款和保险费率之外，向保险公司提出附加其他条件的要求。

签订机动车交通事故责任强制保险合同时，保险公司不得强制投保人订立商业保险合同以及提出附加其他条件的要求。

第十四条 保险公司不得解除机动车交通事故责任强制保险合

同;但是,投保人对重要事项未履行如实告知义务的除外。

投保人对重要事项未履行如实告知义务,保险公司解除合同前,应当书面通知投保人,投保人应当自收到通知之日起5日内履行如实告知义务;投保人在上述期限内履行如实告知义务的,保险公司不得解除合同。

第十五条 保险公司解除机动车交通事故责任强制保险合同的,应当收回保险单和保险标志,并书面通知机动车管理部门。

第十六条 投保人不得解除机动车交通事故责任强制保险合同,但有下列情形之一的除外:

(一)被保险机动车被依法注销登记的;

(二)被保险机动车办理停驶的;

(三)被保险机动车经公安机关证实丢失的。

第十七条 机动车交通事故责任强制保险合同解除前,保险公司应当按照合同承担保险责任。

合同解除时,保险公司可以收取自保险责任开始之日起至合同解除之日止的保险费,剩余部分的保险费退还投保人。

第十八条 被保险机动车所有权转移的,应当办理机动车交通事故责任强制保险合同变更手续。

第十九条 机动车交通事故责任强制保险合同期满,投保人应当及时续保,并提供上一年度的保险单。

第二十条 机动车交通事故责任强制保险的保险期间为1年,但有下列情形之一的,投保人可以投保短期机动车交通事故责任强制保险:

(一)境外机动车临时入境的;

(二)机动车临时上道路行驶的;

(三)机动车距规定的报废期限不足1年的;

（四）国务院保险监督管理机构规定的其他情形。

第三章 赔 偿

第二十一条 被保险机动车发生道路交通事故造成本车人员、被保险人以外的受害人人身伤亡、财产损失的，由保险公司依法在机动车交通事故责任强制保险责任限额范围内予以赔偿。

道路交通事故的损失是由受害人故意造成的，保险公司不予赔偿。

第二十二条 有下列情形之一的，保险公司在机动车交通事故责任强制保险责任限额范围内垫付抢救费用，并有权向致害人追偿：

（一）驾驶人未取得驾驶资格或者醉酒的；

（二）被保险机动车被盗抢期间肇事的；

（三）被保险人故意制造道路交通事故的。

有前款所列情形之一，发生道路交通事故的，造成受害人的财产损失，保险公司不承担赔偿责任。

第二十三条 机动车交通事故责任强制保险在全国范围内实行统一的责任限额。责任限额分为死亡伤残赔偿限额、医疗费用赔偿限额、财产损失赔偿限额以及被保险人在道路交通事故中无责任的赔偿限额。

机动车交通事故责任强制保险责任限额由国务院保险监督管理机构会同国务院公安部门、国务院卫生主管部门、国务院农业主管部门规定。

第二十四条 国家设立道路交通事故社会救助基金（以下简称救助基金）。有下列情形之一时，道路交通事故中受害人人身伤亡的丧葬费用、部分或者全部抢救费用，由救助基金先行垫付，救助基金管理机构有权向道路交通事故责任人追偿：

（一）抢救费用超过机动车交通事故责任强制保险责任限额的；

（二）肇事机动车未参加机动车交通事故责任强制保险的；

（三）机动车肇事后逃逸的。

第二十五条 救助基金的来源包括：

（一）按照机动车交通事故责任强制保险的保险费的一定比例提取的资金；

（二）对未按照规定投保机动车交通事故责任强制保险的机动车的所有人、管理人的罚款；

（三）救助基金管理机构依法向道路交通事故责任人追偿的资金；

（四）救助基金孳息；

（五）其他资金。

第二十六条 救助基金的具体管理办法，由国务院财政部门会同国务院保险监督管理机构、国务院公安部门、国务院卫生主管部门、国务院农业主管部门制定试行。

第二十七条 被保险机动车发生道路交通事故，被保险人或者受害人通知保险公司的，保险公司应当立即给予答复，告知被保险人或者受害人具体的赔偿程序等有关事项。

第二十八条 被保险机动车发生道路交通事故的，由被保险人向保险公司申请赔偿保险金。保险公司应当自收到赔偿申请之日起1日内，书面告知被保险人需要向保险公司提供的与赔偿有关的证明和资料。

第二十九条 保险公司应当自收到被保险人提供的证明和资料之日起5日内，对是否属于保险责任作出核定，并将结果通知被保险人；对不属于保险责任的，应当书面说明理由；对属于保险责任的，在与被保险人达成赔偿保险金的协议后10日内，赔偿保险金。

第三十条 被保险人与保险公司对赔偿有争议的，可以依法申请仲裁或者向人民法院提起诉讼。

第三十一条 保险公司可以向被保险人赔偿保险金，也可以直接向受害人赔偿保险金。但是，因抢救受伤人员需要保险公司支付或者垫付抢救费用的，保险公司在接到公安机关交通管理部门通知后，经核对应当及时向医疗机构支付或者垫付抢救费用。

因抢救受伤人员需要救助基金管理机构垫付抢救费用的，救助基金管理机构在接到公安机关交通管理部门通知后，经核对应当及时向医疗机构垫付抢救费用。

第三十二条 医疗机构应当参照国务院卫生主管部门组织制定的有关临床诊疗指南，抢救、治疗道路交通事故中的受伤人员。

第三十三条 保险公司赔偿保险金或者垫付抢救费用，救助基金管理机构垫付抢救费用，需要向有关部门、医疗机构核实有关情况的，有关部门、医疗机构应当予以配合。

第三十四条 保险公司、救助基金管理机构的工作人员对当事人的个人隐私应当保密。

第三十五条 道路交通事故损害赔偿项目和标准依照有关法律的规定执行。

第四章 罚 则

第三十六条 保险公司以外的单位或者个人，非法从事机动车交通事故责任强制保险业务的，由国务院保险监督管理机构予以取缔；构成犯罪的，依法追究刑事责任；尚不构成犯罪的，由国务院保险监督管理机构没收违法所得，违法所得20万元以上的，并处违法所得1倍以上5倍以下罚款；没有违法所得或者违法所得不足20万元的，处20万元以上100万元以下罚款。

第三十七条 保险公司违反本条例规定，有下列行为之一的，由国务院保险监督管理机构责令改正,处5万元以上30万元以下罚款;情节严重的,可以限制业务范围、责令停止接受新业务或者吊销经营保险业务许可证:

(一)拒绝或者拖延承保机动车交通事故责任强制保险的;

(二)未按照统一的保险条款和基础保险费率从事机动车交通事故责任强制保险业务的;

(三)未将机动车交通事故责任强制保险业务和其他保险业务分开管理,单独核算的;

(四)强制投保人订立商业保险合同的;

(五)违反规定解除机动车交通事故责任强制保险合同的;

(六)拒不履行约定的赔偿保险金义务的;

(七)未按照规定及时支付或者垫付抢救费用的。

第三十八条 机动车所有人、管理人未按照规定投保机动车交通事故责任强制保险的,由公安机关交通管理部门扣留机动车,通知机动车所有人、管理人依照规定投保,处依照规定投保最低责任限额应缴纳的保险费的2倍罚款。

机动车所有人、管理人依照规定补办机动车交通事故责任强制保险的,应当及时退还机动车。

第三十九条 上道路行驶的机动车未放置保险标志的,公安机关交通管理部门应当扣留机动车,通知当事人提供保险标志或者补办相应手续,可以处警告或者20元以上200元以下罚款。

当事人提供保险标志或者补办相应手续的,应当及时退还机动车。

第四十条 伪造、变造或者使用伪造、变造的保险标志,或者使用其他机动车的保险标志,由公安机关交通管理部门予以收缴,扣留该机动车,处200元以上2000元以下罚款;构成犯罪的,依法追究刑事责任。

当事人提供相应的合法证明或者补办相应手续的，应当及时退还机动车。

第五章 附 则

第四十一条 本条例下列用语的含义：

（一）投保人，是指与保险公司订立机动车交通事故责任强制保险合同，并按照合同负有支付保险费义务的机动车的所有人、管理人。

（二）被保险人，是指投保人及其允许的合法驾驶人。

（三）抢救费用，是指机动车发生道路交通事故导致人员受伤时，医疗机构参照国务院卫生主管部门组织制定的有关临床诊疗指南，对生命体征不平稳和虽然生命体征平稳但如果不采取处理措施会产生生命危险，或者导致残疾、器官功能障碍，或者导致病程明显延长的受伤人员，采取必要的处理措施所发生的医疗费用。

第四十二条 挂车不投保机动车交通事故责任强制保险。发生道路交通事故造成人身伤亡、财产损失的，由牵引车投保的保险公司在机动车交通事故责任强制保险责任限额范围内予以赔偿；不足的部分，由牵引车方和挂车方依照法律规定承担赔偿责任。

第四十三条 机动车在道路以外的地方通行时发生事故，造成人身伤亡、财产损失的赔偿，比照适用本条例。

第四十四条 中国人民解放军和中国人民武装警察部队在编机动车参加机动车交通事故责任强制保险的办法，由中国人民解放军和中国人民武装警察部队另行规定。

第四十五条 机动车所有人、管理人自本条例施行之日起3个月内投保机动车交通事故责任强制保险；本条例施行前已经投保商业性机动车第三者责任保险的，保险期满，应当投保机动车交通事故责任强制保险。

第四十六条 本条例自2006年7月1日起施行。

4. 中华人民共和国道路交通安全法实施条例(2017修订)

(2004年4月30日中华人民共和国国务院令第405号公布 根据2017年10月7日《国务院关于修改部分行政法规的决定》修订)

第一章 总 则

第一条 根据《中华人民共和国道路交通安全法》(以下简称道路交通安全法)的规定,制定本条例。

第二条 中华人民共和国境内的车辆驾驶人、行人、乘车人以及与道路交通活动有关的单位和个人,应当遵守道路交通安全法和本条例。

第三条 县级以上地方各级人民政府应当建立、健全道路交通安全工作协调机制,组织有关部门对城市建设项目进行交通影响评价,制定道路交通安全管理规划,确定管理目标,制定实施方案。

第二章 车辆和驾驶人

第一节 机 动 车

第四条 机动车的登记,分为注册登记、变更登记、转移登记、抵押登记和注销登记。

第五条 初次申领机动车号牌、行驶证的,应当向机动车所有人住所地的公安机关交通管理部门申请注册登记。申请机动车注册登记,应当交验机动车,并提交以下证明、凭证:

(一)机动车所有人的身份证明;

(二)购车发票等机动车来历证明;

（三）机动车整车出厂合格证明或者进口机动车进口凭证；

（四）车辆购置税完税证明或者免税凭证；

（五）机动车第三者责任强制保险凭证；

（六）法律、行政法规规定应当在机动车注册登记时提交的其他证明、凭证。

不属于国务院机动车产品主管部门规定免予安全技术检验的车型的，还应当提供机动车安全技术检验合格证明。

第六条 已注册登记的机动车有下列情形之一的，机动车所有人应当向登记该机动车的公安机关交通管理部门申请变更登记：

（一）改变机动车车身颜色的；

（二）更换发动机的；

（三）更换车身或者车架的；

（四）因质量有问题，制造厂更换整车的；

（五）营运机动车改为非营运机动车或者非营运机动车改为营运机动车的；

（六）机动车所有人的住所迁出或者迁入公安机关交通管理部门管辖区域的。

申请机动车变更登记，应当提交下列证明、凭证，属于前款第（一）项、第（二）项、第（三）项、第（四）项、第（五）项情形之一的，还应当交验机动车；属于前款第（二）项、第（三）项情形之一的，还应当同时提交机动车安全技术检验合格证明：

（一）机动车所有人的身份证明；

（二）机动车登记证书；

（三）机动车行驶证。

机动车所有人的住所在公安机关交通管理部门管辖区域内迁移、机动车所有人的姓名（单位名称）或者联系方式变更的，应当向登记该机动车的公安机关交通管理部门备案。

第七条 已注册登记的机动车所有权发生转移的，应当及时办理转移登记。

申请机动车转移登记，当事人应当向登记该机动车的公安机关交通管理部门交验机动车，并提交以下证明、凭证：

（一）当事人的身份证明；

（二）机动车所有权转移的证明、凭证；

（三）机动车登记证书；

（四）机动车行驶证。

第八条 机动车所有人将机动车作为抵押物抵押的，机动车所有人应当向登记该机动车的公安机关交通管理部门申请抵押登记。

第九条 已注册登记的机动车达到国家规定的强制报废标准的，公安机关交通管理部门应当在报废期满的2个月前通知机动车所有人办理注销登记。机动车所有人应当在报废期满前将机动车交售给机动车回收企业，由机动车回收企业将报废的机动车登记证书、号牌、行驶证交公安机关交通管理部门注销。机动车所有人逾期不办理注销登记的，公安机关交通管理部门应当公告该机动车登记证书、号牌、行驶证作废。

因机动车灭失申请注销登记的，机动车所有人应当向公安机关交通管理部门提交本人身份证明，交回机动车登记证书。

第十条 办理机动车登记的申请人提交的证明、凭证齐全、有效的，公安机关交通管理部门应当当场办理登记手续。

人民法院、人民检察院以及行政执法部门依法查封、扣押的机动车，公安机关交通管理部门不予办理机动车登记。

第十一条 机动车登记证书、号牌、行驶证丢失或者损毁，机动车所有人申请补发的，应当向公安机关交通管理部门提交本人身份证明和申请材料。公安机关交通管理部门经与机动车登记档案核实后，在收到申请之日起15日内补发。

第十二条 税务部门、保险机构可以在公安机关交通管理部门的办公场所集中办理与机动车有关的税费缴纳、保险合同订立等事项。

第十三条 机动车号牌应当悬挂在车前、车后指定位置，保持清晰、完整。重型、中型载货汽车及其挂车、拖拉机及其挂车的车身或者车厢后部应当喷涂放大的牌号，字样应当端正并保持清晰。

机动车检验合格标志、保险标志应当粘贴在机动车前窗右上角。

机动车喷涂、粘贴标识或者车身广告的，不得影响安全驾驶。

第十四条 用于公路营运的载客汽车、重型载货汽车、半挂牵引车应当安装、使用符合国家标准的行驶记录仪。交通警察可以对机动车行驶速度、连续驾驶时间以及其他行驶状态信息进行检查。安装行驶记录仪可以分步实施，实施步骤由国务院机动车产品主管部门会同有关部门规定。

第十五条 机动车安全技术检验由机动车安全技术检验机构实施。机动车安全技术检验机构应当按照国家机动车安全技术检验标准对机动车进行检验，对检验结果承担法律责任。

质量技术监督部门负责对机动车安全技术检验机构实行计量认证管理，对机动车安全技术检验设备进行检定，对执行国家机动车安全技术检验标准的情况进行监督。

机动车安全技术检验项目由国务院公安部门会同国务院质量技术监督部门规定。

第十六条 机动车应当从注册登记之日起，按照下列期限进行安全技术检验：

（一）营运载客汽车5年以内每年检验1次；超过5年的，每6个月检验1次。

（二）载货汽车和大型、中型非营运载客汽车10年以内每年检验1次；超过10年的，每6个月检验1次。

（三）小型、微型非营运载客汽车6年以内每2年检验1次；超过6年的，每年检验1次；超过15年的，每6个月检验1次。

（四）摩托车4年以内每2年检验1次；超过4年的，每年检验1次。

（五）拖拉机和其他机动车每年检验1次。

营运机动车在规定检验期限内经安全技术检验合格的，不再重复进行安全技术检验。

第十七条 已注册登记的机动车进行安全技术检验时，机动车行驶证记载的登记内容与该机动车的有关情况不符，或者未按照规定提供机动车第三者责任强制保险凭证的，不予通过检验。

第十八条 警车、消防车、救护车、工程救险车标志图案的喷涂以及警报器、标志灯具的安装、使用规定，由国务院公安部门制定。

第二节 机动车驾驶人

第十九条 符合国务院公安部门规定的驾驶许可条件的人，可以向公安机关交通管理部门申请机动车驾驶证。

机动车驾驶证由国务院公安部门规定式样并监制。

第二十条 学习机动车驾驶，应当先学习道路交通安全法律、法规和相关知识，考试合格后，再学习机动车驾驶技能。

在道路上学习驾驶，应当按照公安机关交通管理部门指定的路线、时间进行。在道路上学习机动车驾驶技能应当使用教练车，在教练员随车指导下进行，与教学无关的人员不得乘坐教练车。学员在学习驾驶中有道路交通安全违法行为或者造成交通事故的，由教练员承担责任。

第二十一条 公安机关交通管理部门应当对申请机动车驾驶证的人进行考试，对考试合格的，在5日内核发机动车驾驶证；对考试不合格的，书面说明理由。

第二十二条 机动车驾驶证的有效期为6年，本条例另有规定的除外。

机动车驾驶人初次申领机动车驾驶证后的12个月为实习期。在实习期内驾驶机动车的，应当在车身后部粘贴或者悬挂统一式样的实习标志。

机动车驾驶人在实习期内不得驾驶公共汽车、营运客车或者执行任务的警车、消防车、救护车、工程救险车以及载有爆炸物品、易燃易爆化学物品、剧毒或者放射性等危险物品的机动车；驾驶的机动车不得牵引挂车。

第二十三条 公安机关交通管理部门对机动车驾驶人的道路交通安全违法行为除给予行政处罚外，实行道路交通安全违法行为累积记分（以下简称记分）制度，记分周期为12个月。对在一个记分周期内记分达到12分的，由公安机关交通管理部门扣留其机动车驾驶证，该机动车驾驶人应当按照规定参加道路交通安全法律、法规的学习并接受考试。考试合格的，记分予以清除，发还机动车驾驶证；考试不合格的，继续参加学习和考试。

应当给予记分的道路交通安全违法行为及其分值，由国务院公安部门根据道路交通安全违法行为的危害程度规定。

公安机关交通管理部门应当提供记分查询方式供机动车驾驶人查询。

第二十四条 机动车驾驶人在一个记分周期内记分未达到12分，所处罚款已经缴纳的，记分予以清除；记分虽未达到12分，但尚有罚款未缴纳的，记分转入下一记分周期。

机动车驾驶人在一个记分周期内记分2次以上达到12分的，除按照第二十三条的规定扣留机动车驾驶证、参加学习、接受考试外，还应当接受驾驶技能考试。考试合格的，记分予以清除，发还机动车驾驶证；考试不合格的，继续参加学习和考试。

接受驾驶技能考试的，按照本人机动车驾驶证载明的最高准驾车型考试。

第二十五条 机动车驾驶人记分达到12分，拒不参加公安机关交通管理部门通知的学习，也不接受考试的，由公安机关交通管理部门公告其机动车驾驶证停止使用。

第二十六条 机动车驾驶人在机动车驾驶证的6年有效期内，每个记分周期均未达到12分的，换发10年有效期的机动车驾驶证；在机动车驾驶证的10年有效期内，每个记分周期均未达到12分的，换发长期有效的机动车驾驶证。

换发机动车驾驶证时，公安机关交通管理部门应当对机动车驾驶证进行审验。

第二十七条 机动车驾驶证丢失、损毁，机动车驾驶人申请补发的，应当向公安机关交通管理部门提交本人身份证明和申请材料。公安机关交通管理部门经与机动车驾驶证档案核实后，在收到申请之日起3日内补发。

第二十八条 机动车驾驶人在机动车驾驶证丢失、损毁、超过有效期或者被依法扣留、暂扣期间以及记分达到12分的，不得驾驶机动车。

第三章 道路通行条件

第二十九条 交通信号灯分为：机动车信号灯、非机动车信号灯、人行横道信号灯、车道信号灯、方向指示信号灯、闪光警告信号灯、道路与铁路平面交叉道口信号灯。

第三十条 交通标志分为：指示标志、警告标志、禁令标志、指路标志、旅游区标志、道路施工安全标志和辅助标志。

道路交通标线分为：指示标线、警告标线、禁止标线。

第三十一条 交通警察的指挥分为：手势信号和使用器具的交通指挥信号。

第三十二条 道路交叉路口和行人横过道路较为集中的路段应当设置人行横道、过街天桥或者过街地下通道。

在盲人通行较为集中的路段，人行横道信号灯应当设置声响提示装置。

第三十三条 城市人民政府有关部门可以在不影响行人、车辆通行的情况下，在城市道路上施划停车泊位，并规定停车泊位的使用时间。

第三十四条 开辟或者调整公共汽车、长途汽车的行驶路线或者车站，应当符合交通规划和安全、畅通的要求。

第三十五条 道路养护施工单位在道路上进行养护、维修时，应当按照规定设置规范的安全警示标志和安全防护设施。道路养护施工作业车辆、机械应当安装示警灯，喷涂明显的标志图案，作业时应当开启示警灯和危险报警闪光灯。对未中断交通的施工作业道路，公安机关交通管理部门应当加强交通安全监督检查。发生交通阻塞时，及时做好分流、疏导，维护交通秩序。

道路施工需要车辆绕行的，施工单位应当在绕行处设置标志；不能绕行的，应当修建临时通道，保证车辆和行人通行。需要封闭道路中断交通的，除紧急情况外，应当提前 5 日向社会公告。

第三十六条 道路或者交通设施养护部门、管理部门应当在急弯、陡坡、临崖、临水等危险路段，按照国家标准设置警告标志和安全防护设施。

第三十七条 道路交通标志、标线不规范,机动车驾驶人容易发生辨认错误的,交通标志、标线的主管部门应当及时予以改善。

道路照明设施应当符合道路建设技术规范,保持照明功能完好。

第四章 道路通行规定

第一节 一般规定

第三十八条 机动车信号灯和非机动车信号灯表示:

(一)绿灯亮时,准许车辆通行,但转弯的车辆不得妨碍被放行的直行车辆、行人通行;

(二)黄灯亮时,已越过停止线的车辆可以继续通行;

(三)红灯亮时,禁止车辆通行。

在未设置非机动车信号灯和人行横道信号灯的路口,非机动车和行人应当按照机动车信号灯的表示通行。

红灯亮时,右转弯的车辆在不妨碍被放行的车辆、行人通行的情况下,可以通行。

第三十九条 人行横道信号灯表示:

(一)绿灯亮时,准许行人通过人行横道;

(二)红灯亮时,禁止行人进入人行横道,但是已经进入人行横道的,可以继续通过或者在道路中心线处停留等候。

第四十条 车道信号灯表示:

(一)绿色箭头灯亮时,准许本车道车辆按指示方向通行;

(二)红色叉形灯或者箭头灯亮时,禁止本车道车辆通行。

第四十一条 方向指示信号灯的箭头方向向左、向上、向右分别表示左转、直行、右转。

第四十二条 闪光警告信号灯为持续闪烁的黄灯,提示车辆、行人通行时注意瞭望，确认安全后通过。

第四十三条 道路与铁路平面交叉道口有两个红灯交替闪烁或者一个红灯亮时，表示禁止车辆、行人通行；红灯熄灭时，表示允许车辆、行人通行。

第二节 机动车通行规定

第四十四条 在道路同方向划有2条以上机动车道的，左侧为快速车道，右侧为慢速车道。在快速车道行驶的机动车应当按照快速车道规定的速度行驶，未达到快速车道规定的行驶速度的，应当在慢速车道行驶。摩托车应当在最右侧车道行驶。有交通标志标明行驶速度的，按照标明的行驶速度行驶。慢速车道内的机动车超越前车时，可以借用快速车道行驶。

在道路同方向划有2条以上机动车道的，变更车道的机动车不得影响相关车道内行驶的机动车的正常行驶。

第四十五条 机动车在道路上行驶不得超过限速标志、标线标明的速度。在没有限速标志、标线的道路上，机动车不得超过下列最高行驶速度：

（一）没有道路中心线的道路，城市道路为每小时30公里，公路为每小时40公里；

（二）同方向只有1条机动车道的道路，城市道路为每小时50公里，公路为每小时70公里。

第四十六条 机动车行驶中遇有下列情形之一的，最高行驶速度不得超过每小时30公里，其中拖拉机、电瓶车、轮式专用机械车不得超过每小时15公里：

（一）进出非机动车道，通过铁路道口、急弯路、窄路、窄桥时；

（二）掉头、转弯、下陡坡时；

（三）遇雾、雨、雪、沙尘、冰雹，能见度在50米以内时；

（四）在冰雪、泥泞的道路上行驶时；

（五）牵引发生故障的机动车时。

第四十七条 机动车超车时，应当提前开启左转向灯、变换使用远、近光灯或者鸣喇叭。在没有道路中心线或者同方向只有1条机动车道的道路上，前车遇后车发出超车信号时，在条件许可的情况下，应当降低速度、靠右让路。后车应当在确认有充足的安全距离后，从前车的左侧超越，在与被超车辆拉开必要的安全距离后，开启右转向灯，驶回原车道。

第四十八条 在没有中心隔离设施或者没有中心线的道路上，机动车遇相对方向来车时应当遵守下列规定：

（一）减速靠右行驶，并与其他车辆、行人保持必要的安全距离；

（二）在有障碍的路段，无障碍的一方先行；但有障碍的一方已驶入障碍路段而无障碍的一方未驶入时，有障碍的一方先行；

（三）在狭窄的坡路，上坡的一方先行；但下坡的一方已行至中途而上坡的一方未上坡时，下坡的一方先行；

（四）在狭窄的山路，不靠山体的一方先行；

（五）夜间会车应当在距相对方向来车150米以外改用近光灯，在窄路、窄桥与非机动车会车时应当使用近光灯。

第四十九条 机动车在有禁止掉头或者禁止左转弯标志、标线的地点以及在铁路道口、人行横道、桥梁、急弯、陡坡、隧道或者容易发生危险的路段，不得掉头。

机动车在没有禁止掉头或者没有禁止左转弯标志、标线的地点可以掉头，但不得妨碍正常行驶的其他车辆和行人的通行。

第五十条 机动车倒车时，应当察明车后情况，确认安全后倒车。不得在铁路道口、交叉路口、单行路、桥梁、急弯、陡坡或者隧道中倒车。

第五十一条 机动车通过有交通信号灯控制的交叉路口，应当按照下列规定通行：

（一）在划有导向车道的路口，按所需行进方向驶入导向车道；

（二）准备进入环形路口的让已在路口内的机动车先行；

（三）向左转弯时，靠路口中心点左侧转弯。转弯时开启转向灯，夜间行驶开启近光灯；

（四）遇放行信号时，依次通过；

（五）遇停止信号时，依次停在停止线以外。没有停止线的，停在路口以外；

（六）向右转弯遇有同车道前车正在等候放行信号时，依次停车等候；

（七）在没有方向指示信号灯的交叉路口，转弯的机动车让直行的车辆、行人先行。相对方向行驶的右转弯机动车让左转弯车辆先行。

第五十二条 机动车通过没有交通信号灯控制也没有交通警察指挥的交叉路口，除应当遵守第五十一条第（二）项、第（三）项的规定外，还应当遵守下列规定：

（一）有交通标志、标线控制的，让优先通行的一方先行；

（二）没有交通标志、标线控制的，在进入路口前停车瞭望，让右方道路的来车先行；

（三）转弯的机动车让直行的车辆先行；

（四）相对方向行驶的右转弯的机动车让左转弯的车辆先行。

第五十三条 机动车遇有前方交叉路口交通阻塞时，应当依次停在路口以外等候，不得进入路口。

机动车在遇有前方机动车停车排队等候或者缓慢行驶时，应当依次排队，不得从前方车辆两侧穿插或者超越行驶，不得在人行横道、网状线区域内停车等候。

机动车在车道减少的路口、路段,遇有前方机动车停车排队等候或者缓慢行驶的,应当每车道一辆依次交替驶入车道减少后的路口、路段。

第五十四条 机动车载物不得超过机动车行驶证上核定的载质量,装载长度、宽度不得超出车厢,并应当遵守下列规定:

(一)重型、中型载货汽车,半挂车载物,高度从地面起不得超过4米,载运集装箱的车辆不得超过4.2米;

(二)其他载货的机动车载物,高度从地面起不得超过2.5米;

(三)摩托车载物,高度从地面起不得超过1.5米,长度不得超出车身0.2米。两轮摩托车载物宽度左右各不得超出车把0.15米;三轮摩托车载物宽度不得超过车身。

载客汽车除车身外部的行李架和内置的行李箱外,不得载货。载客汽车行李架载货,从车顶起高度不得超过0.5米,从地面起高度不得超过4米。

第五十五条 机动车载人应当遵守下列规定:

(一)公路载客汽车不得超过核定的载客人数,但按照规定免票的儿童除外,在载客人数已满的情况下,按照规定免票的儿童不得超过核定载客人数的10%;

(二)载货汽车车厢不得载客。在城市道路上,货运机动车在留有安全位置的情况下,车厢内可以附载临时作业人员1人至5人;载物高度超过车厢栏板时,货物上不得载人;

(三)摩托车后座不得乘坐未满12周岁的未成年人,轻便摩托车不得载人。

第五十六条 机动车牵引挂车应当符合下列规定:

(一)载货汽车、半挂牵引车、拖拉机只允许牵引1辆挂车。挂车的灯光信号、制动、连接、安全防护等装置应当符合国家标准；

（二）小型载客汽车只允许牵引旅居挂车或者总质量700千克以下的挂车。挂车不得载人；

（三）载货汽车所牵引挂车的载质量不得超过载货汽车本身的载质量；

大型、中型载客汽车，低速载货汽车，三轮汽车以及其他机动车不得牵引挂车。

第五十七条 机动车应当按照下列规定使用转向灯：

（一）向左转弯、向左变更车道、准备超车、驶离停车地点或者掉头时，应当提前开启左转向灯；

（二）向右转弯、向右变更车道、超车完毕驶回原车道、靠路边停车时，应当提前开启右转向灯。

第五十八条 机动车在夜间没有路灯、照明不良或者遇有雾、雨、雪、沙尘、冰雹等低能见度情况下行驶时，应当开启前照灯、示廓灯和后位灯，但同方向行驶的后车与前车近距离行驶时，不得使用远光灯。机动车雾天行驶应当开启雾灯和危险报警闪光灯。

第五十九条 机动车在夜间通过急弯、坡路、拱桥、人行横道或者没有交通信号灯控制的路口时，应当交替使用远近光灯示意。

机动车驶近急弯、坡道顶端等影响安全视距的路段以及超车或者遇有紧急情况时，应当减速慢行，并鸣喇叭示意。

第六十条 机动车在道路上发生故障或者发生交通事故，妨碍交通又难以移动的，应当按照规定开启危险报警闪光灯并在车后50米至100米处设置警告标志，夜间还应当同时开启示廓灯和后位灯。

第六十一条 牵引故障机动车应当遵守下列规定：

（一）被牵引的机动车除驾驶人外不得载人，不得拖带挂车；

（二）被牵引的机动车宽度不得大于牵引机动车的宽度；

（三）使用软连接牵引装置时，牵引车与被牵引车之间的距离应当大于4米小于10米；

（四）对制动失效的被牵引车，应当使用硬连接牵引装置牵引；

（五）牵引车和被牵引车均应当开启危险报警闪光灯。

汽车吊车和轮式专用机械车不得牵引车辆。摩托车不得牵引车辆或者被其他车辆牵引。

转向或者照明、信号装置失效的故障机动车，应当使用专用清障车拖曳。

第六十二条 驾驶机动车不得有下列行为：

（一）在车门、车厢没有关好时行车；

（二）在机动车驾驶室的前后窗范围内悬挂、放置妨碍驾驶人视线的物品；

（三）拨打接听手持电话、观看电视等妨碍安全驾驶的行为；

（四）下陡坡时熄火或者空挡滑行；

（五）向道路上抛撒物品；

（六）驾驶摩托车手离车把或者在车把上悬挂物品；

（七）连续驾驶机动车超过4小时未停车休息或者停车休息时间少于20分钟；

（八）在禁止鸣喇叭的区域或者路段鸣喇叭。

第六十三条 机动车在道路上临时停车，应当遵守下列规定：

（一）在设有禁停标志、标线的路段，在机动车道与非机动车道、人行道之间设有隔离设施的路段以及人行横道、施工地段，不得停车；

（二）交叉路口、铁路道口、急弯路、宽度不足4米的窄路、桥梁、陡坡、隧道以及距离上述地点50米以内的路段，不得停车；

（三）公共汽车站、急救站、加油站、消防栓或者消防队（站）门前以及距离上述地点30米以内的路段，除使用上述设施的以外，不得停车；

（四）车辆停稳前不得开车门和上下人员，开关车门不得妨碍其他车辆和行人通行；

（五）路边停车应当紧靠道路右侧，机动车驾驶人不得离车，上下人员或者装卸物品后，立即驶离；

（六）城市公共汽车不得在站点以外的路段停车上下乘客。

第六十四条 机动车行经漫水路或者漫水桥时，应当停车察明水情，确认安全后，低速通过。

第六十五条 机动车载运超限物品行经铁路道口的，应当按照当地铁路部门指定的铁路道口、时间通过。

机动车行经渡口，应当服从渡口管理人员指挥，按照指定地点依次待渡。机动车上下渡船时，应当低速慢行。

第六十六条 警车、消防车、救护车、工程救险车在执行紧急任务遇交通受阻时，可以断续使用警报器，并遵守下列规定：

（一）不得在禁止使用警报器的区域或者路段使用警报器；

（二）夜间在市区不得使用警报器；

（三）列队行驶时，前车已经使用警报器的，后车不再使用警报器。

第六十七条 在单位院内、居民居住区内，机动车应当低速行驶，避让行人；有限速标志的，按照限速标志行驶。

第三节 非机动车通行规定

第六十八条 非机动车通过有交通信号灯控制的交叉路口，应当按照下列规定通行：

（一）转弯的非机动车让直行的车辆、行人优先通行；

（二）遇有前方路口交通阻塞时，不得进入路口；

（三）向左转弯时，靠路口中心点的右侧转弯；

（四）遇有停止信号时，应当依次停在路口停止线以外。没有停止线的，停在路口以外；

（五）向右转弯遇有同方向前车正在等候放行信号时，在本车道内能够转弯的，可以通行；不能转弯的，依次等候。

第六十九条 非机动车通过没有交通信号灯控制也没有交通警察指挥的交叉路口，除应当遵守第六十八条第（一）项、第（二）项和第（三）项的规定外，还应当遵守下列规定：

（一）有交通标志、标线控制的，让优先通行的一方先行；

（二）没有交通标志、标线控制的，在路口外慢行或者停车瞭望，让右方道路的来车先行；

（三）相对方向行驶的右转弯的非机动车让左转弯的车辆先行。

第七十条 驾驶自行车、电动自行车、三轮车在路段上横过机动车道，应当下车推行，有人行横道或者行人过街设施的，应当从人行横道或者行人过街设施通过；没有人行横道、没有行人过街设施或者不便使用行人过街设施的，在确认安全后直行通过。

因非机动车道被占用无法在本车道内行驶的非机动车，可以在受阻的路段借用相邻的机动车道行驶，并在驶过被占用路段后迅速驶回非机动车道。机动车遇此情况应当减速让行。

第七十一条 非机动车载物，应当遵守下列规定：

（一）自行车、电动自行车、残疾人机动轮椅车载物，高度从地面起不得超过1.5米，宽度左右各不得超出车把0.15米，长度前端不得超出车轮，后端不得超出车身0.3米；

（二）三轮车、人力车载物，高度从地面起不得超过2米，宽度左右各不得超出车身0.2米，长度不得超出车身1米；

（三）畜力车载物，高度从地面起不得超过2.5米，宽度左右各不得超出车身0.2米，长度前端不得超出车辕，后端不得超出车身1米。

自行车载人的规定，由省、自治区、直辖市人民政府根据当地实际情况制定。

第七十二条 在道路上驾驶自行车、三轮车、电动自行车、残疾人机动轮椅车应当遵守下列规定：

（一）驾驶自行车、三轮车必须年满12周岁；

（二）驾驶电动自行车和残疾人机动轮椅车必须年满16周岁；

（三）不得醉酒驾驶；

（四）转弯前应当减速慢行，伸手示意，不得突然猛拐，超越前车时不得妨碍被超越的车辆行驶；

（五）不得牵引、攀扶车辆或者被其他车辆牵引，不得双手离把或者手中持物；

（六）不得扶身并行、互相追逐或者曲折竞驶；

（七）不得在道路上骑独轮自行车或者2人以上骑行的自行车；

（八）非下肢残疾的人不得驾驶残疾人机动轮椅车；

（九）自行车、三轮车不得加装动力装置；

（十）不得在道路上学习驾驶非机动车。

第七十三条 在道路上驾驭畜力车应当年满16周岁，并遵守下列规定：

（一）不得醉酒驾驭；

（二）不得并行，驾驭人不得离开车辆；

（三）行经繁华路段、交叉路口、铁路道口、人行横道、急弯路、宽度不足4米的窄路或者窄桥、陡坡、隧道或者容易发生危险的路段，不得超车。驾驭两轮畜力车应当下车牵引牲畜；

（四）不得使用未经驯服的牲畜驾车，随车幼畜须拴系；

（五）停放车辆应当拉紧车闸，拴系牲畜。

第四节 行人和乘车人通行规定

第七十四条 行人不得有下列行为：

（一）在道路上使用滑板、旱冰鞋等滑行工具；

（二）在车行道内坐卧、停留、嬉闹；

（三）追车、抛物击车等妨碍道路交通安全的行为。

第七十五条 行人横过机动车道，应当从行人过街设施通过；没有行人过街设施的，应当从人行横道通过；没有人行横道的，应当观察来往车辆的情况，确认安全后直行通过，不得在车辆临近时突然加速横穿或者中途倒退、折返。

第七十六条 行人列队在道路上通行，每横列不得超过2人，但在已经实行交通管制的路段不受限制。

第七十七条 乘坐机动车应当遵守下列规定：

（一）不得在机动车道上拦乘机动车；

（二）在机动车道上不得从机动车左侧上下车；

（三）开关车门不得妨碍其他车辆和行人通行；

（四）机动车行驶中，不得干扰驾驶，不得将身体任何部分伸出车外，不得跳车；

（五）乘坐两轮摩托车应当正向骑坐。

第五节 高速公路的特别规定

第七十八条 高速公路应当标明车道的行驶速度，最高车速不得超过每小时120公里，最低车速不得低于每小时60公里。

在高速公路上行驶的小型载客汽车最高车速不得超过每小时120公里，其他机动车不得超过每小时100公里，摩托车不得超过每小时80公里。

同方向有2条车道的，左侧车道的最低车速为每小时100公里；同方向有3条以上车道的，最左侧车道的最低车速为每小时110公里，中间车道的最低车速为每小时90公里。道路限速标志标明的车速与上述车道行驶车速的规定不一致的，按照道路限速标志标明的车速行驶。

第七十九条 机动车从匝道驶入高速公路，应当开启左转向灯，在不妨碍已在高速公路内的机动车正常行驶的情况下驶入车道。

机动车驶离高速公路时，应当开启右转向灯，驶入减速车道，降低车速后驶离。

第八十条 机动车在高速公路上行驶，车速超过每小时100公里时，应当与同车道前车保持100米以上的距离，车速低于每小时100公里时，与同车道前车距离可以适当缩短，但最小距离不得少于50米。

第八十一条 机动车在高速公路上行驶，遇有雾、雨、雪、沙尘、冰雹等低能见度气象条件时，应当遵守下列规定：

（一）能见度小于200米时，开启雾灯、近光灯、示廓灯和前后位灯，车速不得超过每小时60公里，与同车道前车保持100米以上的距离；

（二）能见度小于100米时，开启雾灯、近光灯、示廓灯、前后位灯和危险报警闪光灯，车速不得超过每小时40公里，与同车道前车保持50米以上的距离；

（三）能见度小于50米时，开启雾灯、近光灯、示廓灯、前后位灯和危险报警闪光灯，车速不得超过每小时20公里，并从最近的出口尽快驶离高速公路。

遇有前款规定情形时，高速公路管理部门应当通过显示屏等方式发布速度限制、保持车距等提示信息。

第八十二条 机动车在高速公路上行驶，不得有下列行为：

（一）倒车、逆行、穿越中央分隔带掉头或者在车道内停车；

（二）在匝道、加速车道或者减速车道上超车；

（三）骑、轧车行道分界线或者在路肩上行驶；

（四）非紧急情况时在应急车道行驶或者停车；

（五）试车或者学习驾驶机动车。

第八十三条 在高速公路上行驶的载货汽车车厢不得载人。两轮摩托车在高速公路行驶时不得载人。

第八十四条 机动车通过施工作业路段时，应当注意警示标志，减速行驶。

第八十五条 城市快速路的道路交通安全管理，参照本节的规定执行。

高速公路、城市快速路的道路交通安全管理工作，省、自治区、直辖市人民政府公安机关交通管理部门可以指定设区的市人民政府公安机关交通管理部门或者相当于同级的公安机关交通管理部门承担。

第五章 交通事故处理

第八十六条 机动车与机动车、机动车与非机动车在道路上发生未造成人身伤亡的交通事故，当事人对事实及成因无争议的，在记录交通事故的时间、地点、对方当事人的姓名和联系方式、机动车牌号、驾驶证号、保险凭证号、碰撞部位，并共同签名后，撤离现场，自行协商损害赔偿事宜。当事人对交通事故事实及成因有争议的，应当迅速报警。

第八十七条 非机动车与非机动车或者行人在道路上发生交通事故，未造成人身伤亡，且基本事实及成因清楚的，当事人应当先撤离现场，再自行协商处理损害赔偿事宜。当事人对交通事故事实及成因有争议的，应当迅速报警。

第八十八条 机动车发生交通事故，造成道路、供电、通讯等设施损毁的，驾驶人应当报警等候处理，不得驶离。机动车可以移动的，应当将机动车移至不妨碍交通的地点。公安机关交通管理部门应当将事故有关情况通知有关部门。

第八十九条 公安机关交通管理部门或者交通警察接到交通事故报警，应当及时赶赴现场，对未造成人身伤亡，事实清楚，并且机动车可以移动的，应当在记录事故情况后责令当事人撤离现场，恢复交通。对拒不撤离现场的，予以强制撤离。

对属于前款规定情况的道路交通事故，交通警察可以适用简易程序处理，并当场出具事故认定书。当事人共同请求调解的，交通警察可以当场对损害赔偿争议进行调解。

对道路交通事故造成人员伤亡和财产损失需要勘验、检查现场的，公安机关交通管理部门应当按照勘查现场工作规范进行。现场勘查完毕，应当组织清理现场，恢复交通。

第九十条 投保机动车第三者责任强制保险的机动车发生交通事故，因抢救受伤人员需要保险公司支付抢救费用的，由公安机关交通管理部门通知保险公司。

抢救受伤人员需要道路交通事故救助基金垫付费用的，由公安机关交通管理部门通知道路交通事故社会救助基金管理机构。

第九十一条 公安机关交通管理部门应当根据交通事故当事人的行为对发生交通事故所起的作用以及过错的严重程度，确定当事人的责任。

第九十二条 发生交通事故后当事人逃逸的，逃逸的当事人承担全部责任。但是，有证据证明对方当事人也有过错的，可以减轻责任。

当事人故意破坏、伪造现场、毁灭证据的，承担全部责任。

第九十三条 公安机关交通管理部门对经过勘验、检查现场的交通事故应当在勘查现场之日起10日内制作交通事故认定书。对需要进行检验、鉴定的,应当在检验、鉴定结果确定之日起5日内制作交通事故认定书。

第九十四条 当事人对交通事故损害赔偿有争议,各方当事人一致请求公安机关交通管理部门调解的,应当在收到交通事故认定书之日起10日内提出书面调解申请。

对交通事故致死的,调解从办理丧葬事宜结束之日起开始;对交通事故致伤的,调解从治疗终结或者定残之日起开始;对交通事故造成财产损失的,调解从确定损失之日起开始。

第九十五条 公安机关交通管理部门调解交通事故损害赔偿争议的期限为10日。调解达成协议的,公安机关交通管理部门应当制作调解书送交各方当事人,调解书经各方当事人共同签字后生效;调解未达成协议的,公安机关交通管理部门应当制作调解终结书送交各方当事人。

交通事故损害赔偿项目和标准依照有关法律的规定执行。

第九十六条 对交通事故损害赔偿的争议,当事人向人民法院提起民事诉讼的,公安机关交通管理部门不再受理调解申请。

公安机关交通管理部门调解期间,当事人向人民法院提起民事诉讼的,调解终止。

第九十七条 车辆在道路以外发生交通事故,公安机关交通管理部门接到报案的,参照道路交通安全法和本条例的规定处理。

车辆、行人与火车发生的交通事故以及在渡口发生的交通事故,依照国家有关规定处理。

第六章 执法监督

第九十八条 公安机关交通管理部门应当公开办事制度、办事程序，建立警风警纪监督员制度，自觉接受社会和群众的监督。

第九十九条 公安机关交通管理部门及其交通警察办理机动车登记，发放号牌，对驾驶人考试、发证，处理道路交通安全违法行为，处理道路交通事故，应当严格遵守有关规定，不得越权执法，不得延迟履行职责，不得擅自改变处罚的种类和幅度。

第一百条 公安机关交通管理部门应当公布举报电话，受理群众举报投诉，并及时调查核实，反馈查处结果。

第一百零一条 公安机关交通管理部门应当建立执法质量考核评议、执法责任制和执法过错追究制度，防止和纠正道路交通安全执法中的错误或者不当行为。

第七章 法律责任

第一百零二条 违反本条例规定的行为，依照道路交通安全法和本条例的规定处罚。

第一百零三条 以欺骗、贿赂等不正当手段取得机动车登记或者驾驶许可的，收缴机动车登记证书、号牌、行驶证或者机动车驾驶证，撤销机动车登记或者机动车驾驶许可；申请人在3年内不得申请机动车登记或者机动车驾驶许可。

第一百零四条 机动车驾驶人有下列行为之一，又无其他机动车驾驶人即时替代驾驶的，公安机关交通管理部门除依法给予处罚外，可以将其驾驶的机动车移至不妨碍交通的地点或者有关部门指定的地点停放：

（一）不能出示本人有效驾驶证的；

（二）驾驶的机动车与驾驶证载明的准驾车型不符的；

（三）饮酒、服用国家管制的精神药品或者麻醉药品、患有妨碍安全驾驶的疾病，或者过度疲劳仍继续驾驶的；

(四)学习驾驶人员没有教练人员随车指导单独驾驶的。

第一百零五条 机动车驾驶人有饮酒、醉酒、服用国家管制的精神药品或者麻醉药品嫌疑的,应当接受测试、检验。

第一百零六条 公路客运载客汽车超过核定乘员、载货汽车超过核定载质量的,公安机关交通管理部门依法扣留机动车后,驾驶人应当将超载的乘车人转运、将超载的货物卸载,费用由超载机动车的驾驶人或者所有人承担。

第一百零七条 依照道路交通安全法第九十二条、第九十五条、第九十六条、第九十八条的规定被扣留的机动车,驾驶人或者所有人、管理人30日内没有提供被扣留机动车的合法证明,没有补办相应手续,或者不前来接受处理,经公安机关交通管理部门通知并且经公告3个月仍不前来接受处理的,由公安机关交通管理部门将该机动车送交有资格的拍卖机构拍卖,所得价款上缴国库;非法拼装的机动车予以拆除;达到报废标准的机动车予以报废;机动车涉及其他违法犯罪行为的,移交有关部门处理。

第一百零八条 交通警察按照简易程序当场作出行政处罚的,应当告知当事人道路交通安全违法行为的事实、处罚的理由和依据,并将行政处罚决定书当场交付被处罚人。

第一百零九条 对道路交通安全违法行为人处以罚款或者暂扣驾驶证处罚的,由违法行为发生地的县级以上人民政府公安机关交通管理部门或者相当于同级的公安机关交通管理部门作出决定;对处以吊销机动车驾驶证处罚的,由设区的市人民政府公安机关交通管理部门或者相当于同级的公安机关交通管理部门作出决定。

公安机关交通管理部门对非本辖区机动车的道路交通安全违法行为没有当场处罚的,可以由机动车登记地的公安机关交通管理部门处罚。

第一百一十条 当事人对公安机关交通管理部门及其交通警察的处罚有权进行陈述和申辩，交通警察应当充分听取当事人的陈述和申辩，不得因当事人陈述、申辩而加重其处罚。

第八章 附 则

第一百一十一条 本条例所称上道路行驶的拖拉机，是指手扶拖拉机等最高设计行驶速度不超过每小时20公里的轮式拖拉机和最高设计行驶速度不超过每小时40公里、牵引挂车方可从事道路运输的轮式拖拉机。

第一百一十二条 农业（农业机械）主管部门应当定期向公安机关交通管理部门提供拖拉机登记、安全技术检验以及拖拉机驾驶证发放的资料、数据。公安机关交通管理部门对拖拉机驾驶人作出暂扣、吊销驾驶证处罚或者记分处理的，应当定期将处罚决定书和记分情况通报有关的农业（农业机械）主管部门。吊销驾驶证的，还应当将驾驶证送交有关的农业（农业机械）主管部门。

第一百一十三条 境外机动车入境行驶，应当向入境地的公安机关交通管理部门申请临时通行号牌、行驶证。临时通行号牌、行驶证应当根据行驶需要，载明有效日期和允许行驶的区域。

入境的境外机动车申请临时通行号牌、行驶证以及境外人员申请机动车驾驶许可的条件、考试办法由国务院公安部门规定。

第一百一十四条 机动车驾驶许可考试的收费标准，由国务院价格主管部门规定。

第一百一十五条 本条例自2004年5月1日起施行。1960年2月11日国务院批准、交通部发布的《机动车管理办法》，1988年3月9日国务院发布的《中华人民共和国道路交通管理条例》，1991年9月22日国务院发布的《道路交通事故处理办法》，同时废止。

5.公路安全保护条例

(2011年2月16日国务院第144次常务会议通过 中华人民共和国国务院令第593号 2011年3月7日公布 自2011年7月1日起施行)

第一章 总 则

第一条 为了加强公路保护,保障公路完好、安全和畅通,根据《中华人民共和国公路法》,制定本条例。

第二条 各级人民政府应当加强对公路保护工作的领导,依法履行公路保护职责。

第三条 国务院交通运输主管部门主管全国公路保护工作。

县级以上地方人民政府交通运输主管部门主管本行政区域的公路保护工作;但是,县级以上地方人民政府交通运输主管部门对国道、省道的保护职责,由省、自治区、直辖市人民政府确定。

公路管理机构依照本条例的规定具体负责公路保护的监督管理工作。

第四条 县级以上各级人民政府发展改革、工业和信息化、公安、工商、质检等部门按照职责分工,依法开展公路保护的相关工作。

第五条 县级以上各级人民政府应当将政府及其有关部门从事公路管理、养护所需经费以及公路管理机构行使公路行政管理职能所需经费纳入本级人民政府财政预算。但是,专用公路的公路保护经费除外。

第六条 县级以上各级人民政府交通运输主管部门应当综合考虑国家有关车辆技术标准、公路使用状况等因素,逐步提高公路建设、管理和养护水平,努力满足国民经济和社会发展以及人民群众生产、生活需要。

第七条 县级以上各级人民政府交通运输主管部门应当依照《中华人民共和国突发事件应对法》的规定，制定地震、泥石流、雨雪冰冻灾害等损毁公路的突发事件（以下简称公路突发事件）应急预案，报本级人民政府批准后实施。

公路管理机构、公路经营企业应当根据交通运输主管部门制定的公路突发事件应急预案，组建应急队伍，并定期组织应急演练。

第八条 国家建立健全公路突发事件应急物资储备保障制度，完善应急物资储备、调配体系，确保发生公路突发事件时能够满足应急处置工作的需要。

第九条 任何单位和个人不得破坏、损坏、非法占用或者非法利用公路、公路用地和公路附属设施。

第二章 公路线路

第十条 公路管理机构应当建立健全公路管理档案，对公路、公路用地和公路附属设施调查核实、登记造册。

第十一条 县级以上地方人民政府应当根据保障公路运行安全和节约用地的原则以及公路发展的需要，组织交通运输、国土资源等部门划定公路建筑控制区的范围。

公路建筑控制区的范围，从公路用地外缘起向外的距离标准为：

（一）国道不少于20米；

（二）省道不少于15米；

（三）县道不少于10米；

（四）乡道不少于5米。

属于高速公路的，公路建筑控制区的范围从公路用地外缘起向外的距离标准不少于30米。

公路弯道内侧、互通立交以及平面交叉道口的建筑控制区范围根据安全视距等要求确定。

第十二条 新建、改建公路的建筑控制区的范围,应当自公路初步设计批准之日起30日内,由公路沿线县级以上地方人民政府依照本条例划定并公告。

公路建筑控制区与铁路线路安全保护区、航道保护范围、河道管理范围或者水工程管理和保护范围重叠的,经公路管理机构和铁路管理机构、航道管理机构、水行政主管部门或者流域管理机构协商后划定。

第十三条 在公路建筑控制区内,除公路保护需要外,禁止修建建筑物和地面构筑物;公路建筑控制区划定前已经合法修建的不得扩建,因公路建设或者保障公路运行安全等原因需要拆除的应当依法给予补偿。

在公路建筑控制区外修建的建筑物、地面构筑物以及其他设施不得遮挡公路标志,不得妨碍安全视距。

第十四条 新建村镇、开发区、学校和货物集散地、大型商业网点、农贸市场等公共场所,与公路建筑控制区边界外缘的距离应当符合下列标准,并尽可能在公路一侧建设:

(一)国道、省道不少于50米;

(二)县道、乡道不少于20米。

第十五条 新建、改建公路与既有城市道路、铁路、通信等线路交叉或者新建、改建城市道路、铁路、通信等线路与既有公路交叉的,建设费用由新建、改建单位承担;城市道路、铁路、通信等线路的管理部门、单位或者公路管理机构要求提高既有建设标准而增加的费用,由提出要求的部门或者单位承担。

需要改变既有公路与城市道路、铁路、通信等线路交叉方式的,按照公平合理的原则分担建设费用。

第十六条 禁止将公路作为检验车辆制动性能的试车场地。

禁止在公路、公路用地范围内摆摊设点、堆放物品、倾倒垃圾、设置障碍、挖沟引水、打场晒粮、种植作物、放养牲畜、采石、取土、采空作业、焚烧物品、利用公路边沟排放污物或者进行其他损坏、污染公路和影响公路畅通的行为。

第十七条 禁止在下列范围内从事采矿、采石、取土、爆破作业等危及公路、公路桥梁、公路隧道、公路渡口安全的活动：

（一）国道、省道、县道的公路用地外缘起向外100米，乡道的公路用地外缘起向外50米；

（二）公路渡口和中型以上公路桥梁周围200米；

（三）公路隧道上方和洞口外100米。

在前款规定的范围内，因抢险、防汛需要修筑堤坝、压缩或者拓宽河床的，应当经省、自治区、直辖市人民政府交通运输主管部门会同水行政主管部门或者流域管理机构批准，并采取安全防护措施方可进行。

第十八条 除按照国家有关规定设立的为车辆补充燃料的场所、设施外，禁止在下列范围内设立生产、储存、销售易燃、易爆、剧毒、放射性等危险物品的场所、设施：

（一）公路用地外缘起向外100米；

（二）公路渡口和中型以上公路桥梁周围200米；

（三）公路隧道上方和洞口外100米。

第十九条 禁止擅自在中型以上公路桥梁跨越的河道上下游各1000米范围内抽取地下水、架设浮桥以及修建其他危及公路桥梁安全的设施。

在前款规定的范围内，确需进行抽取地下水、架设浮桥等活动的，应当经水行政主管部门、流域管理机构等有关单位会同公路管理机构批准,并采取安全防护措施方可进行。

第二十条 禁止在公路桥梁跨越的河道上下游的下列范围内采砂:

(一)特大型公路桥梁跨越的河道上游500米,下游3000米;

(二)大型公路桥梁跨越的河道上游500米,下游2000米;

(三)中小型公路桥梁跨越的河道上游500米,下游1000米。

第二十一条 在公路桥梁跨越的河道上下游各500米范围内依法进行疏浚作业的,应当符合公路桥梁安全要求,经公路管理机构确认安全方可作业。

第二十二条 禁止利用公路桥梁进行牵拉、吊装等危及公路桥梁安全的施工作业。

禁止利用公路桥梁(含桥下空间)、公路隧道、涵洞堆放物品,搭建设施以及铺设高压电线和输送易燃、易爆或者其他有毒有害气体、液体的管道。

第二十三条 公路桥梁跨越航道的,建设单位应当按照国家有关规定设置桥梁航标、桥柱标、桥梁水尺标,并按照国家标准、行业标准设置桥区水上航标和桥墩防撞装置。桥区水上航标由航标管理机构负责维护。

通过公路桥梁的船舶应当符合公路桥梁通航净空要求,严格遵守航行规则,不得在公路桥梁下停泊或者系缆。

第二十四条 重要的公路桥梁和公路隧道按照《中华人民共和国人民武装警察法》和国务院、中央军委的有关规定由中国人民武装警察部队守护。

第二十五条 禁止损坏、擅自移动、涂改、遮挡公路附属设施或者利用公路附属设施架设管道、悬挂物品。

第二十六条 禁止破坏公路、公路用地范围内的绿化物。需要更新采伐护路林的，应当向公路管理机构提出申请，经批准方可更新采伐，并及时补种；不能及时补种的，应当交纳补种所需费用，由公路管理机构代为补种。

第二十七条 进行下列涉路施工活动，建设单位应当向公路管理机构提出申请：

（一）因修建铁路、机场、供电、水利、通信等建设工程需要占用、挖掘公路、公路用地或者使公路改线；

（二）跨越、穿越公路修建桥梁、渡槽或者架设、埋设管道、电缆等设施；

（三）在公路用地范围内架设、埋设管道、电缆等设施；

（四）利用公路桥梁、公路隧道、涵洞铺设电缆等设施；

（五）利用跨越公路的设施悬挂非公路标志；

（六）在公路上增设或者改造平面交叉道口；

（七）在公路建筑控制区内埋设管道、电缆等设施。

第二十八条 申请进行涉路施工活动的建设单位应当向公路管理机构提交下列材料：

（一）符合有关技术标准、规范要求的设计和施工方案；

（二）保障公路、公路附属设施质量和安全的技术评价报告；

（三）处置施工险情和意外事故的应急方案。

公路管理机构应当自受理申请之日起20日内作出许可或者不予许可的决定；影响交通安全的，应当征得公安机关交通管理部门的同意；涉及经营性公路的，应当征求公路经营企业的意见；不予许可的，公路管理机构应当书面通知申请人并说明理由。

第二十九条 建设单位应当按照许可的设计和施工方案进行施工作业，并落实保障公路、公路附属设施质量和安全的防护措施。

涉路施工完毕，公路管理机构应当对公路、公路附属设施是否达到规定的技术标准以及施工是否符合保障公路、公路附属设施质量和安全的要求进行验收；影响交通安全的，还应当经公安机关交通管理部门验收。

涉路工程设施的所有人、管理人应当加强维护和管理，确保工程设施不影响公路的完好、安全和畅通。

第三章 公路通行

第三十条 车辆的外廓尺寸、轴荷和总质量应当符合国家有关车辆外廓尺寸、轴荷、质量限值等机动车安全技术标准，不符合标准的不得生产、销售。

第三十一条 公安机关交通管理部门办理车辆登记，应当当场查验，对不符合机动车国家安全技术标准的车辆不予登记。

第三十二条 运输不可解体物品需要改装车辆的，应当由具有相应资质的车辆生产企业按照规定的车型和技术参数进行改装。

第三十三条 超过公路、公路桥梁、公路隧道限载、限高、限宽、限长标准的车辆，不得在公路、公路桥梁或者公路隧道行驶；超过汽车渡船限载、限高、限宽、限长标准的车辆，不得使用汽车渡船。

公路、公路桥梁、公路隧道限载、限高、限宽、限长标准调整的，公路管理机构、公路经营企业应当及时变更限载、限高、限宽、限长标志；需要绕行的，还应当标明绕行路线。

第三十四条 县级人民政府交通运输主管部门或者乡级人民政府可以根据保护乡道、村道的需要，在乡道、村道的出入口设置必要的限高、限宽设施，但是不得影响消防和卫生急救等应急通行需要，不得向通行车辆收费。

第三十五条 车辆载运不可解体物品，车货总体的外廓尺寸或者总质量超过公路、公路桥梁、公路隧道的限载、限高、限宽、限长标准，确需在公路、公路桥梁、公路隧道行驶的，从事运输的单位和个人应当向公路管理机构申请公路超限运输许可。

第三十六条 申请公路超限运输许可按照下列规定办理：

（一）跨省、自治区、直辖市进行超限运输的，向公路沿线各省、自治区、直辖市公路管理机构提出申请，由起运地省、自治区、直辖市公路管理机构统一受理，并协调公路沿线各省、自治区、直辖市公路管理机构对超限运输申请进行审批，必要时可以由国务院交通运输主管部门统一协调处理；

（二）在省、自治区范围内跨设区的市进行超限运输，或者在直辖市范围内跨区、县进行超限运输的，向省、自治区、直辖市公路管理机构提出申请，由省、自治区、直辖市公路管理机构受理并审批；

（三）在设区的市范围内跨区、县进行超限运输的，向设区的市公路管理机构提出申请，由设区的市公路管理机构受理并审批；

（四）在区、县范围内进行超限运输的，向区、县公路管理机构提出申请，由区、县公路管理机构受理并审批。

公路超限运输影响交通安全的，公路管理机构在审批超限运输申请时，应当征求公安机关交通管理部门意见。

第三十七条 公路管理机构审批超限运输申请，应当根据实际情况勘测通行路线，需要采取加固、改造措施的，可以与申请人签订有关协议，制定相应的加固、改造方案。

公路管理机构应当根据其制定的加固、改造方案，对通行的公路桥梁、涵洞等设施进行加固、改造；必要时应当对超限运输车辆进行监管。

第三十八条 公路管理机构批准超限运输申请的，应当为超限运输车辆配发国务院交通运输主管部门规定式样的超限运输车辆通行证。

经批准进行超限运输的车辆,应当随车携带超限运输车辆通行证,按照指定的时间、路线和速度行驶,并悬挂明显标志。

禁止租借、转让超限运输车辆通行证。禁止使用伪造、变造的超限运输车辆通行证。

第三十九条 经省、自治区、直辖市人民政府批准,有关交通运输主管部门可以设立固定超限检测站点,配备必要的设备和人员。

固定超限检测站点应当规范执法,并公布监督电话。公路管理机构应当加强对固定超限检测站点的管理。

第四十条 公路管理机构在监督检查中发现车辆超过公路、公路桥梁、公路隧道或者汽车渡船的限载、限高、限宽、限长标准的,应当就近引导至固定超限检测站点进行处理。

车辆应当按照超限检测指示标志或者公路管理机构监督检查人员的指挥接受超限检测,不得故意堵塞固定超限检测站点通行车道、强行通过固定超限检测站点或者以其他方式扰乱超限检测秩序,不得采取短途驳载等方式逃避超限检测。

禁止通过引路绕行等方式为不符合国家有关载运标准的车辆逃避超限检测提供便利。

第四十一条 煤炭、水泥等货物集散地以及货运站等场所的经营人、管理人应当采取有效措施,防止不符合国家有关载运标准的车辆出场(站)。

道路运输管理机构应当加强对煤炭、水泥等货物集散地以及货运站等场所的监督检查,制止不符合国家有关载运标准的车辆出场(站)。

任何单位和个人不得指使、强令车辆驾驶人超限运输货物,不得阻碍道路运输管理机构依法进行监督检查。

第四十二条 载运易燃、易爆、剧毒、放射性等危险物品的车辆,应当符合国家有关安全管理规定,并避免通过特大型公路桥梁或者特长公路隧道;确需通过特大型公路桥梁或者特长公路隧道的,负责审批易燃、易爆、剧毒、放射性等危险物品运输许可的机关应当提前将行驶时间、路线通知特大型公路桥梁或者特长公路隧道的管理单位,并对在特大型公路桥梁或者特长公路隧道行驶的车辆进行现场监管。

第四十三条 车辆应当规范装载,装载物不得触地拖行。车辆装载物易掉落、遗洒或者飘散的,应当采取厢式密闭等有效防护措施方可在公路上行驶。

公路上行驶车辆的装载物掉落、遗洒或者飘散的,车辆驾驶人、押运人员应当及时采取措施处理;无法处理的,应当在掉落、遗洒或者飘散物来车方向适当距离外设置警示标志,并迅速报告公路管理机构或者公安机关交通管理部门。其他人员发现公路上有影响交通安全的障碍物的,也应当及时报告公路管理机构或者公安机关交通管理部门。公安机关交通管理部门应当责令改正车辆装载物掉落、遗洒、飘散等违法行为;公路管理机构、公路经营企业应当及时清除掉落、遗洒、飘散在公路上的障碍物。

车辆装载物掉落、遗洒、飘散后,车辆驾驶人、押运人员未及时采取措施处理,造成他人人身、财产损害的,道路运输企业、车辆驾驶人应当依法承担赔偿责任。

第四章 公路养护

第四十四条 公路管理机构、公路经营企业应当加强公路养护,保证公路经常处于良好技术状态。

前款所称良好技术状态,是指公路自身的物理状态符合有关技术标准的要求,包括路面平整,路肩、边坡平顺,有关设施完好。

第四十五条 公路养护应当按照国务院交通运输主管部门规定

的技术规范和操作规程实施作业。

第四十六条 从事公路养护作业的单位应当具备下列资质条件：

(一)有一定数量的符合要求的技术人员；

(二)有与公路养护作业相适应的技术设备；

(三)有与公路养护作业相适应的作业经历；

(四)国务院交通运输主管部门规定的其他条件。

公路养护作业单位资质管理办法由国务院交通运输主管部门另行制定。

第四十七条 公路管理机构、公路经营企业应当按照国务院交通运输主管部门的规定对公路进行巡查，并制作巡查记录；发现公路坍塌、坑槽、隆起等损毁的，应当及时设置警示标志，并采取措施修复。

公安机关交通管理部门发现公路坍塌、坑槽、隆起等损毁，危及交通安全的，应当及时采取措施，疏导交通，并通知公路管理机构或者公路经营企业。

其他人员发现公路坍塌、坑槽、隆起等损毁的，应当及时向公路管理机构、公安机关交通管理部门报告。

第四十八条 公路管理机构、公路经营企业应当定期对公路、公路桥梁、公路隧道进行检测和评定，保证其技术状态符合有关技术标准；对经检测发现不符合车辆通行安全要求的，应当进行维修，及时向社会公告，并通知公安机关交通管理部门。

第四十九条 公路管理机构、公路经营企业应当定期检查公路隧道的排水、通风、照明、监控、报警、消防、救助等设施，保持设施处于完好状态。

第五十条 公路管理机构应当统筹安排公路养护作业计划，避免集中进行公路养护作业造成交通堵塞。

在省、自治区、直辖市交界区域进行公路养护作业，可能造成交通堵塞的，有关公路管理机构、公安机关交通管理部门应当事先书面通报相邻的省、自治区、直辖市公路管理机构、公安机关交通管理部门，共同制定疏导预案，确定分流路线。

第五十一条 公路养护作业需要封闭公路的，或者占用半幅公路进行作业，作业路段长度在2公里以上，并且作业期限超过30日的，除紧急情况外，公路养护作业单位应当在作业开始之日前5日向社会公告，明确绕行路线，并在绕行处设置标志；不能绕行的，应当修建临时道路。

第五十二条 公路养护作业人员作业时，应当穿着统一的安全标志服。公路养护车辆、机械设备作业时，应当设置明显的作业标志，开启危险报警闪光灯。

第五十三条 发生公路突发事件影响通行的，公路管理机构、公路经营企业应当及时修复公路、恢复通行。设区的市级以上人民政府交通运输主管部门应当根据修复公路、恢复通行的需要，及时调集抢修力量，统筹安排有关作业计划，下达路网调度指令，配合有关部门组织绕行、分流。

设区的市级以上公路管理机构应当按照国务院交通运输主管部门的规定收集、汇总公路损毁、公路交通流量等信息，开展公路突发事件的监测、预报和预警工作，并利用多种方式及时向社会发布有关公路运行信息。

第五十四条 中国人民武装警察交通部队按照国家有关规定承担公路、公路桥梁、公路隧道等设施的抢修任务。

第五十五条 公路永久性停止使用的，应当按照国务院交通运输主管部门规定的程序核准后作报废处理，并向社会公告。

公路报废后的土地使用管理依照有关土地管理的法律、行政法规执行。

第五章 法律责任

第五十六条 违反本条例的规定,有下列情形之一的,由公路管理机构责令限期拆除,可以处5万元以下的罚款。逾期不拆除的,由公路管理机构拆除,有关费用由违法行为人承担:

(一)在公路建筑控制区内修建、扩建建筑物、地面构筑物或者未经许可埋设管道、电缆等设施的;

(二)在公路建筑控制区外修建的建筑物、地面构筑物以及其他设施遮挡公路标志或者妨碍安全视距的。

第五十七条 违反本条例第十八条、第十九条、第二十三条规定的,由安全生产监督管理部门、水行政主管部门、流域管理机构、海事管理机构等有关单位依法处理。

第五十八条 违反本条例第二十条规定的,由水行政主管部门或者流域管理机构责令改正,可以处3万元以下的罚款。

第五十九条 违反本条例第二十二条规定的,由公路管理机构责令改正,处2万元以上10万元以下的罚款。

第六十条 违反本条例的规定,有下列行为之一的,由公路管理机构责令改正,可以处3万元以下的罚款:

(一)损坏、擅自移动、涂改、遮挡公路附属设施或者利用公路附属设施架设管道、悬挂物品,可能危及公路安全的;

(二)涉路工程设施影响公路完好、安全和畅通的。

第六十一条 违反本条例的规定,未经批准更新采伐护路林的,由公路管理机构责令补种,没收违法所得,并处采伐林木价值3倍以上5倍以下的罚款。

第六十二条 违反本条例的规定,未经许可进行本条例第二十七条第一项至第五项规定的涉路施工活动的,由公路管理机构责令改正,可以处3万元以下的罚款;未经许可进行本条例第二十七条第六项规定的涉路施工活动的,由公路管理机构责令改正,处5万元以下的罚款。

第六十三条 违反本条例的规定,非法生产、销售外廓尺寸、轴荷、总质量不符合国家有关车辆外廓尺寸、轴荷、质量限值等机动车安全技术标准的车辆的,依照《中华人民共和国道路交通安全法》的有关规定处罚。

具有国家规定资质的车辆生产企业未按照规定车型和技术参数改装车辆的,由原发证机关责令改正,处4万元以上20万元以下的罚款;拒不改正的,吊销其资质证书。

第六十四条 违反本条例的规定,在公路上行驶的车辆,车货总体的外廓尺寸、轴荷或者总质量超过公路、公路桥梁、公路隧道、汽车渡船限定标准的,由公路管理机构责令改正,可以处3万元以下的罚款。

第六十五条 违反本条例的规定,经批准进行超限运输的车辆,未按照指定时间、路线和速度行驶的,由公路管理机构或者公安机关交通管理部门责令改正;拒不改正的,公路管理机构或者公安机关交通管理部门可以扣留车辆。

未随车携带超限运输车辆通行证的,由公路管理机构扣留车辆,责令车辆驾驶人提供超限运输车辆通行证或者相应的证明。

租借、转让超限运输车辆通行证的,由公路管理机构没收超限运输车辆通行证,处1000元以上5000元以下的罚款。使用伪造、变造的超限运输车辆通行证的,由公路管理机构没收伪造、变造的超限运输车辆通行证,处3万元以下的罚款。

第六十六条 对1年内违法超限运输超过3次的货运车辆,由道路运输管理机构吊销其车辆营运证;对1年内违法超限运输超过3次的货运车辆驾驶人,由道路运输管理机构责令其停止从事营业性运输;道路运输企业1年内违法超限运输的货运车辆超过本单位货运车辆总数10%的,由道路运输管理机构责令道路运输企业停业整顿;情节严重的,吊销其道路运输经营许可证,并向社会公告。

第六十七条 违反本条例的规定,有下列行为之一的,由公路管理机构强制拖离或者扣留车辆,处3万元以下的罚款:

(一)采取故意堵塞固定超限检测站点通行车道、强行通过固定超限检测站点等方式扰乱超限检测秩序的;

(二)采取短途驳载等方式逃避超限检测的。

第六十八条 违反本条例的规定,指使、强令车辆驾驶人超限运输货物的,由道路运输管理机构责令改正,处3万元以下的罚款。

第六十九条 车辆装载物触地拖行、掉落、遗洒或者飘散,造成公路路面损坏、污染的,由公路管理机构责令改正,处5000元以下的罚款。

第七十条 违反本条例的规定,公路养护作业单位未按照国务院交通运输主管部门规定的技术规范和操作规程进行公路养护作业的,由公路管理机构责令改正,处1万元以上5万元以下的罚款;拒不改正的,吊销其资质证书。

第七十一条 造成公路、公路附属设施损坏的单位和个人应当立即报告公路管理机构,接受公路管理机构的现场调查处理;危及交通安全的,还应当设置警示标志或者采取其他安全防护措施,并迅速报告公安机关交通管理部门。

发生交通事故造成公路、公路附属设施损坏的,公安机关交通管理部门在处理交通事故时应当及时通知有关公路管理机构到场调查处理。

第七十二条 造成公路、公路附属设施损坏,拒不接受公路管理机构现场调查处理的，公路管理机构可以扣留车辆、工具。

公路管理机构扣留车辆、工具的，应当当场出具凭证，并告知当事人在规定期限内到公路管理机构接受处理。逾期不接受处理，并且经公告3个月仍不来接受处理的，对扣留的车辆、工具，由公路管理机构依法处理。

公路管理机构对被扣留的车辆、工具应当妥善保管，不得使用。

第七十三条 违反本条例的规定，公路管理机构工作人员有下列行为之一的，依法给予处分：

（一）违法实施行政许可的；

（二）违反规定拦截、检查正常行驶的车辆的；

（三）未及时采取措施处理公路坍塌、坑槽、隆起等损毁的；

（四）违法扣留车辆、工具或者使用依法扣留的车辆、工具的；

（五）有其他玩忽职守、徇私舞弊、滥用职权行为的。

公路管理机构有前款所列行为之一的，对负有直接责任的主管人员和其他直接责任人员依法给予处分。

第七十四条 违反本条例的规定，构成违反治安管理行为的，由公安机关依法给予治安管理处罚；构成犯罪的，依法追究刑事责任。

第六章 附 则

第七十五条 村道的管理和养护工作，由乡级人民政府参照本条例的规定执行。

专用公路的保护不适用本条例。

第七十六条 军事运输使用公路按照国务院、中央军事委员会的有关规定执行。

第七十七条 本条例自2011年7月1日起施行。1987年10月13日国务院发布的《中华人民共和国公路管理条例》同时废止。

6. 道路交通事故处理程序规定(2017 修订)

(中华人民共和国公安部令第 146 号　2017 年 7 月 22 日公布　自 2018 年 5 月 1 日起施行)

第一章　总　　则

第一条　为了规范道路交通事故处理程序,保障公安机关交通管理部门依法履行职责,保护道路交通事故当事人的合法权益,根据《中华人民共和国道路交通安全法》及其实施条例等有关法律、行政法规,制定本规定。

第二条　处理道路交通事故,应当遵循合法、公正、公开、便民、效率的原则,尊重和保障人权,保护公民的人格尊严。

第三条　道路交通事故分为财产损失事故、伤人事故和死亡事故。

财产损失事故是指造成财产损失,尚未造成人员伤亡的道路交通事故。

伤人事故是指造成人员受伤,尚未造成人员死亡的道路交通事故。

死亡事故是指造成人员死亡的道路交通事故。

第四条　道路交通事故的调查处理应当由公安机关交通管理部门负责。

财产损失事故可以由当事人自行协商处理,但法律法规及本规定另有规定的除外。

第五条　交通警察经过培训并考试合格,可以处理适用简易程序的道路交通事故。

处理伤人事故,应当由具有道路交通事故处理初级以上资格的交通警察主办。

处理死亡事故，应当由具有道路交通事故处理中级以上资格的交通警察主办。

第六条 公安机关交通管理部门处理道路交通事故应当使用全国统一的交通管理信息系统。

鼓励应用先进的科技装备和先进技术处理道路交通事故。

第七条 交通警察处理道路交通事故，应当按照规定使用执法记录设备。

第八条 公安机关交通管理部门应当建立与司法机关、保险机构等有关部门间的数据信息共享机制，提高道路交通事故处理工作信息化水平。

第二章 管 辖

第九条 道路交通事故由事故发生地的县级公安机关交通管理部门管辖。未设立县级公安机关交通管理部门的，由设区的市公安机关交通管理部门管辖。

第十条 道路交通事故发生在两个以上管辖区域的，由事故起始点所在地公安机关交通管理部门管辖。

对管辖权有争议的，由共同的上一级公安机关交通管理部门指定管辖。指定管辖前，最先发现或者最先接到报警的公安机关交通管理部门应当先行处理。

第十一条 上级公安机关交通管理部门在必要的时候，可以处理下级公安机关交通管理部门管辖的道路交通事故，或者指定下级公安机关交通管理部门限时将案件移送其他下级公安机关交通管理部门处理。

案件管辖权发生转移的，处理时限从案件接收之日起计算。

第十二条 中国人民解放军、中国人民武装警察部队人员、车辆发生道路交通事故的,按照本规定处理。依法应当吊销、注销中国人民解放军、中国人民武装警察部队核发的机动车驾驶证以及对现役军人实施行政拘留或者追究刑事责任的,移送中国人民解放军、中国人民武装警察部队有关部门处理。

上道路行驶的拖拉机发生道路交通事故的,按照本规定处理。公安机关交通管理部门对拖拉机驾驶人依法暂扣、吊销、注销驾驶证或者记分处理的,应当将决定书和记分情况通报有关的农业(农业机械)主管部门。吊销、注销驾驶证的,还应当将驾驶证送交有关的农业(农业机械)主管部门。

第三章 报警和受案

第十三条 发生死亡事故、伤人事故的,或者发生财产损失事故且有下列情形之一的,当事人应当保护现场并立即报警:

(一)驾驶人无有效机动车驾驶证或者驾驶的机动车与驾驶证载明的准驾车型不符的;

(二)驾驶人有饮酒、服用国家管制的精神药品或者麻醉药品嫌疑的;

(三)驾驶人有从事校车业务或者旅客运输,严重超过额定乘员载客,或者严重超过规定时速行驶嫌疑的;

(四)机动车无号牌或者使用伪造、变造的号牌的;

(五)当事人不能自行移动车辆的;

(六)一方当事人离开现场的;

(七)有证据证明事故是由一方故意造成的。

驾驶人必须在确保安全的原则下,立即组织车上人员疏散到路外安全地点,避免发生次生事故。驾驶人已因道路交通事故死亡或者受伤无法行动的，车上其他人员应当自行组织疏散。

第十四条 发生财产损失事故且有下列情形之一，车辆可以移动的，当事人应当组织车上人员疏散到路外安全地点，在确保安全的原则下，采取现场拍照或者标划事故车辆现场位置等方式固定证据，将车辆移至不妨碍交通的地点后报警：

（一）机动车无检验合格标志或者无保险标志的；

（二）碰撞建筑物、公共设施或者其他设施的。

第十五条 载运爆炸性、易燃性、毒害性、放射性、腐蚀性、传染病病原体等危险物品车辆发生事故的，当事人应当立即报警，危险物品车辆驾驶人、押运人应当按照危险物品安全管理法律、法规、规章以及有关操作规程的规定，采取相应的应急处置措施。

第十六条 公安机关及其交通管理部门接到报警的，应当受理，制作受案登记表并记录下列内容：

（一）报警方式、时间，报警人姓名、联系方式，电话报警的，还应当记录报警电话；

（二）发生或者发现道路交通事故的时间、地点；

（三）人员伤亡情况；

（四）车辆类型、车辆号牌号码，是否载有危险物品以及危险物品的种类、是否发生泄漏等；

（五）涉嫌交通肇事逃逸的，还应当询问并记录肇事车辆的车型、颜色、特征及其逃逸方向、逃逸驾驶人的体貌特征等有关情况。

报警人不报姓名的，应当记录在案。报警人不愿意公开姓名的，应当为其保密。

第十七条 接到道路交通事故报警后，需要派员到现场处置，或者接到出警指令的，公安机关交通管理部门应当立即派交通警察赶赴现场。

第十八条 发生道路交通事故后当事人未报警，在事故现场撤除后，当事人又报警请求公安机关交通管理部门处理的，公安机关交通管理部门应当按照本规定第十六条规定的记录内容予以记录，并在三日内作出是否接受案件的决定。

经核查道路交通事故事实存在的，公安机关交通管理部门应当受理，制作受案登记表；经核查无法证明道路交通事故事实存在，或者不属于公安机关交通管理部门管辖的，应当书面告知当事人，并说明理由。

第四章 自行协商

第十九条 机动车与机动车、机动车与非机动车发生财产损失事故，当事人应当在确保安全的原则下，采取现场拍照或者标划事故车辆现场位置等方式固定证据后，立即撤离现场，将车辆移至不妨碍交通的地点，再协商处理损害赔偿事宜，但有本规定第十三条第一款情形的除外。

非机动车与非机动车或者行人发生财产损失事故，当事人应当先撤离现场，再协商处理损害赔偿事宜。

对应当自行撤离现场而未撤离的，交通警察应当责令当事人撤离现场；造成交通堵塞的，对驾驶人处以200元罚款。

第二十条 发生可以自行协商处理的财产损失事故，当事人可以通过互联网在线自行协商处理；当事人对事实及成因有争议的，可以通过互联网共同申请公安机关交通管理部门在线确定当事人的责任。

当事人报警的，交通警察、警务辅助人员可以指导当事人自行协商处理。当事人要求交通警察到场处理的，应当指派交通警察到现场调查处理。

第二十一条 当事人自行协商达成协议的，制作道路交通事故自行协商协议书，并共同签名。道路交通事故自行协商协议书应当载明事故发生的时间、地点、天气、当事人姓名、驾驶证号或者身份证号、联系方式、机动车种类和号牌号码、保险公司、保险凭证号、事故形态、碰撞部位、当事人的责任等内容。

第二十二条 当事人自行协商达成协议的，可以按照下列方式履行道路交通事故损害赔偿：

（一）当事人自行赔偿；

（二）到投保的保险公司或者道路交通事故保险理赔服务场所办理损害赔偿事宜。

当事人自行协商达成协议后未履行的，可以申请人民调解委员会调解或者向人民法院提起民事诉讼。

第五章 简易程序

第二十三条 公安机关交通管理部门可以适用简易程序处理以下道路交通事故，但有交通肇事、危险驾驶犯罪嫌疑的除外：

（一）财产损失事故；

（二）受伤当事人伤势轻微，各方当事人一致同意适用简易程序处理的伤人事故。

适用简易程序的，可以由一名交通警察处理。

第二十四条 交通警察适用简易程序处理道路交通事故时，应当在固定现场证据后，责令当事人撤离现场，恢复交通。拒不撤离现场的，予以强制撤离。当事人无法及时移动车辆影响通行和交通安全的，交通警察应当将车辆移至不妨碍交通的地点。具有本规定第十三条第一款第一项、第二项情形之一的，按照《中华人民共和国道路交通安全法实施条例》第一百零四条规定处理。

撤离现场后，交通警察应当根据现场固定的证据和当事人、证人陈述等,认定并记录道路交通事故发生的时间、地点、天气、当事人姓名、驾驶证号或者身份证号、联系方式、机动车种类和号牌号码、保险公司、保险凭证号、道路交通事故形态、碰撞部位等,并根据本规定第六十条确定当事人的责任,当场制作道路交通事故认定书。不具备当场制作条件的,交通警察应当在三日内制作道路交通事故认定书。

道路交通事故认定书应当由当事人签名,并现场送达当事人。当事人拒绝签名或者接收的,交通警察应当在道路交通事故认定书上注明情况。

第二十五条 当事人共同请求调解的,交通警察应当当场进行调解,并在道路交通事故认定书上记录调解结果,由当事人签名,送达当事人。

第二十六条 有下列情形之一的,不适用调解,交通警察可以在道路交通事故认定书上载明有关情况后,将道路交通事故认定书送达当事人:

(一)当事人对道路交通事故认定有异议的;

(二)当事人拒绝在道路交通事故认定书上签名的;

(三)当事人不同意调解的。

第六章 调 查

第一节 一般规定

第二十七条 除简易程序外,公安机关交通管理部门对道路交通事故进行调查时,交通警察不得少于二人。

交通警察调查时应当向被调查人员出示《人民警察证》,告知被调查人依法享有的权利和义务,向当事人发送联系卡。联系卡载明交通警察姓名、办公地址、联系方式、监督电话等内容。

第二十八条 交通警察调查道路交通事故时,应当合法、及时、客观、全面地收集证据。

第二十九条 对发生一次死亡三人以上道路交通事故的，公安机关交通管理部门应当开展深度调查；对造成其他严重后果或者存在严重安全问题的道路交通事故，可以开展深度调查。具体程序另行规定。

第二节 现场处置和调查

第三十条 交通警察到达事故现场后，应当立即进行下列工作：

（一）按照事故现场安全防护有关标准和规范的要求划定警戒区域，在安全距离位置放置发光或者反光锥筒和警告标志，确定专人负责现场交通指挥和疏导。因道路交通事故导致交通中断或者现场处置、勘查需要采取封闭道路等交通管制措施的，还应当视情在事故现场来车方向提前组织分流，放置绕行提示标志；

（二）组织抢救受伤人员；

（三）指挥救护、勘查等车辆停放在安全和便于抢救、勘查的位置，开启警灯，夜间还应当开启危险报警闪光灯和示廓灯；

（四）查找道路交通事故当事人和证人，控制肇事嫌疑人；

（五）其他需要立即开展的工作。

第三十一条 道路交通事故造成人员死亡的，应当经急救、医疗人员或者法医确认，并由具备资质的医疗机构出具死亡证明。尸体应当存放在殡葬服务单位或者医疗机构等有停尸条件的场所。

第三十二条 交通警察应当对事故现场开展下列调查工作：

（一）勘查事故现场，查明事故车辆、当事人、道路及其空间关系和事故发生时的天气情况；

（二）固定、提取或者保全现场证据材料；

（三）询问当事人、证人并制作询问笔录；现场不具备制作询问笔

录条件的,可以通过录音、录像记录询问过程;

(四)其他调查工作。

第三十三条 交通警察勘查道路交通事故现场,应当按照有关法规和标准的规定,拍摄现场照片,绘制现场图,及时提取、采集与案件有关的痕迹、物证等,制作现场勘查笔录。现场勘查过程中发现当事人涉嫌利用交通工具实施其他犯罪的,应当妥善保护犯罪现场和证据,控制犯罪嫌疑人,并立即报告公安机关主管部门。

发生一次死亡三人以上事故的,应当进行现场摄像,必要时可以聘请具有专门知识的人参加现场勘验、检查。

现场图、现场勘查笔录应当由参加勘查的交通警察、当事人和见证人签名。当事人、见证人拒绝签名或者无法签名以及无见证人的,应当记录在案。

第三十四条 痕迹、物证等证据可能因时间、地点、气象等原因导致改变、毁损、灭失的,交通警察应当及时固定、提取或者保全。

对涉嫌饮酒或者服用国家管制的精神药品、麻醉药品驾驶车辆的人员,公安机关交通管理部门应当按照《道路交通安全违法行为处理程序规定》及时抽血或者提取尿样等检材,送交有检验鉴定资质的机构进行检验。

车辆驾驶人员当场死亡的,应当及时抽血检验。不具备抽血条件的,应当由医疗机构或者鉴定机构出具证明。

第三十五条 交通警察应当核查当事人的身份证件、机动车驾驶证、机动车行驶证、检验合格标志、保险标志等。

对交通肇事嫌疑人可以依法传唤。对在现场发现的交通肇事嫌疑人,经出示《人民警察证》,可以口头传唤,并在询问笔录中注明嫌疑人到案经过、到案时间和离开时间。

第三十六条 勘查事故现场完毕后,交通警察应当清点并登记现场遗留物品，迅速组织清理现场，尽快恢复交通。

现场遗留物品能够当场发还的，应当当场发还并做记录；当场无法确定所有人的，应当登记，并妥善保管，待所有人确定后，及时发还。

第三十七条 因调查需要，公安机关交通管理部门可以向有关单位、个人调取汽车行驶记录仪、卫星定位装置、技术监控设备的记录资料以及其他与事故有关的证据材料。

第三十八条 因调查需要，公安机关交通管理部门可以组织道路交通事故当事人、证人对肇事嫌疑人、嫌疑车辆等进行辨认。

辨认应当在交通警察的主持下进行。主持辨认的交通警察不得少于二人。多名辨认人对同一辨认对象进行辨认时，应当由辨认人个别进行。

辨认时，应当将辨认对象混杂在特征相类似的其他对象中，不得给辨认人任何暗示。辨认肇事嫌疑人时，被辨认的人数不得少于七人；对肇事嫌疑人照片进行辨认的，不得少于十人的照片。辨认嫌疑车辆时，同类车辆不得少于五辆；对肇事嫌疑车辆照片进行辨认时，不得少于十辆的照片。

对尸体等特定辨认对象进行辨认，或者辨认人能够准确描述肇事嫌疑人、嫌疑车辆独有特征的，不受数量的限制。

对肇事嫌疑人的辨认，辨认人不愿意公开进行时，可以在不暴露辨认人的情况下进行，并应当为其保守秘密。

对辨认经过和结果，应当制作辨认笔录，由交通警察、辨认人、见证人签名。必要时，应当对辨认过程进行录音或者录像。

第三十九条 因收集证据的需要，公安机关交通管理部门可以扣留事故车辆，并开具行政强制措施凭证。扣留的车辆应当妥善保管。

公安机关交通管理部门不得扣留事故车辆所载货物。对所载货物在核实重量、体积及货物损失后，通知机动车驾驶人或者货物所有人自行处理。无法通知当事人或者当事人不自行处理的，按照《公安机关办理行政案件程序规定》的有关规定办理。

严禁公安机关交通管理部门指定停车场停放扣留的事故车辆。

第四十条 当事人涉嫌犯罪的，因收集证据的需要，公安机关交通管理部门可以依据《中华人民共和国刑事诉讼法》《公安机关办理刑事案件程序规定》，扣押机动车驾驶证等与事故有关的物品、证件，并按照规定出具扣押法律文书。扣押的物品应当妥善保管。

对扣押的机动车驾驶证等物品、证件，作为证据使用的，应当随案移送，并制作随案移送清单一式两份，一份留存，一份交人民检察院。对于实物不宜移送的，应当将其清单、照片或者其他证明文件随案移送。待人民法院作出生效判决后，按照人民法院的通知，依法作出处理。

第四十一条 经过调查，不属于公安机关交通管理部门管辖的，应当将案件移送有关部门并书面通知当事人，或者告知当事人处理途径。

公安机关交通管理部门在调查过程中，发现当事人涉嫌交通肇事、危险驾驶犯罪的，应当按照《中华人民共和国刑事诉讼法》《公安机关办理刑事案件程序规定》立案侦查。发现当事人有其他违法犯罪嫌疑的，应当及时移送有关部门，移送不影响事故的调查和处理。

第四十二条 投保机动车交通事故责任强制保险的车辆发生道路交通事故，因抢救受伤人员需要保险公司支付抢救费用的，公安机关交通管理部门应当书面通知保险公司。

抢救受伤人员需要道路交通事故社会救助基金垫付费用的，公安机关交通管理部门应当书面通知道路交通事故社会救助基金管理机构。

道路交通事故造成人员死亡需要救助基金垫付丧葬费用的，公安机关交通管理部门应当在送达尸体处理通知书的同时，告知受害人亲属向道路交通事故社会救助基金管理机构提出书面垫付申请。

第三节　交通肇事逃逸查缉

第四十三条　公安机关交通管理部门应当根据管辖区域和道路情况，制定交通肇事逃逸案件查缉预案，并组织专门力量办理交通肇事逃逸案件。

发生交通肇事逃逸案件后，公安机关交通管理部门应当立即启动查缉预案，布置警力堵截，并通过全国机动车缉查布控系统查缉。

第四十四条　案发地公安机关交通管理部门可以通过发协查通报、向社会公告等方式要求协查、举报交通肇事逃逸车辆或者侦破线索。发出协查通报或者向社会公告时，应当提供交通肇事逃逸案件基本事实、交通肇事逃逸车辆情况、特征及逃逸方向等有关情况。

中国人民解放军和中国人民武装警察部队车辆涉嫌交通肇事逃逸的，公安机关交通管理部门应当通报中国人民解放军、中国人民武装警察部队有关部门。

第四十五条　接到协查通报的公安机关交通管理部门，应当立即布置堵截或者排查。发现交通肇事逃逸车辆或者嫌疑车辆的，应当予以扣留，依法传唤交通肇事逃逸人或者与协查通报相符的嫌疑人，并及时将有关情况通知案发地公安机关交通管理部门。案发地公安机关交通管理部门应当立即派交通警察前往办理移交。

第四十六条　公安机关交通管理部门查获交通肇事逃逸车辆或者交通肇事逃逸嫌疑人后，应当按原范围撤销协查通报，并通过全国机动车缉查布控系统撤销布控。

第四十七条　公安机关交通管理部门侦办交通肇事逃逸案件期间，交通肇事逃逸案件的受害人及其家属向公安机关交通管理部门询问案件侦办情况的，除依法不应当公开的内容外，公安机关交通管理部门应当告知并做好记录。

第四十八条 道路交通事故社会救助基金管理机构已经为受害人垫付抢救费用或者丧葬费用的，公安机关交通管理部门应当在交通肇事逃逸案件侦破后及时书面告知道路交通事故社会救助基金管理机构交通肇事逃逸驾驶人的有关情况。

第四节 检验、鉴定

第四十九条 需要进行检验、鉴定的，公安机关交通管理部门应当按照有关规定，自事故现场调查结束之日起三日内委托具备资质的鉴定机构进行检验、鉴定。

尸体检验应当在死亡之日起三日内委托。对交通肇事逃逸车辆的检验、鉴定自查获肇事嫌疑车辆之日起三日内委托。

对现场调查结束之日起三日后需要检验、鉴定的，应当报经上一级公安机关交通管理部门批准。

对精神疾病的鉴定，由具有精神病鉴定资质的鉴定机构进行。

第五十条 检验、鉴定费用由公安机关交通管理部门承担，但法律法规另有规定或者当事人自行委托伤残鉴定、财产损失评估的除外。

第五十一条 公安机关交通管理部门应当与鉴定机构确定检验、鉴定完成的期限，确定的期限不得超过三十日。超过三十日的，应当报经上一级公安机关交通管理部门批准，但最长不得超过六十日。

第五十二条 尸体检验不得在公众场合进行。为了确定死因需要解剖尸体的，应当征得死者家属同意。死者家属不同意解剖尸体的，经县级以上公安机关或者上一级公安机关交通管理部门负责人批准，可以解剖尸体，并且通知死者家属到场，由其在解剖尸体通知书上签名。

死者家属无正当理由拒不到场或者拒绝签名的,交通警察应当在解剖尸体通知书上注明。对身份不明的尸体,无法通知死者家属的,应当记录在案。

第五十三条 尸体检验报告确定后,应当书面通知死者家属在十日内办理丧葬事宜。无正当理由逾期不办理的应记录在案,并经县级以上公安机关或者上一级公安机关交通管理部门负责人批准,由公安机关或者上一级公安机关交通管理部门处理尸体,逾期存放的费用由死者家属承担。

对于没有家属、家属不明或者因自然灾害等不可抗力导致无法通知或者通知后家属拒绝领回的,经县级以上公安机关或者上一级公安机关交通管理部门负责人批准,可以及时处理。

对身份不明的尸体,由法医提取人身识别检材,并对尸体拍照、采集相关信息后,由公安机关交通管理部门填写身份不明尸体信息登记表,并在设区的市级以上报纸刊登认尸启事。登报后三十日仍无人认领的,经县级以上公安机关或者上一级公安机关交通管理部门负责人批准,可以及时处理。

因宗教习俗等原因对尸体处理期限有特殊需要的,经县级以上公安机关或者上一级公安机关交通管理部门负责人批准,可以紧急处理。

第五十四条 鉴定机构应当在规定的期限内完成检验、鉴定,并出具书面检验报告、鉴定意见,由鉴定人签名,鉴定意见还应当加盖机构印章。检验报告、鉴定意见应当载明以下事项:

(一)委托人;

(二)委托日期和事项;

(三)提交的相关材料;

（四）检验、鉴定的时间；

（五）依据和结论性意见，通过分析得出结论性意见的，应当有分析证明过程。

检验报告、鉴定意见应当附有鉴定机构、鉴定人的资质证明或者其他证明文件。

第五十五条 公安机关交通管理部门应当对检验报告、鉴定意见进行审核，并在收到检验报告、鉴定意见之日起五日内，将检验报告、鉴定意见复印件送达当事人，但有下列情形之一的除外：

（一）检验、鉴定程序违法或者违反相关专业技术要求，可能影响检验报告、鉴定意见公正、客观的；

（二）鉴定机构、鉴定人不具备鉴定资质和条件的；

（三）检验报告、鉴定意见明显依据不足的；

（四）故意作虚假鉴定的；

（五）鉴定人应当回避而没有回避的；

（六）检材虚假或者检材被损坏、不具备鉴定条件的；

（七）其他可能影响检验报告、鉴定意见公正、客观的情形。

检验报告、鉴定意见有前款规定情形之一的，经县级以上公安机关交通管理部门负责人批准，应当在收到检验报告、鉴定意见之日起三日内重新委托检验、鉴定。

第五十六条 当事人对检验报告、鉴定意见有异议，申请重新检验、鉴定的，应当自公安机关交通管理部门送达之日起三日内提出书面申请，经县级以上公安机关交通管理部门负责人批准，原办案单位应当重新委托检验、鉴定。检验报告、鉴定意见不具有本规定第五十五条第一款情形的，经县级以上公安机关交通管理部门负责人批准，由原办案单位作出不准予重新检验、鉴定的决定，并在作出决定之日起三日内书面通知申请人。

同一交通事故的同一检验、鉴定事项，重新检验、鉴定以一次为限。

第五十七条 重新检验、鉴定应当另行委托鉴定机构。

第五十八条 自检验报告、鉴定意见确定之日起五日内，公安机关交通管理部门应当通知当事人领取扣留的事故车辆。

因扣留车辆发生的费用由作出决定的公安机关交通管理部门承担，但公安机关交通管理部门通知当事人领取，当事人逾期未领取产生的停车费用由当事人自行承担。

经通知当事人三十日后不领取的车辆，经公告三个月仍不领取的，对扣留的车辆依法处理。

第七章 认定与复核

第一节 道路交通事故认定

第五十九条 道路交通事故认定应当做到事实清楚、证据确实充分、适用法律正确、责任划分公正、程序合法。

第六十条 公安机关交通管理部门应当根据当事人的行为对发生道路交通事故所起的作用以及过错的严重程度，确定当事人的责任。

（一）因一方当事人的过错导致道路交通事故的，承担全部责任；

（二）因两方或者两方以上当事人的过错发生道路交通事故的，根据其行为对事故发生的作用以及过错的严重程度，分别承担主要责任、同等责任和次要责任；

（三）各方均无导致道路交通事故的过错，属于交通意外事故的，各方均无责任。

一方当事人故意造成道路交通事故的，他方无责任。

第六十一条 当事人有下列情形之一的，承担全部责任：

（一）发生道路交通事故后逃逸的；

（二）故意破坏、伪造现场、毁灭证据的。

为逃避法律责任追究，当事人弃车逃逸以及潜逃藏匿的，如有证据证明其他当事人也有过错，可以适当减轻责任，但同时有证据证明逃逸当事人有第一款第二项情形的，不予减轻。

第六十二条 公安机关交通管理部门应当自现场调查之日起十日内制作道路交通事故认定书。交通肇事逃逸案件在查获交通肇事车辆和驾驶人后十日内制作道路交通事故认定书。对需要进行检验、鉴定的，应当在检验报告、鉴定意见确定之日起五日内制作道路交通事故认定书。

有条件的地方公安机关交通管理部门可以试行在互联网公布道路交通事故认定书，但对涉及的国家秘密、商业秘密或者个人隐私，应当保密。

第六十三条 发生死亡事故以及复杂、疑难的伤人事故后，公安机关交通管理部门应当在制作道路交通事故认定书或者道路交通事故证明前，召集各方当事人到场，公开调查取得的证据。

证人要求保密或者涉及国家秘密、商业秘密以及个人隐私的，按照有关法律法规的规定执行。

当事人不到场的，公安机关交通管理部门应当予以记录。

第六十四条 道路交通事故认定书应当载明以下内容：

（一）道路交通事故当事人、车辆、道路和交通环境等基本情况；

（二）道路交通事故发生经过；

（三）道路交通事故证据及事故形成原因分析；

（四）当事人导致道路交通事故的过错及责任或者意外原因；

（五）作出道路交通事故认定的公安机关交通管理部门名称和日期。

道路交通事故认定书应当由交通警察签名或者盖章，加盖公安机关交通管理部门道路交通事故处理专用章。

第六十五条 道路交通事故认定书应当在制作后三日内分别送达当事人，并告知申请复核、调解和提起民事诉讼的权利、期限。

当事人收到道路交通事故认定书后，可以查阅、复制、摘录公安机关交通管理部门处理道路交通事故的证据材料，但证人要求保密或者涉及国家秘密、商业秘密以及个人隐私的，按照有关法律法规的规定执行。公安机关交通管理部门对当事人复制的证据材料应当加盖公安机关交通管理部门事故处理专用章。

第六十六条 交通肇事逃逸案件尚未侦破，受害一方当事人要求出具道路交通事故认定书的，公安机关交通管理部门应当在接到当事人书面申请后十日内，根据本规定第六十一条确定各方当事人责任，制作道路交通事故认定书，并送达受害方当事人。道路交通事故认定书应当载明事故发生的时间、地点、受害人情况及调查得到的事实，以及受害方当事人的责任。

交通肇事逃逸案件侦破后，已经按照前款规定制作道路交通事故认定书的，应当按照本规定第六十一条重新确定责任，制作道路交通事故认定书，分别送达当事人。重新制作的道路交通事故认定书除应当载明本规定第六十四条规定的内容外，还应当注明撤销原道路交通事故认定书。

第六十七条 道路交通事故基本事实无法查清、成因无法判定的，公安机关交通管理部门应当出具道路交通事故证明，载明道路交通事故发生的时间、地点、当事人情况及调查得到的事实，分别送达当事人，并告知申请复核、调解和提起民事诉讼的权利、期限。

第六十八条 由于事故当事人、关键证人处于抢救状态或者因其他客观原因导致无法及时取证，现有证据不足以认定案件基本事实的,经上一级公安机关交通管理部门批准,道路交通事故认定的时限可中止计算,并书面告知各方当事人或者其代理人,但中止的时间最长不得超过六十日。

当中止认定的原因消失,或者中止期满受伤人员仍然无法接受调查的,公安机关交通管理部门应当在五日内,根据已经调查取得的证据制作道路交通事故认定书或者出具道路交通事故证明。

第六十九条 伤人事故符合下列条件,各方当事人一致书面申请快速处理的,经县级以上公安机关交通管理部门负责人批准,可以根据已经取得的证据,自当事人申请之日起五日内制作道路交通事故认定书:

(一)当事人不涉嫌交通肇事、危险驾驶犯罪的;

(二)道路交通事故基本事实及成因清楚,当事人无异议的。

第七十条 对尚未查明身份的当事人,公安机关交通管理部门应当在道路交通事故认定书或者道路交通事故证明中予以注明,待身份信息查明以后,制作书面补充说明送达各方当事人。

第二节 复 核

第七十一条 当事人对道路交通事故认定或者出具道路交通事故证明有异议的,可以自道路交通事故认定书或者道路交通事故证明送达之日起三日内提出书面复核申请。当事人逾期提交复核申请的,不予受理,并书面通知申请人。

复核申请应当载明复核请求及其理由和主要证据。同一事故的复核以一次为限。

第七十二条 复核申请人通过作出道路交通事故认定的公安机关交通管理部门提出复核申请的,作出道路交通事故认定的公安机关交通管理部门应当自收到复核申请之日起二日内将复核申请连同道路交通事故有关材料移送上一级公安机关交通管理部门。

复核申请人直接向上一级公安机关交通管理部门提出复核申请的，上一级公安机关交通管理部门应当通知作出道路交通事故认定的公安机关交通管理部门自收到通知之日起五日内提交案卷材料。

第七十三条 除当事人逾期提交复核申请的情形外，上一级公安机关交通管理部门收到复核申请之日即为受理之日。

第七十四条 上一级公安机关交通管理部门自受理复核申请之日起三十日内，对下列内容进行审查，并作出复核结论：

（一）道路交通事故认定的事实是否清楚、证据是否确实充分、适用法律是否正确、责任划分是否公正；

（二）道路交通事故调查及认定程序是否合法；

（三）出具道路交通事故证明是否符合规定。

复核原则上采取书面审查的形式，但当事人提出要求或者公安机关交通管理部门认为有必要时，可以召集各方当事人到场，听取各方意见。

办理复核案件的交通警察不得少于二人。

第七十五条 复核审查期间，申请人提出撤销复核申请的，公安机关交通管理部门应当终止复核，并书面通知各方当事人。

受理复核申请后，任何一方当事人就该事故向人民法院提起诉讼并经人民法院受理的，公安机关交通管理部门应当将受理当事人复核申请的有关情况告知相关人民法院。

受理复核申请后，人民检察院对交通肇事犯罪嫌疑人作出批准逮捕决定的，公安机关交通管理部门应当将受理当事人复核申请的有关情况告知相关人民检察院。

第七十六条 上一级公安机关交通管理部门认为原道路交通事故认定事实清楚、证据确实充分、适用法律正确、责任划分公正、程序合法的,应当作出维持原道路交通事故认定的复核结论。

上一级公安机关交通管理部门认为调查及认定程序存在瑕疵,但不影响道路交通事故认定的,在责令原办案单位补正或者作出合理解释后,可以作出维持原道路交通事故认定的复核结论。

上一级公安机关交通管理部门认为原道路交通事故认定有下列情形之一的,应当作出责令原办案单位重新调查、认定的复核结论:

(一)事实不清的;

(二)主要证据不足的;

(三)适用法律错误的;

(四)责任划分不公正的;

(五)调查及认定违反法定程序可能影响道路交通事故认定的。

第七十七条 上一级公安机关交通管理部门审查原道路交通事故证明后,按下列规定处理:

(一)认为事故成因确属无法查清,应当作出维持原道路交通事故证明的复核结论;

(二)认为事故成因仍需进一步调查的,应当作出责令原办案单位重新调查、认定的复核结论。

第七十八条 上一级公安机关交通管理部门应当在作出复核结论后三日内将复核结论送达各方当事人。公安机关交通管理部门认为必要的,应当召集各方当事人,当场宣布复核结论。

第七十九条 上一级公安机关交通管理部门作出责令重新调查、认定的复核结论后,原办案单位应当在十日内依照本规定重新调查,重新作出道路交通事故认定,撤销原道路交通事故认定书或者原道路交通事故证明。

重新调查需要检验、鉴定的,原办案单位应当在检验报告、鉴定意见确定之日起五日内,重新作出道路交通事故认定。

重新作出道路交通事故认定的，原办案单位应当送达各方当事人，并报上一级公安机关交通管理部门备案。

第八十条 上一级公安机关交通管理部门可以设立道路交通事故复核委员会，由办理复核案件的交通警察会同相关行业代表、社会专家学者等人员共同组成，负责案件复核，并以上一级公安机关交通管理部门的名义作出复核结论。

第八章 处罚执行

第八十一条 公安机关交通管理部门应当按照《道路交通安全违法行为处理程序规定》，对当事人的道路交通安全违法行为依法作出处罚。

第八十二条 对发生道路交通事故构成犯罪，依法应当吊销驾驶人机动车驾驶证的，应当在人民法院作出有罪判决后，由设区的市公安机关交通管理部门依法吊销机动车驾驶证。同时具有逃逸情形的，公安机关交通管理部门应当同时依法作出终生不得重新取得机动车驾驶证的决定。

第八十三条 专业运输单位六个月内两次发生一次死亡三人以上事故，且单位或者车辆驾驶人对事故承担全部责任或者主要责任的，专业运输单位所在地的公安机关交通管理部门应当报经设区的市公安机关交通管理部门批准后，作出责令限期消除安全隐患的决定，禁止未消除安全隐患的机动车上道路行驶，并通报道路交通事故发生地及运输单位所在地的人民政府有关行政管理部门。

第九章 损害赔偿调解

第八十四条 当事人可以采取以下方式解决道路交通事故损害赔偿争议：

(一)申请人民调解委员会调解;

(二)申请公安机关交通管理部门调解;

(三)向人民法院提起民事诉讼。

第八十五条 当事人申请人民调解委员会调解,达成调解协议后,双方当事人认为有必要的,可以根据《中华人民共和国人民调解法》共同向人民法院申请司法确认。

当事人申请人民调解委员会调解,调解未达成协议的,当事人可以直接向人民法院提起民事诉讼,或者自人民调解委员会作出终止调解之日起三日内,一致书面申请公安机关交通管理部门进行调解。

第八十六条 当事人申请公安机关交通管理部门调解的,应当在收到道路交通事故认定书、道路交通事故证明或者上一级公安机关交通管理部门维持原道路交通事故认定的复核结论之日起十日内一致书面申请。

当事人申请公安机关交通管理部门调解,调解未达成协议的,当事人可以依法向人民法院提起民事诉讼,或者申请人民调解委员会进行调解。

第八十七条 公安机关交通管理部门应当按照合法、公正、自愿、及时的原则进行道路交通事故损害赔偿调解。

道路交通事故损害赔偿调解应当公开进行,但当事人申请不予公开的除外。

第八十八条 公安机关交通管理部门应当与当事人约定调解的时间、地点,并于调解时间三日前通知当事人。口头通知的,应当记入调解记录。

调解参加人因故不能按期参加调解的,应当在预定调解时间一日前通知承办的交通警察,请求变更调解时间。

第八十九条 参加损害赔偿调解的人员包括:

（一）道路交通事故当事人及其代理人；

（二）道路交通事故车辆所有人或者管理人；

（三）承保机动车保险的保险公司人员；

（四）公安机关交通管理部门认为有必要参加的其他人员。

委托代理人应当出具由委托人签名或者盖章的授权委托书。授权委托书应当载明委托事项和权限。

参加损害赔偿调解的人员每方不得超过三人。

第九十条 公安机关交通管理部门受理调解申请后，应当按照下列规定日期开始调解：

（一）造成人员死亡的，从规定的办理丧葬事宜时间结束之日起；

（二）造成人员受伤的，从治疗终结之日起；

（三）因伤致残的，从定残之日起；

（四）造成财产损失的，从确定损失之日起。

公安机关交通管理部门受理调解申请时已超过前款规定的时间，调解自受理调解申请之日起开始。

公安机关交通管理部门应当自调解开始之日起十日内制作道路交通事故损害赔偿调解书或者道路交通事故损害赔偿调解终结书。

第九十一条 交通警察调解道路交通事故损害赔偿，按照下列程序实施：

（一）告知各方当事人权利、义务；

（二）听取各方当事人的请求及理由；

（三）根据道路交通事故认定书认定的事实以及《中华人民共和国道路交通安全法》第七十六条的规定，确定当事人承担的损害赔偿责任；

（四）计算损害赔偿的数额，确定各方当事人承担的比例，人身损害赔偿的标准按照《中华人民共和国侵权责任法》《最高人民法院关于审理人身损害赔偿案件适用法律若干问题的解释》《最高人民法院关于审理道路交通事故损害赔偿案件适用法律若干问题的解释》等有关规定执行，财产损失的修复费用、折价赔偿费用按照实际价值或者评估机构的评估结论计算；

（五）确定赔偿履行方式及期限。

第九十二条 因确定损害赔偿的数额，需要进行伤残鉴定、财产损失评估的，由各方当事人协商确定有资质的机构进行，但财产损失数额巨大涉嫌刑事犯罪的，由公安机关交通管理部门委托。

当事人委托伤残评定、财产损失评估的费用，由当事人承担。

第九十三条 经调解达成协议的，公安机关交通管理部门应当当场制作道路交通事故损害赔偿调解书，由各方当事人签字，分别送达各方当事人。

调解书应当载明以下内容：

（一）调解依据；

（二）道路交通事故认定书认定的基本事实和损失情况；

（三）损害赔偿的项目和数额；

（四）各方的损害赔偿责任及比例；

（五）赔偿履行方式和期限；

（六）调解日期。

经调解各方当事人未达成协议的，公安机关交通管理部门应当终止调解，制作道路交通事故损害赔偿调解终结书，送达各方当事人。

第九十四条 有下列情形之一的，公安机关交通管理部门应当终止调解，并记录在案：

（一）调解期间有一方当事人向人民法院提起民事诉讼的；

（二）一方当事人无正当理由不参加调解的；

（三）一方当事人调解过程中退出调解的。

第九十五条 有条件的地方公安机关交通管理部门可以联合有关部门，设置道路交通事故保险理赔服务场所。

第十章 涉外道路交通事故处理

第九十六条 外国人在中华人民共和国境内发生道路交通事故的，除按照本规定执行外，还应当按照办理涉外案件的有关法律、法规、规章的规定执行。

公安机关交通管理部门处理外国人发生的道路交通事故，应当告知当事人我国法律、法规、规章规定的当事人在处理道路交通事故中的权利和义务。

第九十七条 外国人发生道路交通事故有下列情形之一的，不准其出境：

（一）涉嫌犯罪的；

（二）有未了结的道路交通事故损害赔偿案件，人民法院决定不准出境的；

（三）法律、行政法规规定不准出境的其他情形。

第九十八条 外国人发生道路交通事故并承担全部责任或者主要责任的，公安机关交通管理部门应当告知道路交通事故损害赔偿权利人可以向人民法院提出采取诉前保全措施的请求。

第九十九条 公安机关交通管理部门在处理道路交通事故过程中，使用中华人民共和国通用的语言文字。对不通晓我国语言文字的，应当为其提供翻译；当事人通晓我国语言文字而不需要他人翻译的，应当出具书面声明。

经公安机关交通管理部门批准，外国人可以自行聘请翻译，翻译费由当事人承担。

第一百条 享有外交特权与豁免的人员发生道路交通事故时，应当主动出示有效身份证件，交通警察认为应当给予暂扣或者吊销机动车驾驶证处罚的，可以扣留其机动车驾驶证。需要对享有外交特权与豁免的人员进行调查的，可以约谈，谈话时仅限于与道路交通事故有关的内容。需要检验、鉴定车辆的，公安机关交通管理部门应当征得其同意，并在检验、鉴定后立即发还。

公安机关交通管理部门应当根据收集的证据，制作道路交通事故认定书送达当事人，当事人拒绝接收的，送达至其所在机构；没有所在机构或者所在机构不明确的，由当事人所属国家的驻华使领馆转交送达。

享有外交特权与豁免的人员应当配合公安机关交通管理部门的调查和检验、鉴定。对于经核查确实享有外交特权与豁免但不同意接受调查或者检验、鉴定的，公安机关交通管理部门应当将有关情况记录在案，损害赔偿事宜通过外交途径解决。

第一百零一条 公安机关交通管理部门处理享有外交特权与豁免的外国人发生人员死亡事故的，应当将其身份、证件及事故经过、损害后果等基本情况记录在案，并将有关情况迅速通报省级人民政府外事部门和该外国人所属国家的驻华使馆或者领馆。

第一百零二条 外国驻华领事机构、国际组织、国际组织驻华代表机构享有特权与豁免的人员发生道路交通事故的，公安机关交通管理部门参照本规定第一百条、第一百零一条规定办理，但《中华人民共和国领事特权与豁免条例》、中国已参加的国际公约以及我国与有关国家或者国际组织缔结的协议有不同规定的除外。

第十一章 执法监督

第一百零三条 公安机关警务督察部门可以依法对公安机关交通管理部门及其交通警察处理道路交通事故工作进行现场督察，查处违纪违法行为。

上级公安机关交通管理部门对下级公安机关交通管理部门处理道路交通事故工作进行监督，发现错误应当及时纠正，造成严重后果的，依纪依法追究有关人员的责任。

第一百零四条 公安机关交通管理部门及其交通警察处理道路交通事故，应当公开办事制度、办事程序，建立警风警纪监督员制度，并自觉接受社会和群众的监督。

任何单位和个人都有权对公安机关交通管理部门及其交通警察不依法严格公正处理道路交通事故、利用职务上的便利收受他人财物或者谋取其他利益、徇私舞弊、滥用职权、玩忽职守以及其他违纪违法行为进行检举、控告。收到检举、控告的机关，应当依据职责及时查处。

第一百零五条 在调查处理道路交通事故时，交通警察或者公安机关检验、鉴定人员有下列情形之一的，应当回避：

（一）是本案的当事人或者是当事人的近亲属的；

（二）本人或者其近亲属与本案有利害关系的；

（三）与本案当事人有其他关系，可能影响案件公正处理的。

交通警察或者公安机关检验、鉴定人员需要回避的，由本级公安机关交通管理部门负责人或者检验、鉴定人员所属的公安机关决定。公安机关交通管理部门负责人需要回避的，由公安机关或者上一级公安机关交通管理部门负责人决定。

对当事人提出的回避申请，公安机关交通管理部门应当在二日内作出决定，并通知申请人。

第一百零六条 人民法院、人民检察院审理、审查道路交通事故案件，需要公安机关交通管理部门提供有关证据的，公安机关交通管理部门应当在接到调卷公函之日起三日内，或者按照其时限要求，将道路交通事故案件调查材料正本移送人民法院或者人民检察院。

第一百零七条 公安机关交通管理部门对查获交通肇事逃逸车辆及人员提供有效线索或者协助的人员、单位,应当给予表彰和奖励。

公安机关交通管理部门及其交通警察接到协查通报不配合协查并造成严重后果的,由公安机关或者上级公安机关交通管理部门追究有关人员和单位主管领导的责任。

第十二章 附 则

第一百零八条 道路交通事故处理资格等级管理规定由公安部另行制定,资格证书式样全国统一。

第一百零九条 公安机关交通管理部门应当在邻省、市(地)、县交界的国、省、县道上,以及辖区内交通流量集中的路段,设置标有管辖地公安机关交通管理部门名称及道路交通事故报警电话号码的提示牌。

第一百一十条 车辆在道路以外通行时发生的事故,公安机关交通管理部门接到报案的,参照本规定处理。涉嫌犯罪的,及时移送有关部门。

第一百一十一条 执行本规定所需要的法律文书式样,由公安部制定。公安部没有制定式样,执法工作中需要的其他法律文书,省级公安机关可以制定式样。

当事人自行协商处理损害赔偿事宜的,可以自行制作协议书,但应当符合本规定第二十一条关于协议书内容的规定。

第一百一十二条 本规定中下列用语的含义是:

(一)“交通肇事逃逸”,是指发生道路交通事故后,当事人为逃避法律责任,驾驶或者遗弃车辆逃离道路交通事故现场以及潜逃藏匿的行为。

（二）“深度调查”，是指以有效防范道路交通事故为目的，对道路交通事故发生的深层次原因以及道路交通安全相关因素开展延伸调查，分析查找安全隐患及管理漏洞，并提出从源头解决问题的意见和建议的活动。

（三）“检验报告、鉴定意见确定”，是指检验报告、鉴定意见复印件送达当事人之日起三日内，当事人未申请重新检验、鉴定的，以及公安机关交通管理部门批准重新检验、鉴定，鉴定机构出具检验报告、鉴定意见的。

（四）“外国人”，是指不具有中国国籍的人。

（五）本规定所称的“一日”、“二日”、“三日”、“五日”、“十日”，是指工作日，不包括节假日。

（六）本规定所称的“以上”、“以下”均包括本数在内。

（七）“县级以上公安机关交通管理部门”，是指县级以上人民政府公安机关交通管理部门或者相当于同级的公安机关交通管理部门。

（八）“设区的市公安机关交通管理部门”，是指设区的市人民政府公安机关交通管理部门或者相当于同级的公安机关交通管理部门。

（九）“设区的市公安机关”，是指设区的市人民政府公安机关或者相当于同级的公安机关。

第一百一十三条 本规定没有规定的道路交通事故案件办理程序，依照《公安机关办理行政案件程序规定》《公安机关办理刑事案件程序规定》的有关规定执行。

第一百一十四条 本规定自2018年5月1日起施行。2008年8月17日发布的《道路交通事故处理程序规定》（公安部令第104号）同时废止。

7. 机动车强制报废标准规定

(中华人民共和国商务部、中华人民共和国发改委、中华人民共和国公安部、中华人民共和国环境保护部令2012年第12号 2012年12月27日公布 2013年5月1日施行)

第一条 为保障道路交通安全、鼓励技术进步、加快建设资源节约型、环境友好型社会,根据《中华人民共和国道路交通安全法》及其实施条例、《中华人民共和国大气污染防治法》、《中华人民共和国噪声污染防治法》,制定本规定。

第二条 根据机动车使用和安全技术、排放检验状况,国家对达到报废标准的机动车实施强制报废。

第三条 商务、公安、环境保护、发展改革等部门依据各自职责,负责报废机动车回收拆解监督管理、机动车强制报废标准执行有关工作。

第四条 已注册机动车有下列情形之一的应当强制报废,其所有人应当将机动车交售给报废机动车回收拆解企业,由报废机动车回收拆解企业按规定进行登记、拆解、销毁等处理,并将报废机动车登记证书、号牌、行驶证交公安机关交通管理部门注销:

(一)达到本规定第五条规定使用年限的;

(二)经修理和调整仍不符合机动车安全技术国家标准对在用车有关要求的;

(三)经修理和调整或者采用控制技术后,向大气排放污染物或者噪声仍不符合国家标准对在用车有关要求的;

(四)在检验有效期届满后连续3个机动车检验周期内未取得机动车检验合格标志的。

第五条 各类机动车使用年限分别如下:

（一）小、微型出租客运汽车使用8年，中型出租客运汽车使用10年，大型出租客运汽车使用12年；

（二）租赁载客汽车使用15年；

（三）小型教练载客汽车使用10年，中型教练载客汽车使用12年，大型教练载客汽车使用15年；

（四）公交客运汽车使用13年；

（五）其他小、微型营运载客汽车使用10年，大、中型营运载客汽车使用15年；

（六）专用校车使用15年；

（七）大、中型非营运载客汽车（大型轿车除外）使用20年；

（八）三轮汽车、装用单缸发动机的低速货车使用9年，装用多缸发动机的低速货车以及微型载货汽车使用12年，危险品运输载货汽车使用10年，其他载货汽车（包括半挂牵引车和全挂牵引车）使用15年；

（九）有载货功能的专项作业车使用15年，无载货功能的专项作业车使用30年；

（十）全挂车、危险品运输半挂车使用10年，集装箱半挂车20年，其他半挂车使用15年；

（十一）正三轮摩托车使用12年，其他摩托车使用13年。

对小、微型出租客运汽车（纯电动汽车除外）和摩托车，省、自治区、直辖市人民政府有关部门可结合本地实际情况，制定严于上述使用年限的规定，但小、微型出租客运汽车不得低于6年，正三轮摩托车不得低于10年，其他摩托车不得低于11年。

小、微型非营运载客汽车、大型非营运轿车、轮式专用机械车无使用年限限制。

机动车使用年限起始日期按照注册登记日期计算，但自出厂之日起超过2年未办理注册登记手续的，按照出厂日期计算。

第六条 变更使用性质或者转移登记的机动车应当按照下列有关要求确定使用年限和报废：

（一）营运载客汽车与非营运载客汽车相互转换的，按照营运载客汽车的规定报废，但小、微型非营运载客汽车和大型非营运轿车转为营运载客汽车的，应按照本规定附件1所列公式核算累计使用年限，且不得超过15年；

（二）不同类型的营运载客汽车相互转换，按照使用年限较严的规定报废；

（三）小、微型出租客运汽车和摩托车需要转出登记所属地省、自治区、直辖市范围的，按照使用年限较严的规定报废；

（四）危险品运输载货汽车、半挂车与其他载货汽车、半挂车相互转换的，按照危险品运输载货车、半挂车的规定报废。

距本规定要求使用年限1年以内（含1年）的机动车，不得变更使用性质、转移所有权或者转出登记地所属地市级行政区域。

第七条 国家对达到一定行驶里程的机动车引导报废。

达到下列行驶里程的机动车，其所有人可以将机动车交售给报废机动车回收拆解企业，由报废机动车回收拆解企业按规定进行登记、拆解、销毁等处理，并将报废的机动车登记证书、号牌、行驶证交公安机关交通管理部门注销：

（一）小、微型出租客运汽车行驶60万千米，中型出租客运汽车行驶50万千米，大型出租客运汽车行驶60万千米；

（二）租赁载客汽车行驶60万千米；

（三）小型和中型教练载客汽车行驶50万千米，大型教练载客汽车行驶60万千米；

（四）公交客运汽车行驶40万千米；

（五）其他小、微型营运载客汽车行驶60万千米，中型营运载客汽车行驶50万千米，大型营运载客汽车行驶80万千米；

（六）专用校车行驶40万千米；

（七）小、微型非营运载客汽车和大型非营运轿车行驶60万千米，中型非营运载客汽车行驶50万千米，大型非营运载客汽车行驶60万千米；

（八）微型载货汽车行驶50万千米，中、轻型载货汽车行驶60万千米，重型载货汽车（包括半挂牵引车和全挂牵引车）行驶70万千米，危险品运输载货汽车行驶40万千米，装用多缸发动机的低速货车行驶30万千米；

（九）专项作业车、轮式专用机械车行驶50万千米；

（十）正三轮摩托车行驶10万千米，其他摩托车行驶12万千米。

第八条 本规定所称机动车是指上道路行驶的汽车、挂车、摩托车和轮式专用机械车；非营运载客汽车是指个人或者单位不以获取利润为目的的自用载客汽车；危险品运输载货汽车是指专门用于运输剧毒化学品、爆炸品、放射性物品、腐蚀性物品等危险品的车辆；变更使用性质是指使用性质由营运转为非营运或者由非营运转为营运，小、微型出租、租赁、教练等不同类型的营运载客汽车之间的相互转换，以及危险品运输载货汽车转为其他载货汽车。本规定所称检验周期是指《中华人民共和国道路交通安全法实施条例》规定的机动车安全技术检验周期。

第九条 省、自治区、直辖市人民政府有关部门依据本规定第五条制定的小、微型出租客运汽车或者摩托车使用年限标准，应当及时向社会公布，并报国务院商务、公安、环境保护等部门备案。

第十条 上道路行驶拖拉机的报废标准规定另行制定。

第十一条 本规定自2013年5月1日起施行。2013年5月1日前已达到本规定所列报废标准的，应当在2014年4月30日前予以报废。《关于发布〈汽车报废标准〉的通知》（国经贸经〔1997〕456号）、《关于调整轻型载货汽车报废标准的通知》（国经贸经〔1998〕407号）、《关于调整汽车报废标准若干规定的通知》（国经贸资源〔2000〕1202号）、《关于印发〈农用运输车报废标准〉的通知》（国经贸资源〔2001〕234号）、《摩托车报废标准暂行规定》（国家经贸委、发展计划委、公安部、环保总局令〔2002〕第33号）同时废止。

8. 最高人民法院关于审理人身损害赔偿案件适用法律若干问题的解释（2022修正）

（2003年12月4日最高人民法院审判委员会第1299次会议通过　根据2020年12月23日最高人民法院审判委员会第1823次会议通过的《最高人民法院关于修改〈最高人民法院关于在民事审判工作中适用《中华人民共和国工会法》若干问题的解释〉等二十七件民事类司法解释的决定》修正　根据2022年2月15日最高人民法院审判委员会第1864次会议通过的《最高人民法院关于修改〈最高人民法院关于审理人身损害赔偿案件适用法律若干问题的解释〉的决定》修正）

为正确审理人身损害赔偿案件，依法保护当事人的合法权益，根据《中华人民共和国民法典》《中华人民共和国民事诉讼法》等有关法律规定，结合审判实践，制定本解释。

第一条　因生命、身体、健康遭受侵害，赔偿权利人起诉请求赔偿义务人赔偿物质损害和精神损害的，人民法院应予受理。

本条所称"赔偿权利人"，是指因侵权行为或者其他致害原因直接遭受人身损害的受害人以及死亡受害人的近亲属。

本条所称"赔偿义务人"，是指因自己或者他人的侵权行为以及其他致害原因依法应当承担民事责任的自然人、法人或者非法人组织。

第二条 赔偿权利人起诉部分共同侵权人的，人民法院应当追加其他共同侵权人作为共同被告。赔偿权利人在诉讼中放弃对部分共同侵权人的诉讼请求的，其他共同侵权人对被放弃诉讼请求的被告应当承担的赔偿份额不承担连带责任。责任范围难以确定的，推定各共同侵权人承担同等责任。

人民法院应当将放弃诉讼请求的法律后果告知赔偿权利人，并将放弃诉讼请求的情况在法律文书中叙明。

第三条 依法应当参加工伤保险统筹的用人单位的劳动者，因工伤事故遭受人身损害，劳动者或者其近亲属向人民法院起诉请求用人单位承担民事赔偿责任的，告知其按《工伤保险条例》的规定处理。

因用人单位以外的第三人侵权造成劳动者人身损害，赔偿权利人请求第三人承担民事赔偿责任的，人民法院应予支持。

第四条 无偿提供劳务的帮工人，在从事帮工活动中致人损害的，被帮工人应当承担赔偿责任。被帮工人承担赔偿责任后向有故意或者重大过失的帮工人追偿的，人民法院应予支持。被帮工人明确拒绝帮工的，不承担赔偿责任。

第五条 无偿提供劳务的帮工人因帮工活动遭受人身损害的，根据帮工人和被帮工人各自的过错承担相应的责任；被帮工人明确拒绝帮工的，被帮工人不承担赔偿责任，但可以在受益范围内予以适当补偿。

帮工人在帮工活动中因第三人的行为遭受人身损害的，有权请求第三人承担赔偿责任，也有权请求被帮工人予以适当补偿。被帮工人补偿后，可以向第三人追偿。

第六条 医疗费根据医疗机构出具的医药费、住院费等收款凭证，结合病历和诊断证明等相关证据确定。赔偿义务人对治疗的必要性和合理性有异议的，应当承担相应的举证责任。

医疗费的赔偿数额，按照一审法庭辩论终结前实际发生的数额确定。器官功能恢复训练所必要的康复费、适当的整容费以及其他后续治疗费，赔偿权利人可以待实际发生后另行起诉。但根据医疗证明或者鉴定结论确定必然发生的费用，可以与已经发生的医疗费一并予以赔偿。

第七条 误工费根据受害人的误工时间和收入状况确定。

误工时间根据受害人接受治疗的医疗机构出具的证明确定。受害人因伤致残持续误工的，误工时间可以计算至定残日前一天。

受害人有固定收入的，误工费按照实际减少的收入计算。受害人无固定收入的，按照其最近三年的平均收入计算；受害人不能举证证明其最近三年的平均收入状况的，可以参照受诉法院所在地相同或者相近行业上一年度职工的平均工资计算。

第八条 护理费根据护理人员的收入状况和护理人数、护理期限确定。

护理人员有收入的，参照误工费的规定计算；护理人员没有收入或者雇佣护工的，参照当地护工从事同等级别护理的劳务报酬标准计算。护理人员原则上为一人，但医疗机构或者鉴定机构有明确意见的，可以参照确定护理人员人数。

护理期限应计算至受害人恢复生活自理能力时止。受害人因残疾不能恢复生活自理能力的，可以根据其年龄、健康状况等因素确定合理的护理期限，但最长不超过二十年。

受害人定残后的护理，应当根据其护理依赖程度并结合配制残疾辅助器具的情况确定护理级别。

第九条 交通费根据受害人及其必要的陪护人员因就医或者转院治疗实际发生的费用计算。交通费应当以正式票据为凭；有关凭据应当与就医地点、时间、人数、次数相符合。

第十条 住院伙食补助费可以参照当地国家机关一般工作人员的出差伙食补助标准予以确定。

受害人确有必要到外地治疗，因客观原因不能住院，受害人本人及其陪护人员实际发生的住宿费和伙食费，其合理部分应予赔偿。

第十一条 营养费根据受害人伤残情况参照医疗机构的意见确定。

第十二条 残疾赔偿金根据受害人丧失劳动能力程度或者伤残等级，按照受诉法院所在地上一年度城镇居民人均可支配收入标准，自定残之日起按二十年计算。但六十周岁以上的，年龄每增加一岁减少一年；七十五周岁以上的，按五年计算。

受害人因伤致残但实际收入没有减少，或者伤残等级较轻但造成职业妨害严重影响其劳动就业的，可以对残疾赔偿金作相应调整。

第十三条 残疾辅助器具费按照普通适用器具的合理费用标准计算。伤情有特殊需要的，可以参照辅助器具配制机构的意见确定相应的合理费用标准。

辅助器具的更换周期和赔偿期限参照配制机构的意见确定。

第十四条 丧葬费按照受诉法院所在地上一年度职工月平均工资标准，以六个月总额计算。

第十五条 死亡赔偿金按照受诉法院所在地上一年度城镇居民人均可支配收入标准，按二十年计算。但六十周岁以上的，年龄每增加一岁减少一年；七十五周岁以上的，按五年计算。

第十六条 被扶养人生活费计入残疾赔偿金或者死亡赔偿金。

第十七条 被扶养人生活费根据扶养人丧失劳动能力程度，按照受诉法院所在地上一年度城镇居民人均消费支出标准计算。被扶养人为未成年人的，计算至十八周岁；被扶养人无劳动能力又无其他生活来源的,计算二十年。但六十周岁以上的,年龄每增加一岁减少一年;七十五周岁以上的,按五年计算。

被扶养人是指受害人依法应当承担扶养义务的未成年人或者丧失劳动能力又无其他生活来源的成年近亲属。被扶养人还有其他扶养人的,赔偿义务人只赔偿受害人依法应当负担的部分。被扶养人有数人的,年赔偿总额累计不超过上一年度城镇居民人均消费支出额。

第十八条 赔偿权利人举证证明其住所地或者经常居住地城镇居民人均可支配收入高于受诉法院所在地标准的,残疾赔偿金或者死亡赔偿金可以按照其住所地或者经常居住地的相关标准计算。

被扶养人生活费的相关计算标准,依照前款原则确定。

第十九条 超过确定的护理期限、辅助器具费给付年限或者残疾赔偿金给付年限,赔偿权利人向人民法院起诉请求继续给付护理费、辅助器具费或者残疾赔偿金的,人民法院应予受理。赔偿权利人确需继续护理、配制辅助器具,或者没有劳动能力和生活来源的,人民法院应当判令赔偿义务人继续给付相关费用五至十年。

第二十条 赔偿义务人请求以定期金方式给付残疾赔偿金、辅助器具费的,应当提供相应的担保。人民法院可以根据赔偿义务人的给付能力和提供担保的情况,确定以定期金方式给付相关费用。但是,一审法庭辩论终结前已经发生的费用、死亡赔偿金以及精神损害抚慰金,应当一次性给付。

第二十一条 人民法院应当在法律文书中明确定期金的给付时间、方式以及每期给付标准。执行期间有关统计数据发生变化的,给付金额应当适时进行相应调整。

定期金按照赔偿权利人的实际生存年限给付,不受本解释有关赔偿期限的限制。

第二十二条 本解释所称“城镇居民人均可支配收入”“城镇居民

人均消费支出”“职工平均工资”，按照政府统计部门公布的各省、自治区、直辖市以及经济特区和计划单列市上一年度相关统计数据确定。

“上一年度”，是指一审法庭辩论终结时的上一统计年度。

第二十三条 精神损害抚慰金适用《最高人民法院关于确定民事侵权精神损害赔偿责任若干问题的解释》予以确定。

第二十四条 本解释自2022年5月1日起施行。施行后发生的侵权行为引起的人身损害赔偿案件适用本解释。

本院以前发布的司法解释与本解释不一致的，以本解释为准。

9. 最高人民法院关于审理道路交通事故损害赔偿案件适用法律若干问题的解释（2020修正）

（2012年9月17日最高人民法院审判委员会第1556次会议通过 根据2020年12月23日最高人民法院审判委员会第1823次会议通过的《最高人民法院关于修改〈最高人民法院关于在民事审判工作中适用《中华人民共和国工会法》若干问题的解释〉等二十七件民事类司法解释的决定》修正）

为正确审理道路交通事故损害赔偿案件，根据《中华人民共和国民法典》《中华人民共和国道路交通安全法》《中华人民共和国保险法》《中华人民共和国民事诉讼法》等法律的规定，结合审判实践，制定本解释。

一、关于主体责任的认定

第一条 机动车发生交通事故造成损害，机动车所有人或者管理人有下列情形之一，人民法院应当认定其对损害的发生有过错，并适用民法典第一千二百零九条的规定确定其相应的赔偿责任：

（一）知道或者应当知道机动车存在缺陷，且该缺陷是交通事故发生原因之一的；

(二)知道或者应当知道驾驶人无驾驶资格或者未取得相应驾驶资格的；

(三)知道或者应当知道驾驶人因饮酒、服用国家管制的精神药品或者麻醉药品，或者患有妨碍安全驾驶机动车的疾病等依法不能驾驶机动车的；

(四)其他应当认定机动车所有人或者管理人有过错的。

第二条 被多次转让但是未办理登记的机动车发生交通事故造成损害，属于该机动车一方责任，当事人请求由最后一次转让并交付的受让人承担赔偿责任的，人民法院应予支持。

第三条 套牌机动车发生交通事故造成损害，属于该机动车一方责任，当事人请求由套牌机动车的所有人或者管理人承担赔偿责任的，人民法院应予支持；被套牌机动车所有人或者管理人同意套牌的，应当与套牌机动车的所有人或者管理人承担连带责任。

第四条 拼装车、已达到报废标准的机动车或者依法禁止行驶的其他机动车被多次转让，并发生交通事故造成损害，当事人请求由所有的转让人和受让人承担连带责任的，人民法院应予支持。

第五条 接受机动车驾驶培训的人员，在培训活动中驾驶机动车发生交通事故造成损害，属于该机动车一方责任，当事人请求驾驶培训单位承担赔偿责任的，人民法院应予支持。

第六条 机动车试乘过程中发生交通事故造成试乘人损害，当事人请求提供试乘服务者承担赔偿责任的，人民法院应予支持。试乘人有过错的，应当减轻提供试乘服务者的赔偿责任。

第七条 因道路管理维护缺陷导致机动车发生交通事故造成损害，当事人请求道路管理者承担相应赔偿责任的，人民法院应予支持。但道路管理者能够证明已经依照法律、法规、规章的规定，或者按照国家标准、行业标准、地方标准的要求尽到安全防护、警示等管理维护义务的除外。

依法不得进入高速公路的车辆、行人，进入高速公路发生交通事故造成自身损害，当事人请求高速公路管理者承担赔偿责任的，适用民法典第一千二百四十三条的规定。

第八条 未按照法律、法规、规章或者国家标准、行业标准、地方标准的强制性规定设计、施工，致使道路存在缺陷并造成交通事故，当事人请求建设单位与施工单位承担相应赔偿责任的，人民法院应予支持。

第九条 机动车存在产品缺陷导致交通事故造成损害，当事人请求生产者或者销售者依照民法典第七编第四章的规定承担赔偿责任的，人民法院应予支持。

第十条 多辆机动车发生交通事故造成第三人损害，当事人请求多个侵权人承担赔偿责任的，人民法院应当区分不同情况，依照民法典第一千一百七十条、第一千一百七十一条、第一千一百七十二条的规定，确定侵权人承担连带责任或者按份责任。

二、关于赔偿范围的认定

第十一条 道路交通安全法第七十六条规定的“人身伤亡”，是指机动车发生交通事故侵害被侵权人的生命权、身体权、健康权等人身权益所造成的损害，包括民法典第一千一百七十九条和第一千一百八十三条规定的各项损害。

道路交通安全法第七十六条规定的“财产损失”，是指因机动车发生交通事故侵害被侵权人的财产权益所造成的损失。

第十二条 因道路交通事故造成下列财产损失，当事人请求侵权人赔偿的，人民法院应予支持：

(一)维修被损坏车辆所支出的费用、车辆所载物品的损失、车辆施救费用;

(二)因车辆灭失或者无法修复,为购买交通事故发生时与被损坏车辆价值相当的车辆重置费用;

(三)依法从事货物运输、旅客运输等经营性活动的车辆,因无法从事相应经营活动所产生的合理停运损失;

(四)非经营性车辆因无法继续使用,所产生的通常替代性交通工具的合理费用。

三、关于责任承担的认定

第十三条 同时投保机动车第三者责任强制保险(以下简称"交强险")和第三者责任商业保险(以下简称"商业三者险")的机动车发生交通事故造成损害,当事人同时起诉侵权人和保险公司的,人民法院应当依照民法典第一千二百一十三条的规定,确定赔偿责任。

被侵权人或者其近亲属请求承保交强险的保险公司优先赔偿精神损害的,人民法院应予支持。

第十四条 投保人允许的驾驶人驾驶机动车致使投保人遭受损害,当事人请求承保交强险的保险公司在责任限额范围内予以赔偿的,人民法院应予支持,但投保人为本车上人员的除外。

第十五条 有下列情形之一导致第三人人身损害,当事人请求保险公司在交强险责任限额范围内予以赔偿,人民法院应予支持:

(一)驾驶人未取得驾驶资格或者未取得相应驾驶资格的;

(二)醉酒、服用国家管制的精神药品或者麻醉药品后驾驶机动车发生交通事故的;

(三)驾驶人故意制造交通事故的。

保险公司在赔偿范围内向侵权人主张追偿权的,人民法院应予支持。追偿权的诉讼时效期间自保险公司实际赔偿之日起计算。

第十六条 未依法投保交强险的机动车发生交通事故造成损害，当事人请求投保义务人在交强险责任限额范围内予以赔偿的，人民法院应予支持。

投保义务人和侵权人不是同一人，当事人请求投保义务人和侵权人在交强险责任限额范围内承担相应责任的，人民法院应予支持。

第十七条 具有从事交强险业务资格的保险公司违法拒绝承保、拖延承保或者违法解除交强险合同，投保义务人在向第三人承担赔偿责任后，请求该保险公司在交强险责任限额范围内承担相应赔偿责任的，人民法院应予支持。

第十八条 多辆机动车发生交通事故造成第三人损害，损失超出各机动车交强险责任限额之和的，由各保险公司在各自责任限额范围内承担赔偿责任；损失未超出各机动车交强险责任限额之和，当事人请求由各保险公司按照其责任限额与责任限额之和的比例承担赔偿责任的，人民法院应予支持。

依法分别投保交强险的牵引车和挂车连接使用时发生交通事故造成第三人损害，当事人请求由各保险公司在各自的责任限额范围内平均赔偿的，人民法院应予支持。

多辆机动车发生交通事故造成第三人损害，其中部分机动车未投保交强险，当事人请求先由已承保交强险的保险公司在责任限额范围内予以赔偿的，人民法院应予支持。保险公司就超出其应承担的部分向未投保交强险的投保义务人或者侵权人行使追偿权的，人民法院应予支持。

第十九条 同一交通事故的多个被侵权人同时起诉的，人民法院应当按照各被侵权人的损失比例确定交强险的赔偿数额。

第二十条 机动车所有权在交强险合同有效期内发生变动，保险公司在交通事故发生后，以该机动车未办理交强险合同变更手续为由主张免除赔偿责任的，人民法院不予支持。

机动车在交强险合同有效期内发生改装、使用性质改变等导致危险程度增加的情形，发生交通事故后，当事人请求保险公司在责任限额范围内予以赔偿的，人民法院应予支持。

前款情形下，保险公司另行起诉请求投保义务人按照重新核定后的保险费标准补足当期保险费的，人民法院应予支持。

第二十一条 当事人主张交强险人身伤亡保险金请求权转让或者设定担保的行为无效的，人民法院应予支持。

四、关于诉讼程序的规定

第二十二条 人民法院审理道路交通事故损害赔偿案件，应当将承保交强险的保险公司列为共同被告。但该保险公司已经在交强险责任限额范围内予以赔偿且当事人无异议的除外。

人民法院审理道路交通事故损害赔偿案件，当事人请求将承保商业三者险的保险公司列为共同被告的，人民法院应予准许。

第二十三条 被侵权人因道路交通事故死亡，无近亲属或者近亲属不明，未经法律授权的机关或者有关组织向人民法院起诉主张死亡赔偿金的，人民法院不予受理。

侵权人以已向未经法律授权的机关或者有关组织支付死亡赔偿金为理由，请求保险公司在交强险责任限额范围内予以赔偿的，人民法院不予支持。

被侵权人因道路交通事故死亡，无近亲属或者近亲属不明，支付被侵权人医疗费、丧葬费等合理费用的单位或者个人，请求保险公司在交强险责任限额范围内予以赔偿的，人民法院应予支持。

第二十四条 公安机关交通管理部门制作的交通事故认定书，人民法院应依法审查并确认其相应的证明力，但有相反证据推翻的除外。

五、关于适用范围的规定

第二十五条 机动车在道路以外的地方通行时引发的损害赔偿案件，可以参照适用本解释的规定。

第二十六条 本解释施行后尚未终审的案件，适用本解释；本解释施行前已经终审，当事人申请再审或者按照审判监督程序决定再审的案件，不适用本解释。

10. 最高人民法院关于确定民事侵权精神损害赔偿责任若干问题的解释（2020修正）

（2001年2月26日最高人民法院审判委员会第1161次会议通过 根据2020年12月23日最高人民法院审判委员会第1823次会议通过的《最高人民法院关于修改〈最高人民法院关于在民事审判工作中适用《中华人民共和国工会法》若干问题的解释〉等二十七件民事类司法解释的决定》修正）

为在审理民事侵权案件中正确确定精神损害赔偿责任，根据《中华人民共和国民法典》等有关法律规定，结合审判实践，制定本解释。

第一条 因人身权益或者具有人身意义的特定物受到侵害，自然人或者其近亲属向人民法院提起诉讼请求精神损害赔偿的，人民法院应当依法予以受理。

第二条 非法使被监护人脱离监护，导致亲子关系或者近亲属间的亲属关系遭受严重损害，监护人向人民法院起诉请求赔偿精神损害的，人民法院应当依法予以受理。

第三条 死者的姓名、肖像、名誉、荣誉、隐私、遗体、遗骨等受到侵害,其近亲属向人民法院提起诉讼请求精神损害赔偿的,人民法院应当依法予以支持。

第四条 法人或者非法人组织以名誉权、荣誉权、名称权遭受侵害为由,向人民法院起诉请求精神损害赔偿的,人民法院不予支持。

第五条 精神损害的赔偿数额根据以下因素确定:

(一)侵权人的过错程度,但是法律另有规定的除外;

(二)侵权行为的目的、方式、场合等具体情节;

(三)侵权行为所造成的后果;

(四)侵权人的获利情况;

(五)侵权人承担责任的经济能力;

(六)受理诉讼法院所在地的平均生活水平。

第六条 在本解释公布施行之前已经生效施行的司法解释,其内容有与本解释不一致的,以本解释为准。

11. 最高人民法院关于审理交通肇事刑事案件具体应用法律若干问题的解释

(2000年11月10日最高人民法院审判委员会第1136次会议通过 法释〔2000〕33号)

为依法惩处交通肇事犯罪活动,根据刑法有关规定,现将审理交通肇事刑事案件具体应用法律的若干问题解释如下:

第一条 从事交通运输人员或者非交通运输人员,违反交通运输管理法规发生重大交通事故,在分清事故责任的基础上,对于构成犯罪的,依照刑法第一百三十三条的规定定罪处罚。

第二条 交通肇事具有下列情形之一的,处三年以下有期徒刑或者拘役:

（一）死亡一人或者重伤三人以上，负事故全部或者主要责任的；

（二）死亡三人以上，负事故同等责任的；

（三）造成公共财产或者他人财产直接损失，负事故全部或者主要责任，无能力赔偿数额在三十万元以上的。

交通肇事致一人以上重伤，负事故全部或者主要责任，并具有下列情形之一的，以交通肇事罪定罪处罚：

（一）酒后、吸食毒品后驾驶机动车辆的；

（二）无驾驶资格驾驶机动车辆的；

（三）明知是安全装置不全或者安全机件失灵的机动车辆而驾驶的；

（四）明知是无牌证或者已报废的机动车辆而驾驶的；

（五）严重超载驾驶的；

（六）为逃避法律追究逃离事故现场的。

第三条 “交通运输肇事后逃逸”，是指行为人具有本解释第二条第一款规定和第二款第（一）至（五）项规定的情形之一，在发生交通事故后，为逃避法律追究而逃跑的行为。

第四条 交通肇事具有下列情形之一的，属于“有其他特别恶劣情节”，处三年以上七年以下有期徒刑：

（一）死亡二人以上或者重伤五人以上，负事故全部或者主要责任的；

（二）死亡六人以上，负事故同等责任的；

（三）造成公共财产或者他人财产直接损失，负事故全部或者主要责任，无能力赔偿数额在六十万元以上的。

第五条 “因逃逸致人死亡”，是指行为人在交通肇事后为逃避法律追究而逃跑，致使被害人因得不到救助而死亡的情形。

交通肇事后，单位主管人员、机动车辆所有人、承包人或者乘车人指使肇事人逃逸，致使被害人因得不到救助而死亡的，以交通肇事罪的共犯论处。

第六条 行为人在交通肇事后为逃避法律追究，将被害人带离事故现场后隐藏或者遗弃，致使被害人无法得到救助而死亡或者严重残疾的，应当分别依照刑法第二百三十二条、第二百三十四条第二款的规定，以故意杀人罪或者故意伤害罪定罪处罚。

第七条 单位主管人员、机动车辆所有人或者机动车辆承包人指使、强令他人违章驾驶造成重大交通事故，具有本解释第二条规定情形之一的，以交通肇事罪定罪处罚。

第八条 在实行公共交通管理的范围内发生重大交通事故的，依照刑法第一百三十三条和本解释的有关规定办理。

在公共交通管理的范围外，驾驶机动车辆或者使用其他交通工具致人伤亡或者致使公共财产或者他人财产遭受重大损失，构成犯罪的，分别依照刑法第一百三十四条、第一百三十五条、第二百三十三条等规定定罪处罚。

第九条 各省、自治区、直辖市高级人民法院可以根据本地实际情况，在三十万元至六十万元、六十万元至一百万元的幅度内，确定本地区执行本解释第二条第一款第（三）项、第四条第（三）项的起点数额标准，并报最高人民法院备案。

12. 人体损伤致残程度分级

（2016年4月18日最高人民法院、最高人民检察院、公安部、国家安全部、司法部发布　自2017年1月1日起施行）

1. 范　围

本标准规定了人体损伤致残程度分级的原则、方法、内容和等级划分。

本标准适用于人身损害致残程度等级鉴定。

2. 规范性引用文件

下列文件对本标准的应用是必不可少的。凡是注日期的引用文件，仅注日期的版本适用于本标准；凡是不注日期的引用文件，其最新版本（包括所有的修改单）适用于本标准。

最高人民法院、最高人民检察院、公安部、国家安全部、司法部发布人体损伤程度鉴定标准

GB/T 16180—2014 劳动能力鉴定 职工工伤与职业病致残等级

GB/T 31147 人身损害护理依赖程度评定

3. 术语和定义

3.1 损 伤

各种因素造成的人体组织器官结构破坏和/或功能障碍。

3.2 残 疾

人体组织器官结构破坏或者功能障碍，以及个体在现代临床医疗条件下难以恢复的生活、工作、社会活动能力不同程度的降低或者丧失。

4. 总 则

4.1 鉴定原则

应以损伤治疗后果或者结局为依据，客观评价组织器官缺失和/或功能障碍程度，科学分析损伤与残疾之间的因果关系，实事求是地

进行鉴定。

受伤人员符合两处以上致残程度等级者,鉴定意见中应该分别写明各处的致残程度等级。

4.2 鉴定时机

应在原发性损伤及其与之确有关联的并发症治疗终结或者临床治疗效果稳定后进行鉴定。

4.3 伤病关系处理

当损伤与原有伤、病共存时,应分析损伤与残疾后果之间的因果关系。根据损伤在残疾后果中的作用力大小确定因果关系的不同形式,可依次分别表述为:完全作用、主要作用、同等作用、次要作用、轻微作用、没有作用。

除损伤"没有作用"以外,均应按照实际残情鉴定致残程度等级,同时说明损伤与残疾后果之间的因果关系;判定损伤"没有作用"的,不应进行致残程度鉴定。

4.4 致残等级划分

本标准将人体损伤致残程度划分为10个等级,从一级(人体致残率100%)到十级(人体致残率10%),每级致残率相差10%。致残程度等级划分依据见附录A。

4.5 判断依据

依据人体组织器官结构破坏、功能障碍及其对医疗、护理的依赖程度,适当考虑由于残疾引起的社会交往和心理因素影响,综合判定致残程度等级。

5.致残程度分级

5.1 一　　级

5.1.1　颅脑、脊髓及周围神经损伤

1)持续性植物生存状态；

2)精神障碍或者极重度智能减退,日常生活完全不能自理；

3)四肢瘫(肌力3级以下)或者三肢瘫(肌力2级以下)；

4)截瘫(肌力2级以下)伴重度排便功能障碍与重度排尿功能障碍。

5.1.2　颈部及胸部损伤

1)心功能不全,心功能Ⅳ级；

2)严重器质性心律失常,心功能Ⅲ级；

3)心脏移植术后,心功能Ⅲ级；

4)心肺联合移植术后；

5)肺移植术后呼吸困难(极重度)。

5.1.3　腹部损伤

1)原位肝移植术后肝衰竭晚期；

2)双肾切除术后或者孤肾切除术后,需透析治疗维持生命;肾移植术后肾衰竭。

5.1.4　脊柱、骨盆及四肢损伤

1)三肢缺失(上肢肘关节以上,下肢膝关节以上)；

2)二肢缺失(上肢肘关节以上,下肢膝关节以上),第三肢各大关节功能丧失均达75%；

3)二肢缺失(上肢肘关节以上,下肢膝关节以上),第三肢任二大关节均强直固定或者功能丧失均达90%。

5.2 二　　级

5.2.1　颅脑、脊髓及周围神经损伤

1)精神障碍或者重度智能减退,日常生活随时需有人帮助;

2)三肢瘫(肌力3级以下);

3)偏瘫(肌力2级以下);

4)截瘫(肌力2级以下);

5)非肢体瘫运动障碍(重度)。

5.2.2　头面部损伤

1)容貌毁损(重度);

2)上颌骨或者下颌骨完全缺损;

3)双眼球缺失或者萎缩;

4)双眼盲目5级;

5)双侧眼睑严重畸形(或者眼睑重度下垂,遮盖全部瞳孔),伴双眼盲目3级以上。

5.2.3　颈部及胸部损伤

1)呼吸困难(极重度);

2)心脏移植术后;

3)肺移植术后。

5.2.4　腹部损伤

1)肝衰竭晚期;

2)肾衰竭;

3)小肠大部分切除术后,消化吸收功能丧失,完全依赖肠外营养。

5.2.5　脊柱、骨盆及四肢损伤

1)双上肢肘关节以上缺失,或者一上肢肘关节以上缺失伴一下肢膝关节以上缺失;

2)一肢缺失(上肢肘关节以上,下肢膝关节以上),其余任二肢体各有二大关节功能丧失均达75%;

3)双上肢各大关节均强直固定或者功能丧失均达90%。

5.2.6 体表及其他损伤

1)皮肤瘢痕形成达体表面积90%;

2)重型再生障碍性贫血。

5.3 三 级

5.3.1 颅脑、脊髓及周围神经损伤

1)精神障碍或者重度智能减退,不能完全独立生活,需经常有人监护;

2)完全感觉性失语或者混合性失语;

3)截瘫(肌力3级以下)伴排便或者排尿功能障碍;

4)双手全肌瘫(肌力2级以下),伴双腕关节功能丧失均达75%;

5)重度排便功能障碍伴重度排尿功能障碍。

5.3.2 头面部损伤

1)一眼球缺失、萎缩或者盲目5级,另一眼盲目3级;

2)双眼盲目4级;

3)双眼视野接近完全缺损,视野有效值≤4%(直径≤5°);

4)吞咽功能障碍,完全依赖胃管进食。

5.3.3 颈部及胸部损伤

1)食管闭锁或者切除术后,摄食依赖胃造口或者空肠造口;

2)心功能不全,心功能Ⅲ级。

5.3.4 腹部损伤

1)全胰缺失;

2)一侧肾切除术后,另一侧肾功能重度下降;

3)小肠大部分切除术后,消化吸收功能严重障碍,大部分依赖肠外营养。

5.3.5 盆部及会阴部损伤

1)未成年人双侧卵巢缺失或者萎缩,完全丧失功能;

2)未成年人双侧睾丸缺失或者萎缩,完全丧失功能;

3)阴茎接近完全缺失(残留长度≤1.0cm)。

5.3.6 脊柱、骨盆及四肢损伤

1)二肢缺失(上肢腕关节以上,下肢膝关节以上);

2)一肢缺失(上肢腕关节以上,下肢膝关节以上),另一肢各大关节均强直固定或者功能丧失均达 90%;

3)双上肢各大关节功能丧失均达 75%;双下肢各大关节均强直固定或者功能丧失均达 90%;一上肢与一下肢各大关节均强直固定或者功能丧失均达 90%。

5.4 四 级

5.4.1 颅脑、脊髓及周围神经损伤

1)精神障碍或者中度智能减退,日常生活能力严重受限,间或需要帮助;

2)外伤性癫痫(重度);

3)偏瘫(肌力 3 级以下);

4)截瘫(肌力 3 级以下);

5)阴茎器质性勃起障碍(重度)。

5.4.2 头面部损伤

1)符合容貌毁损(重度)标准之三项者;

2)上颌骨或者下颌骨缺损达 1/2;

3)一眼球缺失、萎缩或者盲目 5 级,另一眼重度视力损害;

4）双眼盲目3级；

5）双眼视野极度缺损，视野有效值≤8%（直径≤10°）；

6）双耳听力障碍≥91dB HL。

5.4.3　颈部及胸部损伤

1）严重器质性心律失常，心功能Ⅱ级；

2）一侧全肺切除术后；

3）呼吸困难（重度）。

5.4.4　腹部损伤

1）肝切除2/3以上；

2）肝衰竭中期；

3）胰腺大部分切除，胰岛素依赖；

4）肾功能重度下降；

5）双侧肾上腺缺失；

6）永久性回肠造口。

5.4.5　盆部及会阴部损伤

1）膀胱完全缺失或者切除术后，行永久性输尿管腹壁造瘘或者肠代膀胱并永久性造口。

5.4.6　脊柱、骨盆及四肢损伤

1）一上肢腕关节以上缺失伴一下肢踝关节以上缺失，或者双下肢踝关节以上缺失；

2）双下肢各大关节功能丧失均达75%；一上肢与一下肢各大关节功能丧失均达75%；

3）手功能丧失分值达150分。

5.4.7　体表及其他损伤

1）皮肤瘢痕形成达体表面积70%；

2）放射性皮肤癌。

5.5 五　　级

5.5.1　颅脑、脊髓及周围神经损伤

1)精神障碍或者中度智能减退,日常生活能力明显受限,需要指导;

2)完全运动性失语;

3)完全性失用、失写、失读或者失认等;

4)双侧完全性面瘫;

5)四肢瘫(肌力4级以下);

6)单肢瘫(肌力2级以下);

7)非肢体瘫运动障碍(中度);

8)双手大部分肌瘫(肌力2级以下);

9)双足全肌瘫(肌力2级以下);

10)排便伴排尿功能障碍,其中一项达重度。

5.5.2　头面部损伤

1)符合容貌毁损(重度)标准之二项者;

2)一眼球缺失、萎缩或者盲目5级,另一眼中度视力损害;

3)双眼重度视力损害;

4)双眼视野重度缺损,视野有效值≤16%(直径≤20°);

5)一侧眼睑严重畸形(或者眼睑重度下垂,遮盖全部瞳孔),伴另一眼盲目3级以上;

6)双耳听力障碍≥81dB HL;

7)一耳听力障碍≥91dB HL,另一耳听力障碍≥61dB HL;

8)舌根大部分缺损;

9)咽或者咽后区损伤遗留吞咽功能障碍,只能吞咽流质食物。

5.5.3 颈部及胸部损伤

1) 未成年人甲状腺损伤致功能减退，药物依赖；

2) 甲状旁腺功能损害（重度）；

3) 食管狭窄，仅能进流质食物；

4) 食管损伤，肠代食管术后。

5.5.4 腹部损伤

1) 胰头合并十二指肠切除术后；

2) 一侧肾切除术后，另一侧肾功能中度下降；

3) 肾移植术后，肾功能基本正常；

4) 肾上腺皮质功能明显减退；

5) 全胃切除术后；

6) 小肠部分切除术后，消化吸收功能障碍，部分依赖肠外营养；

7) 全结肠缺失。

5.5.5 盆部及会阴部损伤

1) 永久性输尿管腹壁造口；

2) 尿瘘难以修复；

3) 直肠阴道瘘难以修复；

4) 阴道严重狭窄（仅可容纳一中指）；

5) 双侧睾丸缺失或者完全萎缩，丧失生殖功能；

6) 阴茎大部分缺失（残留长度≤3.0cm）。

5.5.6 脊柱、骨盆及四肢损伤

1) 一上肢肘关节以上缺失；

2) 一肢缺失（上肢腕关节以上，下肢膝关节以上），另一肢各大关节功能丧失均达50%或者其余肢体任二大关节功能丧失均达75%；

3) 手功能丧失分值≥120分。

5.6 六　　级

5.6.1　颅脑、脊髓及周围神经损伤

1)精神障碍或者中度智能减退,日常生活能力部分受限,但能部分代偿,部分日常生活需要帮助;

2)外伤性癫痫(中度);

3)尿崩症(重度);

4)一侧完全性面瘫;

5)三肢瘫(肌力4级以下);

6)截瘫(肌力4级以下)伴排便或者排尿功能障碍;

7)双手部分肌瘫(肌力3级以下);

8)一手全肌瘫(肌力2级以下),伴相应腕关节功能丧失75%以上;

9)双足全肌瘫(肌力3级以下);

10)阴茎器质性勃起障碍(中度)。

5.6.2　头面部损伤

1)符合容貌毁损(中度)标准之四项者;

2)面部中心区条状瘢痕形成(宽度达0.3cm),累计长度达20.0cm;

3)面部片状细小瘢痕形成或者色素显著异常,累计达面部面积的80%;

4)双侧眼睑严重畸形;

5)一眼球缺失、萎缩或者盲目5级,另一眼视力≤0.5;

6)一眼重度视力损害,另一眼中度视力损害;

7)双眼视野中度缺损,视野有效值≤48%(直径≤60°);

8)双侧前庭平衡功能丧失,睁眼行走困难,不能并足站立;

9)唇缺损或者畸形,累计相当于上唇2/3以上。

5.6.3　颈部及胸部损伤

1)双侧喉返神经损伤,影响功能;

2)一侧胸廓成形术后,切除6根以上肋骨;

3)女性双侧乳房完全缺失;

4)心脏瓣膜置换术后,心功能不全;

5)心功能不全,心功能Ⅱ级;

6)器质性心律失常安装永久性起搏器后;

7)严重器质性心律失常;

8)两肺叶切除术后。

5.6.4　腹部损伤

1)肝切除1/2以上;

2)肝衰竭早期;

3)胰腺部分切除术后伴功能障碍,需药物治疗;

4)肾功能中度下降;

5)小肠部分切除术后,影响消化吸收功能,完全依赖肠内营养。

5.6.5　盆部及会阴部损伤

1)双侧卵巢缺失或者萎缩,完全丧失功能;

2)未成年人双侧卵巢萎缩,部分丧失功能;

3)未成年人双侧睾丸萎缩,部分丧失功能;

4)会阴部瘢痕挛缩伴阴道狭窄;

5)睾丸或者附睾损伤,生殖功能重度损害;

6)双侧输精管损伤难以修复;

7)阴茎严重畸形,不能实施性交行为。

5.6.6　脊柱、骨盆及四肢损伤

1)脊柱骨折后遗留30°以上侧弯或者后凸畸形;

2)一肢缺失(上肢腕关节以上,下肢膝关节以上);

3)双足跖跗关节以上缺失;

4)手或者足功能丧失分值≥90分。

5.6.7 体表及其他损伤

1)皮肤瘢痕形成达体表面积50%;

2)非重型再生障碍性贫血。

5.7 七 级

5.7.1 颅脑、脊髓及周围神经损伤

1)精神障碍或者轻度智能减退,日常生活有关的活动能力极重度受限;

2)不完全感觉性失语;

3)双侧大部分面瘫;

4)偏瘫(肌力4级以下);

5)截瘫(肌力4级以下);

6)单肢瘫(肌力3级以下);

7)一手大部分肌瘫(肌力2级以下);

8)一足全肌瘫(肌力2级以下);

9)重度排便功能障碍或者重度排尿功能障碍。

5.7.2 头面部损伤

1)面部中心区条状瘢痕形成(宽度达0.3cm),累计长度达15.0cm;

2)面部片状细小瘢痕形成或者色素显著异常,累计达面部面积的50%;

3)双侧眼睑重度下垂,遮盖全部瞳孔;

4)一眼球缺失或者萎缩;

5）双眼中度视力损害；

6）一眼盲目3级，另一眼视力≤0.5；

7）双眼偏盲；

8）一侧眼睑严重畸形（或者眼睑重度下垂，遮盖全部瞳孔）合并该眼盲目3级以上；

9）一耳听力障碍≥81dB HL，另一耳听力障碍≥61dB HL；

10）咽或者咽后区损伤遗留吞咽功能障碍，只能吞咽半流质食物；

11）上颌骨或者下颌骨缺损达1/4；

12）上颌骨或者下颌骨部分缺损伴牙齿缺失14枚以上；

13）颌面部软组织缺损，伴发涎漏。

5.7.3　颈部及胸部损伤

1）甲状腺功能损害（重度）；

2）甲状旁腺功能损害（中度）；

3）食管狭窄，仅能进半流质食物；食管重建术后并发反流性食管炎；

4）颏颈粘连（中度）；

5）女性双侧乳房大部分缺失或者严重畸形；

6）未成年或者育龄女性双侧乳头完全缺失；

7）胸廓畸形，胸式呼吸受限；

8）一肺叶切除，并肺段或者肺组织楔形切除术后。

5.7.4　腹部损伤

1）肝切除1/3以上；

2）一侧肾切除术后；

3）胆道损伤胆肠吻合术后，反复发作逆行性胆道感染；

4）未成年人脾切除术后；

5）小肠部分（包括回盲部）切除术后；

6)永久性结肠造口；

7)肠瘘长期不愈(1年以上)。

5.7.5　盆部及会阴部损伤

1)永久性膀胱造口；

2)膀胱部分切除术后合并轻度排尿功能障碍；

3)原位肠代膀胱术后；

4)子宫大部分切除术后；

5)睾丸损伤，血睾酮降低，需药物替代治疗；

6)未成年人一侧睾丸缺失或者严重萎缩；

7)阴茎畸形，难以实施性交行为；

8)尿道狭窄(重度)或者成形术后；

9)肛管或者直肠损伤，排便功能重度障碍或者肛门失禁(重度)；

10)会阴部瘢痕挛缩致肛门闭锁，结肠造口术后。

5.7.6　脊柱、骨盆及四肢损伤

1)双下肢长度相差8.0cm以上；

2)一下肢踝关节以上缺失；

3)四肢任一大关节(踝关节除外)强直固定于非功能位；

4)四肢任二大关节(踝关节除外)功能丧失均达75%；

5)一手除拇指外，余四指完全缺失；

6)双足足弓结构完全破坏；

7)手或者足功能丧失分值≥60分。

5.8　八　级

5.8.1　颅脑、脊髓及周围神经损伤

1)精神障碍或者轻度智能减退，日常生活有关的活动能力重度受限；

2)不完全运动性失语;不完全性失用、失写、失读或者失认;

3)尿崩症(中度);

4)一侧大部分面瘫,遗留眼睑闭合不全和口角歪斜;

5)单肢瘫(肌力 4 级以下);

6)非肢体瘫运动障碍(轻度);

7)一手大部分肌瘫(肌力 3 级以下);

8)一足全肌瘫(肌力 3 级以下);

9)阴茎器质性勃起障碍(轻度)。

5.8.2 头面部损伤

1)容貌毁损(中度);

2)符合容貌毁损(重度)标准之一项者;

3)头皮完全缺损,难以修复;

4)面部条状瘢痕形成,累计长度达 30.0cm;面部中心区条状瘢痕形成(宽度达 0.2cm),累计长度达 15.0cm;

5)面部块状增生性瘢痕形成,累计面积达 15.0cm^2;面部中心区块状增生性瘢痕形成,单块面积达 7.0cm^2 或者多块累计面积达 9.0cm^2;

6)面部片状细小瘢痕形成或者色素异常,累计面积达 100.0cm^2;

7)一眼盲目 4 级;

8)一眼视野接近完全缺损,视野有效值≤4%(直径≤5°);

9)双眼外伤性青光眼,经手术治疗;

10)一侧眼睑严重畸形(或者眼睑重度下垂,遮盖全部瞳孔)合并该眼重度视力损害;

11)一耳听力障碍≥91dB HL;

12)双耳听力障碍≥61dB HL;

13)双侧鼻翼大部分缺损,或者鼻尖大部分缺损合并一侧鼻翼大

部分缺损;

14)舌体缺损达舌系带;

15)唇缺损或者畸形,累计相当于上唇1/2以上;

16)脑脊液漏经手术治疗后持续不愈;

17)张口受限Ⅲ度;

18)发声功能或者构音功能障碍(重度);

19)咽成形术后咽下运动异常。

5.8.3　颈部及胸部损伤

1)甲状腺功能损害(中度);

2)颈总动脉或者颈内动脉严重狭窄支架置入或者血管移植术后;

3)食管部分切除术后,并后遗胸腔胃;

4)女性一侧乳房完全缺失;女性双侧乳房缺失或者毁损,累计范围相当于一侧乳房3/4以上;

5)女性双侧乳头完全缺失;

6)肋骨骨折12根以上并后遗6处畸形愈合;

7)心脏或者大血管修补术后;

8)一肺叶切除术后;

9)胸廓成形术后,影响呼吸功能;

10)呼吸困难(中度)。

5.8.4　腹部损伤

1)腹壁缺损≥腹壁的1/4;

2)成年人脾切除术后;

3)胰腺部分切除术后;

4)胃大部分切除术后;

5)肠部分切除术后,影响消化吸收功能;

6)胆道损伤,胆肠吻合术后;

7)损伤致肾性高血压；

8)肾功能轻度下降；

9)一侧肾上腺缺失；

10)肾上腺皮质功能轻度减退。

5.8.5　盆部及会阴部损伤

1)输尿管损伤行代替术或者改道术后；

2)膀胱大部分切除术后；

3)一侧输卵管和卵巢缺失；

4)阴道狭窄；

5)一侧睾丸缺失；

6)睾丸或者附睾损伤,生殖功能轻度损害；

7)阴茎冠状沟以上缺失；

8)阴茎皮肤瘢痕形成,严重影响性交行为。

5.8.6　脊柱、骨盆及四肢损伤

1)二椎体压缩性骨折(压缩程度均达1/3)；

2)三个以上椎体骨折,经手术治疗后；

3)女性骨盆骨折致骨产道变形,不能自然分娩；

4)股骨头缺血性坏死,难以行关节假体置换术；

5)四肢长骨开放性骨折并发慢性骨髓炎、大块死骨形成,长期不愈(1年以上)；

6)双上肢长度相差8.0cm以上；

7)双下肢长度相差6.0cm以上；

8)四肢任一大关节(踝关节除外)功能丧失75%以上；

9)一踝关节强直固定于非功能位；

10)一肢体各大关节功能丧失均达50%；

11)一手拇指缺失达近节指骨1/2以上并相应掌指关节强直

固定;

12)一足足弓结构完全破坏,另一足足弓结构部分破坏;

13)手或者足功能丧失分值≥40分。

5.8.7 体表及其他损伤

1)皮肤瘢痕形成达体表面积30%。

5.9 九 级

5.9.1 颅脑、脊髓及周围神经损伤

1)精神障碍或者轻度智能减退,日常生活有关的活动能力中度受限;

2)外伤性癫痫(轻度);

3)脑叶部分切除术后;

4)一侧部分面瘫,遗留眼睑闭合不全或者口角歪斜;

5)一手部分肌瘫(肌力3级以下);

6)一足大部分肌瘫(肌力3级以下);

7)四肢重要神经损伤(上肢肘关节以上,下肢膝关节以上),遗留相应肌群肌力3级以下;

8)严重影响阴茎勃起功能;

9)轻度排便或者排尿功能障碍。

5.9.2 头面部损伤

1)头皮瘢痕形成或者无毛发,达头皮面积50%;

2)颅骨缺损25.0cm^{2}以上,不宜或者无法手术修补;

3)容貌毁损(轻度);

4)面部条状瘢痕形成,累计长度达20.0cm;面部条状瘢痕形成(宽度达0.2cm),累计长度达10.0cm,其中至少5.0cm以上位于面部中心区;

5）面部块状瘢痕形成，单块面积达 7.0cm²，或者多块累计面积达 9.0cm²；

6）面部片状细小瘢痕形成或者色素异常，累计面积达 30.0cm²；

7）一侧眼睑严重畸形；一侧眼睑重度下垂，遮盖全部瞳孔；双侧眼睑轻度畸形；双侧眼睑下垂，遮盖部分瞳孔；

8）双眼泪器损伤均后遗溢泪；

9）双眼角膜斑翳或者血管翳，累及瞳孔区；双眼角膜移植术后；

10）双眼外伤性白内障；儿童人工晶体植入术后；

11）一眼盲目 3 级；

12）一眼重度视力损害，另一眼视力≤0.5；

13）一眼视野极度缺损，视野有效值≤8%（直径≤10°）；

14）双眼象限性视野缺损；

15）一侧眼睑轻度畸形（或者眼睑下垂，遮盖部分瞳孔）合并该眼中度视力损害；

16）一眼眶骨折后遗眼球内陷 5mm 以上；

17）耳廓缺损或者畸形，累计相当于一侧耳廓；

18）一耳听力障碍≥81dB HL；

19）一耳听力障碍≥61dB HL，另一耳听力障碍≥41dB HL；

20）一侧鼻翼或者鼻尖大部分缺损或者严重畸形；

21）唇缺损或者畸形，露齿 3 枚以上（其中 1 枚露齿达 1/2）；

22）颌骨骨折，经牵引或者固定治疗后遗留功能障碍；

23）上颌骨或者下颌骨部分缺损伴牙齿缺失或者折断 7 枚以上；

24）张口受限Ⅱ度；

25）发声功能或者构音功能障碍（轻度）。

5.9.3　颈部及胸部损伤

1）颈前三角区瘢痕形成，累计面积达 50.0cm²；

2)甲状腺功能损害(轻度);

3)甲状旁腺功能损害(轻度);

4)气管或者支气管成形术后;

5)食管吻合术后;

6)食管腔内支架置入术后;

7)食管损伤,影响吞咽功能;

8)女性双侧乳房缺失或者毁损,累计范围相当于一侧乳房1/2以上;

9)女性一侧乳房大部分缺失或者严重畸形;

10)女性一侧乳头完全缺失或者双侧乳头部分缺失(或者畸形);

11)肋骨骨折12根以上,或者肋骨部分缺失4根以上;肋骨骨折8根以上并后遗4处畸形愈合;

12)心功能不全,心功能Ⅰ级;

13)冠状动脉移植术后;

14)心脏室壁瘤;

15)心脏异物存留或者取出术后;

16)缩窄性心包炎;

17)胸导管损伤;

18)肺段或者肺组织楔形切除术后;

19)肺脏异物存留或者取出术后。

5.9.4 腹部损伤

1)肝部分切除术后;

2)脾部分切除术后;

3)外伤性胰腺假性囊肿术后;

4)一侧肾部分切除术后;

5)胃部分切除术后;

6)肠部分切除术后；

7)胆道损伤胆管外引流术后；

8)胆囊切除术后；

9)肠梗阻反复发作；

10)膈肌修补术后遗留功能障碍(如膈肌麻痹或者膈疝)。

5.9.5　盆部及会阴部损伤

1)膀胱部分切除术后；

2)输尿管狭窄成形术后；

3)输尿管狭窄行腔内扩张术或者腔内支架置入术后；

4)一侧卵巢缺失或者丧失功能；

5)一侧输卵管缺失或者丧失功能；

6)子宫部分切除术后；

7)一侧附睾缺失；

8)一侧输精管损伤难以修复；

9)尿道狭窄(轻度)；

10)肛管或者直肠损伤,排便功能轻度障碍或者肛门失禁(轻度)。

5.9.6　脊柱、骨盆及四肢损伤

1)一椎体粉碎性骨折,椎管内骨性占位；

2)一椎体并相应附件骨折,经手术治疗后；二椎体压缩性骨折；

3)骨盆两处以上骨折或者粉碎性骨折,严重畸形愈合；

4)青少年四肢长骨骨骺粉碎性或者压缩性骨折；

5)四肢任一大关节行关节假体置换术后；

6)双上肢前臂旋转功能丧失均达75%；

7)双上肢长度相差6.0cm以上；

8)双下肢长度相差4.0cm以上；

9)四肢任一大关节(踝关节除外)功能丧失50%以上；

10)一踝关节功能丧失75%以上;

11)一肢体各大关节功能丧失均达25%;

12)双足拇趾功能丧失均达75%;一足5趾功能均完全丧失;

13)双足跟骨粉碎性骨折畸形愈合;

14)双足足弓结构部分破坏;一足足弓结构完全破坏;

15)手或者足功能丧失分值≥25分。

5.9.7 体表及其他损伤

1)皮肤瘢痕形成达体表面积10%。

5.10 十 级

5.10.1 颅脑、脊髓及周围神经损伤

1)精神障碍或者轻度智能减退,日常生活有关的活动能力轻度受限;

2)颅脑损伤后遗脑软化灶形成,伴有神经系统症状或者体征;

3)一侧部分面瘫;

4)嗅觉功能完全丧失;

5)尿崩症(轻度);

6)四肢重要神经损伤,遗留相应肌群肌力4级以下;

7)影响阴茎勃起功能;

8)开颅术后。

5.10.2 头面部损伤

1)面颅骨部分缺损或者畸形,影响面容;

2)头皮瘢痕形成或者无毛发,面积达$40.0cm^2$;

3)面部条状瘢痕形成(宽度达0.2cm),累计长度达6.0cm,其中至少3.0cm位于面部中心区;

4)面部条状瘢痕形成,累计长度达10.0cm;

5）面部块状瘢痕形成，单块面积达 $3.0cm^2$，或者多块累计面积达 $5.0cm^2$；

6）面部片状细小瘢痕形成或者色素异常，累计面积达 $10.0cm^2$；

7）一侧眼睑下垂，遮盖部分瞳孔；一侧眼睑轻度畸形；一侧睑球粘连影响眼球运动；

8）一眼泪器损伤后遗溢泪；

9）一眼眶骨折后遗眼球内陷 2mm 以上；

10）复视或者斜视；

11）一眼角膜斑翳或者血管翳，累及瞳孔区；一眼角膜移植术后；

12）一眼外伤性青光眼，经手术治疗；一眼外伤性低眼压；

13）一眼外伤后无虹膜；

14）一眼外伤性白内障；一眼无晶体或者人工晶体植入术后；

15）一眼中度视力损害；

16）双眼视力≤0.5；

17）一眼视野中度缺损，视野有效值≤48%（直径≤60°）；

18）一耳听力障碍≥61dB HL；

19）双耳听力障碍≥41dB HL；

20）一侧前庭平衡功能丧失，伴听力减退；

21）耳廓缺损或者畸形，累计相当于一侧耳廓的 30%；

22）鼻尖或者鼻翼部分缺损深达软骨；

23）唇外翻或者小口畸形；

24）唇缺损或者畸形，致露齿；

25）舌部分缺损；

26）牙齿缺失或者折断 7 枚以上；牙槽骨部分缺损，合并牙齿缺失或者折断 4 枚以上；

27）张口受限Ⅰ度；

28）咽或者咽后区损伤影响吞咽功能。

5.10.3 颈部及胸部损伤

1）颏颈粘连畸形松解术后；

2）颈前三角区瘢痕形成，累计面积达 25.0cm^2；

3）一侧喉返神经损伤，影响功能；

4）器质性声音嘶哑；

5）食管修补术后；

6）女性一侧乳房部分缺失或者畸形；

7）肋骨骨折 6 根以上，或者肋骨部分缺失 2 根以上；肋骨骨折 4 根以上并后遗 2 处畸形愈合；

8）肺修补术后；

9）呼吸困难（轻度）。

5.10.4 腹部损伤

1）腹壁疝，难以手术修补；

2）肝、脾或者胰腺修补术后；

3）胃、肠或者胆道修补术后；

4）膈肌修补术后。

5.10.5 盆部及会阴部损伤

1）肾、输尿管或者膀胱修补术后；

2）子宫或者卵巢修补术后；

3）外阴或者阴道修补术后；

4）睾丸破裂修补术后；

5）一侧输精管破裂修复术后；

6）尿道修补术后；

7）会阴部瘢痕挛缩，肛管狭窄；

8）阴茎头部分缺失。

5.10.6 脊柱、骨盆及四肢损伤

1）枢椎齿状突骨折，影响功能；

2）一椎体压缩性骨折（压缩程度达1/3）或者粉碎性骨折；一椎体骨折经手术治疗后；

3）四处以上横突、棘突或者椎弓根骨折，影响功能；

4）骨盆两处以上骨折或者粉碎性骨折，畸形愈合；

5）一侧髌骨切除；

6）一侧膝关节交叉韧带、半月板伴侧副韧带撕裂伤经手术治疗后，影响功能；

7）青少年四肢长骨骨折累及骨骺；

8）一上肢前臂旋转功能丧失75%以上；

9）双上肢长度相差4.0cm以上；

10）双下肢长度相差2.0cm以上；

11）四肢任一大关节（踝关节除外）功能丧失25%以上；

12）一踝关节功能丧失50%以上；

13）下肢任一大关节骨折后遗创伤性关节炎；

14）肢体重要血管循环障碍，影响功能；

15）一手小指完全缺失并第5掌骨部分缺损；

16）一足拇趾功能丧失75%以上；一足5趾功能丧失均达50%；双足拇趾功能丧失均达50%；双足除拇趾外任何4趾功能均完全丧失；

17）一足跟骨粉碎性骨折畸形愈合；

18）一足足弓结构部分破坏；

19）手或者足功能丧失分值≥10分。

5.10.7 体表及其他损伤

1）手部皮肤瘢痕形成或者植皮术后，范围达一手掌面积50%；

2）皮肤瘢痕形成达体表面积4%；

3）皮肤创面长期不愈超过1年，范围达体表面积1%。

6 附　则

6.1　遇有本标准致残程度分级系列中未列入的致残情形，可根据残疾的实际情况，依据本标准附录A的规定，并比照最相似等级的条款，确定其致残程度等级。

6.2　同一部位和性质的残疾，不应采用本标准条款两条以上或者同一条款两次以上进行鉴定。

6.3　本标准中四肢大关节是指肩、肘、腕、髋、膝、踝等六大关节。

6.4　本标准中牙齿折断是指冠折1/2以上，或者牙齿部分缺失致牙髓腔暴露。

6.5　移植、再植或者再造成活组织器官的损伤应根据实际后遗功能障碍程度参照相应分级条款进行致残程度等级鉴定。

6.6　永久性植入式假体（如颅骨修补材料、种植牙、人工支架等）损坏引起的功能障碍可参照相应分级条款进行致残程度等级鉴定。

6.7　本标准中四肢重要神经是指臂丛及其分支神经（包括正中神经、尺神经、桡神经和肌皮神经等）和腰骶丛及其分支神经（包括坐骨神经、腓总神经和胫神经等）。

6.8　本标准中四肢重要血管是指与四肢重要神经伴行的同名动、静脉。

6.9　精神分裂症或者心境障碍等内源性疾病不是外界致伤因素直接作用所致，不宜作为致残程度等级鉴定的依据，但应对外界致伤因素与疾病之间的因果关系进行说明。

6.10　本标准所指未成年人是指年龄未满18周岁者。

6.11　本标准中涉及面部瘢痕致残程度需测量长度或者面积的数值时，0～6周岁者按标准规定值50%计，7～14周岁者按80%计。

6.12　本标准中凡涉及数量、部位规定时，注明“以上”、“以下”者，均包含本数（有特别说明的除外）。

13. 机动车交通事故责任强制保险条款

（2020 年中国保险行业协会发布施行）

总　　则

第一条　根据《中华人民共和国道路交通安全法》、《中华人民共和国保险法》、《机动车交通事故责任强制保险条例》等法律、行政法规，制定本条款。

第二条　机动车交通事故责任强制保险（以下简称交强险）合同由本条款与投保单、保险单、批单和特别约定共同组成。凡与交强险合同有关的约定，都应当采用书面形式。

第三条　交强险费率实行与被保险机动车道路交通安全违法行为、交通事故记录相联系的浮动机制。

签订交强险合同时，投保人应当一次支付全部保险费。保险费按照中国银行保险监督管理委员会（以下简称银保监会）批准的交强险费率计算。

定　　义

第四条　交强险合同中的被保险人是指投保人及其允许的合法驾驶人。

投保人是指与保险人订立交强险合同，并按照合同负有支付保险费义务的机动车的所有人、管理人。

第五条　交强险合同中的受害人是指因被保险机动车发生交通事故遭受人身伤亡或者财产损失的人，但不包括被保险机动车本车车上人员、被保险人。

第六条 交强险合同中的责任限额是指被保险机动车发生交通事故，保险人对每次保险事故所有受害人的人身伤亡和财产损失所承担的最高赔偿金额。责任限额分为死亡伤残赔偿限额、医疗费用赔偿限额、财产损失赔偿限额以及被保险人在道路交通事故中无责任的赔偿限额。其中无责任的赔偿限额分为无责任死亡伤残赔偿限额、无责任医疗费用赔偿限额以及无责任财产损失赔偿限额。

第七条 交强险合同中的抢救费用是指被保险机动车发生交通事故导致受害人受伤时，医疗机构对生命体征不平稳和虽然生命体征平稳但如果不采取处理措施会产生生命危险，或者导致残疾、器官功能障碍，或者导致病程明显延长的受害人，参照国务院卫生主管部门组织制定的交通事故人员创伤临床诊疗指南和国家基本医疗保险标准，采取必要的处理措施所发生的医疗费用。

保险责任

第八条 在中华人民共和国境内(不含港、澳、台地区)，被保险人在使用被保险机动车过程中发生交通事故，致使受害人遭受人身伤亡或者财产损失，依法应当由被保险人承担的损害赔偿责任，保险人按照交强险合同的约定对每次事故在下列赔偿限额内负责赔偿：

(一)死亡伤残赔偿限额为180000元；

(二)医疗费用赔偿限额为18000元；

(三)财产损失赔偿限额为2000元；

(四)被保险人无责任时，无责任死亡伤残赔偿限额为18000元；无责任医疗费用赔偿限额为1800元；无责任财产损失赔偿限额为100元。

死亡伤残赔偿限额和无责任死亡伤残赔偿限额项下负责赔偿丧

葬费、死亡补偿费、受害人亲属办理丧葬事宜支出的交通费用、残疾赔偿金、残疾辅助器具费、护理费、康复费、交通费、被扶养人生活费、住宿费、误工费，被保险人依照法院判决或者调解承担的精神损害抚慰金。

医疗费用赔偿限额和无责任医疗费用赔偿限额项下负责赔偿医药费、诊疗费、住院费、住院伙食补助费，必要的、合理的后续治疗费、整容费、营养费。

垫付与追偿

第九条 被保险机动车在本条（一）至（四）之一的情形下发生交通事故，造成受害人受伤需要抢救的，保险人在接到公安机关交通管理部门的书面通知和医疗机构出具的抢救费用清单后，按照国务院卫生主管部门组织制定的交通事故人员创伤临床诊疗指南和国家基本医疗保险标准进行核实。对于符合规定的抢救费用，保险人在医疗费用赔偿限额内垫付。被保险人在交通事故中无责任的，保险人在无责任医疗费用赔偿限额内垫付。对于其他损失和费用，保险人不负责垫付和赔偿。

（一）驾驶人未取得驾驶资格的；

（二）驾驶人醉酒的；

（三）被保险机动车被盗抢期间肇事的；

（四）被保险人故意制造交通事故的。

对于垫付的抢救费用，保险人有权向致害人追偿。

责任免除

第十条 下列损失和费用，交强险不负责赔偿和垫付：

（一）因受害人故意造成的交通事故的损失；

（二）被保险人所有的财产及被保险机动车上的财产遭受的损失；

（三）被保险机动车发生交通事故，致使受害人停业、停驶、停电、停水、停气、停产、通讯或者网络中断、数据丢失、电压变化等造成的损失以及受害人财产因市场价格变动造成的贬值、修理后因价值降低造成的损失等其他各种间接损失；

（四）因交通事故产生的仲裁或者诉讼费用以及其他相关费用。

保险期间

第十一条 除国家法律、行政法规另有规定外，交强险合同的保险期间为一年，以保险单载明的起止时间为准。

投保人、被保险人义务

第十二条 投保人投保时，应当如实填写投保单，向保险人如实告知重要事项，并提供被保险机动车的行驶证和驾驶证复印件。重要事项包括机动车的种类、厂牌型号、识别代码、号牌号码、使用性质和机动车所有人或者管理人的姓名（名称）、性别、年龄、住所、身份证或者驾驶证号码（统一社会信用代码）、续保前该机动车发生事故的情况以及银保监会规定的其他事项。

投保人未如实告知重要事项，对保险费计算有影响的，保险人按照保单年度重新核定保险费计收。

第十三条 签订交强险合同时，投保人不得在保险条款和保险费率之外，向保险人提出附加其他条件的要求。

第十四条 投保人续保的，应当提供被保险机动车上一年度交强险的保险单。

第十五条 在保险合同有效期内，被保险机动车因改装、加装、使用性质改变等导致危险程度增加的，被保险人应当及时通知保险人，并办理批改手续。否则，保险人按照保单年度重新核定保险费计收。

第十六条 被保险机动车发生交通事故，被保险人应当及时采取合理、必要的施救和保护措施，并在事故发生后及时通知保险人。

第十七条 发生保险事故后，被保险人应当积极协助保险人进行现场查勘和事故调查。发生与保险赔偿有关的仲裁或者诉讼时，被保险人应当及时书面通知保险人。

赔偿处理

第十八条 被保险机动车发生交通事故的，由被保险人向保险人申请赔偿保险金。被保险人索赔时，应当向保险人提供以下材料：

（一）交强险的保险单；

（二）被保险人出具的索赔申请书；

（三）被保险人和受害人的有效身份证明、被保险机动车行驶证和驾驶人的驾驶证；

（四）公安机关交通管理部门出具的事故证明，或者人民法院等机构出具的有关法律文书及其他证明；

（五）被保险人根据有关法律法规规定选择自行协商方式处理交通事故的，应当提供依照《交通事故处理程序规定》规定的记录交通事故情况的协议书；

（六）受害人财产损失程度证明、人身伤残程度证明、相关医疗证明以及有关损失清单和费用单据；

（七）其他与确认保险事故的性质、原因、损失程度等有关的证明和资料。

第十九条 保险事故发生后，保险人按照国家有关法律法规规定的赔偿范围、项目和标准以及交强险合同的约定，并根据国务院卫生主管部门组织制定的交通事故人员创伤临床诊疗指南和国家基本医疗保险标准,在交强险的责任限额内核定人身伤亡的赔偿金额。

第二十条 因保险事故造成受害人人身伤亡的,未经保险人书面同意,被保险人自行承诺或支付的赔偿金额,保险人在交强险责任限额内有权重新核定。因保险事故损坏的受害人财产需要修理的,被保险人应当在修理前会同保险人检验,协商确定修理或者更换项目、方式和费用。否则,保险人在交强险责任限额内有权重新核定。

第二十一条 被保险机动车发生涉及受害人受伤的交通事故,因抢救受害人需要保险人支付抢救费用的,保险人在接到公安机关交通管理部门的书面通知和医疗机构出具的抢救费用清单后,按照国务院卫生主管部门组织制定的交通事故人员创伤临床诊疗指南和国家基本医疗保险标准进行核实。对于符合规定的抢救费用,保险人在医疗费用赔偿限额内支付。被保险人在交通事故中无责任的,保险人在无责任医疗费用赔偿限额内支付。

合同变更与终止

第二十二条 在交强险合同有效期内,被保险机动车所有权发生转移的,投保人应当及时通知保险人,并办理交强险合同变更手续。

第二十三条 在下列三种情况下,投保人可以要求解除交强险合同:

(一)被保险机动车被依法注销登记的;

(二)被保险机动车办理停驶的;

(三)被保险机动车经公安机关证实丢失的。

交强险合同解除后,投保人应当及时将保险单、保险标志交还保险人;无法交回保险标志的,应当向保险人说明情况,征得保险人同意。

第二十四条 发生《机动车交通事故责任强制保险条例》所列明

的投保人、保险人解除交强险合同的情况时，保险人按照日费率收取自保险责任开始之日起至合同解除之日止期间的保险费。

附 则

第二十五条 因履行交强险合同发生争议的，由合同当事人协商解决。协商不成的，提交保险单载明的仲裁委员会仲裁。保险单未载明仲裁机构或者争议发生后未达成仲裁协议的，可以向人民法院起诉。

第二十六条 交强险合同争议处理适用中华人民共和国法律。

第二十七条 本条款未尽事宜，按照《机动车交通事故责任强制保险条例》执行。